古典文獻研究輯刊

初　編

潘美月・杜潔祥　主編

第23冊

王鳴盛《十七史商榷》研究（下）

張惠貞　著

國家圖書館出版品預行編目資料

王鳴盛《十七史商榷》研究（下）／張惠貞著—初版—台北
縣永和市：花木蘭文化工作坊，2005〔民94〕

目 2+177 面：19×26 公分（古典文獻研究輯刊 初編：第 23 冊）

ISBN：986-7128-02-8（精裝）
1.（清）王鳴盛－學術思想－史學　中國－歷史－研究與考訂

610.83　　　　　　　　　　　　　　　　　94018951

ISBN 986-7128-02-8

古典文獻研究輯刊
初　編　第二三冊　　　　　　ISBN：986-7128-02-8

王鳴盛《十七史商榷》研究（下）

作　　者　張惠貞
主　　編　潘美月　杜潔祥
企劃出版　北京大學文化資源研究中心
出　　版　花木蘭文化工作坊
發 行 所　花木蘭文化工作坊
發 行 人　高小娟
聯絡地址　台北縣永和市中正路五九五號七樓之三
　　　　　電話：02-2923-1455／傳真：02-2923-1452
電子信箱　sut81518@ms59.hinet.net
初　　版　2005 年 12 月
定　　價　初編 40 冊（精裝）新台幣 62,000 元　　　版權所有・請勿翻印

王鳴盛《十七史商榷》研究（下）

張惠貞　著

目

錄

下　冊

第六章　典章制度之考察

　　先生於典章制度方面的考察，頗爲注重沿革損益及遞變之迹，實踐了先生貫串會通的史觀，如先生言「攷其制又須得其情勢曲折，方有當於論世之學」（卷七十八〈四十七使〉條），先生於「考史以事實制度名物地理官制爲重，而於治亂所關，賢奸之辨及學術遞變多心得焉。」（《清儒學案》〈西莊學案〉卷七十七）

　　先生留心於典制遞變沿革，同時運用了綜合歸納法將分散的材料鈎稽貫串，對於典制，加以陳述、分析，並探討一事之始末及揭示這一制度的沿革和影響。故凡論一代之制度、職官，莫不扣緊歷史沿革始末，條例清晰，脈絡分明，因此讀《商榷》於此，裨益良多，可多心得焉。如對於漢代十二部刺史職掌問題，先生把《漢書》、《後漢書》、《續漢志》有關篇章的記載聯繫起來，論證部刺史掌重要職權「督察藩國」。先生指出吳楚亂後，朝廷對藩國「防禁益嚴，部刺史總率一州，故以此爲務。」（卷十四〈十三部〉條）又進而論述刺史具有權甚重而秩甚輕的特點，「蓋所統轄者一州，其中郡國甚多，守、相二千石皆其屬官，得舉劾，而秩僅六百石。治狀卓異，始得擢守一相」（卷十四〈刺史權重秩卑〉條）。

　　先生根據《漢書》中〈貢禹傳〉、〈食貨志〉及《周禮·天官》疏引漢法等材料加以考辨，得出漢代口賦是農民最沈重的負擔（卷二十六〈口錢〉條）。先生又探討了漢代公卿大臣與尚書、中書之間的權力矛盾以及西漢宣、元以後，宦官掌管機要，致使政治腐敗（卷三十七〈臺閣〉條）。又先生於唐代政治史研究頗有見地，分析唐代宦官掌握兵權是釀成禍亂的主要根源，尤其是代、德兩朝以後，宦官掌握兵權，稱北司，挾君以制群臣，故而「要而言之，則禍根總在中人得兵」（卷八十九〈南衙北司〉條）。因此，先生又以史實對王叔文的革新措施，給予褒揚，「改革積弊，加惠窮民」，及對司馬光指責王叔文「欲奪兵權以自固」，論述王叔文此舉是爲了挽救唐朝後期的危難局勢，以及對抗宦官掌握兵權的局面（卷七十四〈順宗紀所書善政〉條）。

第一節　制度沿革

一、論漢代禮樂制

先生論漢實無禮樂，實無可志，「禮樂志本當禮詳樂略，今乃禮略樂詳，全篇共分兩大截，後一截論樂之文，較之前論禮其詳幾三倍之，而究之於樂亦不過詳載郊廟歌詩，無預樂事，蓋漢實無所爲禮樂。」（卷十一〈漢無禮樂〉條）即是對漢代禮樂之總論。經過秦漢之際社會板蕩不安，舊的禮儀制度幾乎廢壞殆盡，漢建立初期，政局不穩，干戈相繼，社會經濟百業蕭條，還無暇顧及文教、禮儀制度的建設。隨著漢王朝中央集權的確立，全國逐漸統一，爲了維護封建統治秩序，作爲行爲規範的禮制，也就成爲漢初百廢待舉的一項任務。叔孫通定禮儀，以正君臣之位，並依當時形勢需要，制定了漢家的禮儀制度，撰成《漢儀》十二篇。

漢文帝時，賈誼言欲興禮樂不果。按《漢書・禮樂志》文帝時，賈誼以爲漢承秦之敗俗，廢禮義、捐廉恥，今其甚者，殺父兄，盜者取廟器，而大臣特以簿書不報，期會爲故，至於風俗流溢，恬而不怪，以爲是適然耳。夫移風易俗，使天下回心，而鄉道類非俗吏之所能爲也。夫立君臣等上下，使綱紀有序，六親和睦，此非天之所爲，人之所設，不爲不立不修則壞。漢興至今二十餘年，宜定制度興禮樂，然後諸侯軌道，百姓素樸，獄訟衰息，迺草具其儀，天子說焉，而大臣絳灌之屬，害之其議遂寢。

武帝時詔興禮樂，按《漢書・武帝本紀》元朔五年夏六月詔曰，「蓋聞導民以禮，風之以樂。今禮壞樂崩，朕甚閔焉，故詳延天下方聞之士，咸薦諸朝，其令禮官勸學講議，洽聞舉遺興禮，以爲天下先。」成帝時，劉向言議定禮樂，按禮樂志，成帝時犍爲郡於水濱，得古磬十六枚，議者以爲善祥。劉向因是說上宜興辟雍，設庠序，陳禮樂，隆雅頌之聲，盛揖讓之容，以風化天下，如此而不治者未之有也。成帝以向言，下公卿議會，向病卒，丞相大司空奏請立辟雍。後漢章帝元和二年時，亦詔議興禮樂，和帝末元九年張奮亦定請禮樂。蓋漢初草創禮儀制度，既采古禮及秦儀，因而創立新的儀制。由漢高祖時叔孫通定禮儀至後漢和帝時，張奮定請禮樂。先生評《漢書・禮樂志》云：

卷十一〈漢無禮樂〉條：

> 故兩截之首，各用泛論義理，全撮樂記之文入漢事則云，漢興，撥亂反正，日不暇給，以下敘叔孫通制禮，絕未述禮儀若何，即述賈誼、董仲舒、王吉、劉向四人論奏，而止敘通事，結之云，通定儀法未備，而通終，

敘誼事，結之云，誼草具其儀，大臣絳、灌害之，其議遂寢。其下又云，武帝議立明堂，制禮服，竇太后不說，其事又廢，敘仲舒畢，結之云，上方銳志武功不暇留意禮文之事，敘王吉畢，結之云，上不納其言，吉以病去，敘劉向畢，結之云，帝下公卿議，會向病卒，營表未作，以上無非反覆明漢之未嘗制禮，無可志而已，故其下又結之云，今叔孫通所譔禮儀，與律令同錄，藏於理官，法家又復不傳，漢典寢而不著，民臣莫有言者，又通沒之後，河間獻王采禮樂古事，稍稍增輯至五百餘篇，今學者不能昭見，但推士禮以及天子，說義又頗謬異，故君臣長幼交接之道，寢以不章，漢典不傳，河間所輯，又與漢無涉，故無可志也。

叔孫通撰《禮儀》十二篇，河間獻王采禮樂古事，稍稍增輯至五百餘篇，但今學者不能昭見，甚為可惜。再者，漢之制樂，高祖五年曾命叔孫通定宗廟之樂及房中之樂，先生論云：

樂志既述高祖風起之詩，武帝所立樂府，造詩歌，末八音調均，又不協於鐘律。而內有掖庭材人，外有上林樂府，皆以鄭聲施於朝廷，其下又敘成帝時王禹獻河間樂，平當議請修之公卿以為久遠難明，議復寢，又敘哀帝欲放鄭聲，然百姓漸漬日久，又不制雅樂，有以相變，吏民湛沔自若，末復總結之云，大漢繼周，久曠大儀，未有立禮成樂，此賈誼、仲舒、王吉、劉向之徒所為發憤而增嘆也，足明此志總見漢實無所為禮樂，實無可志。

子長禮、樂二書亦空論其理，但子長述黃帝及太初，若欲實敘，實難驪括，孟堅述西漢二百年，何難實敘，祇因漢未嘗制禮，樂府俱是鄭聲，本無可志，不得已只可以空論了之。

漢郊廟詩歌，未有祖宗之事，八音調均又不協於鐘律，而內有掖庭材人，外有上林樂府，皆以鄭聲施於朝廷。又成帝時王禹獻河間雅樂，不果。哀帝時欲放鄭聲，百姓漸漬日久，無雅樂以相變，吏民湛沔自若，故先生議定，因漢未嘗制禮，樂府俱是鄭聲，漢實無禮樂可志，無怪乎賈誼、董仲舒、王吉、劉向等人所為發而增嘆也。

二、論漢代天子冠期

古者二十而冠，周制大宗伯掌之以親萬民，《禮記·曲禮》二十曰弱冠，《儀禮·士冠禮》及《禮記·冠義》等記載，古代男子二十歲行冠禮。但據其他文獻所載並非全是二十歲而冠，亦即是行冠禮年齡並不嚴格限定。這是因為天子往往幼年即位，即位後往往由他人代為攝政，由於此種因素，天子冠禮年齡不一。周文王十二歲，

周成王十五歲，秦代歷世大抵二十歲行冠禮，故《荀子‧大略篇》言「天子、諸侯十九而冠」〔註1〕。

卷九〈天子冠期〉條：

> 惠紀，四年冬十月壬寅，立皇后張氏，三月甲子，皇帝冠，赦天下，玆惠帝此時年已二十矣，景紀，後三年正月，皇太子冠，皇太子即武帝，時年十六，昭紀，始元四年春三月甲寅，立皇后上官氏，此時昭帝年十二，元鳳四年春正月丁亥，帝加元服，師古曰，元首也，冠首之所著，故曰元服，此時昭帝年十八矣，哀紀，成帝欲以爲嗣，爲加元服，時年十七，平紀，帝崩，年十四，始加元服以斂。案，古者天子諸侯皆年十二而冠，冠而生子，漢初經典殘闕，天子冠禮，已無明文，故無定期。

漢時經典殘闕，天子冠禮已無明文，故無定期《儀禮‧士冠禮》賈公彥疏：「鄭云童子任職居士位年二十而冠，爲士身加冠，又戴禮公冠篇及下諸侯有冠禮，亦據諸侯身自加冠，二十而冠者，鄭據曲禮二十曰弱冠，故云年二十，而冠其大夫，始仕者二十已冠訖五十乃爵命爲大夫，故大夫無冠禮。若諸侯則十二而冠，故左傳襄九年晉侯與諸侯伐鄭還，公送晉侯以公宴於河上，問公年季武子對曰，會于沙隨之歲寡君以生註云，沙隨在成十六年，晉侯曰十二年矣，是謂一終一星終也。國君十五而生子冠而生子禮也。君可以冠矣，是諸侯十二而冠也，若天子亦與諸侯同十二而冠，故尚書金縢云，王與大夫盡弁時，成王年十五，云王與大夫盡弁，則知天子亦十二而冠矣。又大戴禮云，文王十三生伯邑，考左傳云冠而生子禮也，是殷之諸侯亦十二而冠，若夏之天子諸侯與殷天子亦十二而冠可知，若天子之子則亦二十而冠，天子諸侯冠自有天子諸侯冠禮，故大戴禮有公冠篇，天子自然有冠禮，但儀禮之內亡耳。」故先生言古者天子諸侯皆年十二而冠，冠而生子，此乃古禮也。

三、論漢代宮闈

出宮人自漢始，漢文、景二帝崩，皆出宮人歸其家，如：

卷九〈出宮人〉條：

> 文帝崩，歸夫人以下至少使，景帝崩，亦出宮人歸其家，至武、昭乃有奉陵之制，平帝崩，王莽乃復出媵妾皆歸家，要之文、景之制，信可以爲後世法。

《古今圖書集成‧宮闈典》五十三卷，宮女部彙考記載著自漢至明各朝宮女出宮事。

〔註1〕李勤德〈禮俗〉《古籍知識手冊》（山東教育出版社，1988年），頁1151。

出宮人自漢始，《漢書・文帝本紀》云文帝十二年二月出孝惠皇帝後宮美人令得嫁。〈景帝本紀〉云景帝後三年春正月甲子遺詔出宮人，歸其家復終身。〈哀帝本紀〉云，成帝綏和二年四月哀帝即皇帝位，六月詔掖庭宮人年三十以下出嫁之。〈平帝本紀〉云，平帝元始五年遺詔遣媵妾得嫁。又《後漢書・殤帝本紀》云，殤帝延平元年詔免建武以來掖宮人爲庶民。蓋美人入宮多怨，非老即病者，韋應物有詩云：「從來宮女皆相妒，說者瑤臺總淚垂」（送宮人入道）。杜牧詩云：「相如死後無詞客，延壽亡來絕畫工，玉顏不是黃金少，淚滴秋山入壽宮」（秦陵宮人）。劉得仁詩「白髮宮娃不解悲，滿頭猶自插花枝，曾緣玉貌君王寵，准擬人看似舊時」（悲老宮人）。讀來皆悽愴悲切，莫怪乎西莊贊詞「文、景之制信可以爲後世法。」

四、論漢代錢制

卷十二〈錢制〉條：

　　　　古錢輕重以銖，而國語周景王時患錢輕，更鑄大錢，唐固注云，徑一寸二分，重十二銖，文曰大泉五十。案，此乃王莽所造，據唐注，則是莽錢皆如周景王制也，而秦錢輕重亦同，古者以二十四銖爲一兩，此大錢重十二銖，是爲半兩錢，古錢莫重於此。景王欲鑄此錢，單穆公諫，不聽，卒鑄大錢，文曰寶貨，肉好皆有周郭，韋昭注云，肉、錢形也，好、孔也。據此則知景王以前錢皆無文，肉好亦無周郭矣，秦錢形質如周錢，惟文異，文曰半兩，重如其文（平准書索隱據顧氏引古今注云秦錢半兩徑一寸二分重十二銖與周景王同）。漢興，以秦錢重難用，更鑄莢錢（如淳曰如榆莢，據平准書裴注莢上本有榆字，此傳字脫），蓋復景王以前錢制矣。通典注云，莢錢重銖半（索隱云重三銖），徑五分，文曰漢興，又云，高后所行五分錢，即莢錢也，孝文五年，爲錢益多而輕，更鑄四銖錢，其文爲半兩，後四十餘年，武帝更鑄三銖錢，明年，又鑄五銖錢，五銖得中道，天下便之，故王莽紛更錢制，天下大亂，而世祖受命，盪滌煩苛，復五銖錢（亦見後馬援傳），五銖之制，唐、宋以下蓋悉用之矣，東吳顧氏云，五銖錢十枚，當今之一兩弱。竊謂今以十錢爲一兩，如顧氏説，則今錢即五銖錢也，即有不同，大約輕重不甚相遠，但彼一面文，一面漫，今則兩面有字，式既周正，文又明析，自三代、秦、漢以下錢制，莫善於此。

　　　　漢時錢稍重，姦民盜摩錢質取鈷，鉛、銅屑也（其下文有司請周郭其令不得摩取鋊，鋊誤作鉛，文獻通考引之，又誤作鎔），人心日巧，姦僞愈滋，近年民間多剪取錢邊，錢日壞，嚴禁之始戢，至盜鑄之禁，犯者至

死而猶不免，要之有犯必懲，則自不能爲害，惟私銷之害，覺察最難，尤宜加意，大約銅賤錢貴則私鑄，銅貴錢賤則私銷，兩平則剪取錢邊，故即私鑄私銷之弊已絕，猶必嚴濫惡小錢之禁，俾其輕重一以五銖爲準（禁惡錢是舊唐九十六宋璟傳）。

民間禁用銅器，以鉛錫鐵代之，凡銅器皆獻之官，償其價而以鑄錢，此法正賈誼所陳，行之則官銅日裕，而私鑄私銷之弊亦絕，乃法之最善者。

顧氏曰，明初鑄錢猶不用紀年，自永樂以後，專用紀年，始爲常制。此條敘述幣制沿革，自周朝起，周景王時患錢輕，於二十一年更鑄大錢。始皇兼併天下，錢仍周制，按《漢書‧食貨志》「秦并天下，幣爲二等，黃金以溢爲名，上幣，銅錢質如周錢，文曰半兩，重如其文，而珠玉龜貝銀錫之屬爲器飾寶藏，不爲幣，然各隨時而輕重無常。」秦錢輕重無常，漢興以秦錢重難用，高祖更令民鑄莢錢，文帝五年夏四月，爲錢益多而輕除盜鑄錢令，更造四銖錢。《漢書‧食貨志》云「孝文五年，爲錢益多而輕，乃更鑄四銖錢，其又爲半兩，除盜鑄錢令，使民放鑄。賈誼諫曰：法使天下公得顧租鑄銅錫爲錢，敢雜以鉛鐵爲它巧者，其罪黥。然鑄錢之情，非殽雜爲巧，則不可得贏；而殽之甚微，爲利甚厚。夫事有召禍而法有起姦，今令細民人操造幣之勢，各隱屏而鑄作，因欲禁其厚利微姦，雖黥罪日報，其勢不止。乃者，民人抵罪，多者一縣百數，及吏之所疑，榜笞奔走者甚眾。夫縣法以誘民，使入陷阱，孰積於此！曩禁鑄錢，死罪積下，今公鑄錢，黥罪積下。爲法若此，止何賴焉？……」其後四十餘年，武帝元狩四年，更鑄三銖錢，明年行五銖錢，按〈食貨志〉有司言三銖錢輕，輕錢易作姦詐，迺更請郡國鑄五銖錢。先生言五銖之制，唐宋以下蓋悉用之，乃五銖得中道，天下便之，即是王莽紛更錢制，使得天下大亂，至光武帝廢王莽錢制仍行五銖錢，遂唐宋以下蓋悉用之。亦言自三代秦漢以下錢制，莫善於此。故漢行五銖錢，可防錢幣稍重或輕所造成之流弊，如賈誼所陳，以行五銖錢爲準，則官銅日裕，而私鑄私銷之弊亦絕。

五、論漢代金錢布帛

卷十二〈金錢布帛〉條：

食貨志上卷言食，下卷言貨，篇首云，凡貨，金錢布帛，夏、殷以前，其詳靡記，太公爲周立九府圜法（師古曰周官太府內府外府泉府天府職內職金職幣皆掌財幣，故云九府圜，謂均而通也），黃金方寸而重一斤錢圜函也（孟康曰外圜而內孔方也），輕重以銖（師古曰言黃金以斤爲名錢則以銖爲重也），布帛廣二尺二寸爲幅，長四丈爲匹，故貨寶於金，利於刀

（如淳曰名錢爲刀者以其利於民也），流於泉（流行如泉也），布於布（謂
布於民間），束於帛（李奇曰束聚也），據此則周人所用貨幣，凡有四種。
卓文君白頭吟云，男兒重意氣，何用錢刀爲，古人以錢刀連言者多矣，二
者誠爲一類，但班氏既分言之，則爲二物，亦猶布帛相近，而布究非帛，
如淳注直以刀泉皆爲錢，本一物，以其利名刀，以其行名泉，非也，今古
錢存者有作刀形，予猶曾見之，刀蓋錢中之別矣。

　　管子國畜篇云，先王以珠玉爲上幣，黃金爲中幣，刀布爲下幣，所謂
先王，蓋指虞夏以來言黃金，則似銀銅不數，而史記平準書云，虞、夏之
幣，金爲三品，或黃或白或赤，或錢，或布，或刀，或龜貝，至秦幣爲二
等，黃金爲上幣，銅錢爲下幣，珠玉龜貝銀錫之屬爲器飾寶藏，不爲幣，
然則虞、夏之制，金銀銅並用，管子言未可泥，言布不言帛亦從可知，如
班氏言周惟用金錢布帛，則秦罷珠玉等不爲幣似亦因周之舊，非秦所刱。
但平準書省言布帛耳，自此以後，遂爲定制是也（師丹傳哀帝即位有上書
言，古者以龜貝爲貨，今以錢易之，民以故貪宜改幣）。而黃金亦不爲幣，
若專用銀錢，則直至明中葉始定，蓋時勢古今異宜，幣之以銀錢爲定，固
不可易矣。

先生敘述自周至漢以下幣制之因革變易，周人所用貨幣有四種：金、錢、布、
帛。亦舉古錢存者有作刀形，古人有多以錢刀連言，如卓文君白頭吟云：「男兒重意
氣，何用錢刀爲？」《管子・國畜篇》言：「先王以珠玉爲上幣，黃金爲中幣，刀布
爲下幣。」《史記・平準書》「虞、夏之幣，金爲三品，或黃或白或赤，或錢，或布，
或刀，或龜貝，至秦幣爲二等，黃金爲上幣，銅錢爲下幣，珠玉龜貝銀錫之屬爲器
飾寶藏。」所謂錢刀，《漢書・食貨志》王莽居攝時變漢制造大錢，造契刀、錯刀。
契刀其環如大錢，身形如刀長二寸，文曰契刀五百。錯刀以黃金錯其文曰一刀直五
千與五銖錢凡四品並行。初始二年，即莽始建國元年，新莽罷錯刀、契刀及五銖錢
更作金銀龜貝錢貝之品。由《管子・國畜篇》、《史記・平準書》所述，自虞夏以來，
黃金由中幣升爲上幣，珠玉由上幣轉爲器飾寶藏，秦罷珠玉不爲幣乃承襲周之舊制。
黃金之爲上幣，直至明中葉改變以銀錢爲主，此後遂成定制，不可更易。

六、論漢代常平倉

卷十二〈常平倉〉條：

　　宣帝時，大司農中丞耿壽昌白令邊郡皆築倉，以穀賤時增其賈而糴以
利農，穀貴時減賈而糶，名曰常平倉，民便之，上迺下詔賜壽昌爵關內侯。

元帝即位，天下大飢，在位諸儒多言常平倉可罷，毋與民爭利，上從其議罷之，愚謂蕭望之傳，望之當宣帝時，已力言常平之非矣。後書劉般傳，永平十一年，帝欲置常平倉，公卿議者多以爲便，般對以常平倉外有利民之名，而內實侵刻百姓，豪右因緣爲姦，小民不能得其平，置之不便，迺止。夫常平初制，於民無不益，於官則損中藏益，蓋上下交利焉，惟商賈因上握其權，穀價常平，無所益耳，然而法立弊生，漢人已以與民爭利譏之，況人心日巧，姦僞萬端，猾吏貪胥，上下其手乎，唐、宋變爲社倉，又名義倉，一切利病詳見朱子文集、馬氏通考，休寧戴震東原作其師婺源江永愼修行狀田，先生家故貧，其居鄉，嘗援春秋傳豐年補敗之義，語鄉之人，於是相與共輸穀若曰，設立義倉，行之且三十年，一鄉之民，不知有饑，自古積粟之法，莫善於在民，莫不善於在官，使民自相補救，卒無胥吏之擾，此先生之善於爲鄉之人謀者，戴說片言居要，附記於此。

《朱子語類》八論民，有楊通老相見論納米事中言：

> 嘗謂爲政者當順五行，修五事，以安百姓。若曰賑濟於凶荒之餘，縱饒措置得善，所惠者淺，終不濟事。
>
> 今賑濟之事，利七而害三，則當冒三分之害，而全七分之利。不然，必欲求全，恐併與所謂利者失之矣！
>
> 余正甫說時，煞說得好，雖有智者爲之計，亦不出於此。然所說救荒賑濟之意固善，而上面取出之數，不節不可。直卿云，制度雖只是這箇制度，用之亦在其人。如糴米賑饑，此固是。

糴米賑饑制度是好，但用之在人，故賑濟之事，利七而害三，所言必有深意。漢宣帝時設常平倉，以穀賤時增其賈而糴以利農，穀貴時減賈而糶。漢明帝永平五年亦作常平倉，杜佑《通典》卷十二〈食貨門〉云「永平十年議置常平倉，劉般對以小民不能得其平乃止」是以常平倉外有利民之名，而內實侵刻百姓，豪右因緣爲姦，小民不能得其平，於民無不益，於官則損中藏益，蓋上下交利，故如《語錄》上言，所惠者淺，終不濟事。況人心日巧，姦僞萬端，猾吏貪胥，上下其手，故唐宋以後變爲社倉、義倉，其弊恐是如一。

七、論漢代口賦人頭稅

卷二十六〈口錢〉條：

> 貢禹傳，禹上書，以爲古民亡賦算，口錢起武帝府藏耗竭，重賦於民，民產子三歲則出口錢，故民重困，宜令兒七歲去齒乃出口錢，年二十迺算。

案，食貨志，田租口賦，二十倍於古，漢取民所以比古若是之重者，半由
增加口賦故也。若古之制，孟子謂有布縷之征，有粟米之征，有力役之征，
三句盡之，安有口賦，周禮天官太宰九賦，鄭康成注，賦、口率出泉也，
今之算泉，民或謂之賦，此其舊名與，疏引漢法，民年二十五已上至六十
出口賦錢，人百二十以算，其實康成意不過因漢謂口錢爲口賦，故援以解
賦字之義，見此九賦亦錢穀並出，非謂口賦三代已有也，口錢實始於漢耳。

又卷九〈口賦〉條：

昭紀，元鳳四年，詔毋收四年五年口賦，如淳曰漢儀注，民年七歲至
十四出口賦錢，人二十三，二十錢以食天子，其三錢者，武帝加口錢以補
車騎馬，何氏云，貢禹上書，言古民無賦，算口錢起武帝征伐四夷，重賦
於民，民產子三歲則出口錢，故民重困，至於生子輒殺，宜令兒七歲去齒
乃出口錢，年二十乃算，如淳所引漢儀注，乃元帝以後之制也。

口賦即今所謂人頭稅，自秦廢井田之制隳什一之法，任民所耕不計多少，於是始
舍地而稅人征賦二十倍於古。「漢高祖始埋田租十五而稅一，其後遂至三十而稅一，
皆是度田而稅之。然漢時亦有稅人之法。按漢高祖四年初爲算賦，即丁稅，課稅年齡
從十五歲起至五十六歲止，令各郡國課每人一百二十錢，是爲一算，七歲至十五出口
賦人錢二十，此每幾所出也。然至文帝時，即令丁男三歲而一事賦，四十則是算賦減
其三分之二，且三歲方徵一次，則成丁者　歲所賦不過十三錢，有奇其賦甚輕，至昭
宣以後又時有減免。蓋漢時官未嘗有授田限田之法，是以豪強田連阡陌，而貧弱無置
錐之地，故田稅隨占田多寡爲之厚薄，而人稅則無分貧富，然所稅每歲不過十三錢有
奇耳。至魏武初平袁紹乃令田每畝輸粟四升，又每戶輸絹二疋，綿二斤，則戶口之賦
始重矣。……」（《古今圖書集成・食貨典・賦役部》）先生論漢武帝時因征伐四夷以
致府藏耗竭，因而重賦於民加口錢，以補車騎馬，依〈食貨志〉田租口賦所載，二十
倍於古。若古制而言，孟子謂有布縷之征，有粟米之征，有力役之征，三句盡之三代，
安有口賦？口錢實始於漢，最初敬課對象爲三歲至十四歲未成年人口，每人每年課二
十錢，武帝時增加三錢，人民困頓，以致生子輒殺，此乃人間之慘劇。依〈食貨典・
賦役部〉所載，知口錢制始於漢高祖，又歷代口賦皆視個中以爲厚薄，然人之貧富不
齊，由來久矣，故有幼未成丁而承襲世資家累千金者，乃薄賦之，又有年齡已壯而身
居窮約家無置錐者，乃厚賦之，豈不背繆。蓋昭宣二帝則屢次減少，元帝時，採貢禹
建言，把徵課年齡減縮爲七歲至十四歲，其後直至東漢，始終不曾廢除〔註2〕。

〔註2〕羅世烈之《秦漢史話》（台北：貫雅出版社，1990年），頁96論秦漢財政制度，國家

八、論漢代刑法

卷十一〈肉刑〉條：

> 文帝除肉刑，當黥者髡鉗爲城旦舂，當劓者笞三百，當斬左止者笞五百，當斬右止皆棄市，有輕刑名實殺人，笞五百三百，率多死。班氏論之云，除肉刑本欲全民，今去髡鉗一等，轉入大辟，以死罔民，死者歲萬數，刑重所致也，至穿窬之盜，忿怒傷人，男女淫佚，吏爲姦臧，若此之惡，髡鉗又不足以懲，刑者歲十萬數，民不畏又不恥，刑輕所生也，宜思清原正本，刪定律令，纂二百章，以應大辟，其餘罪次於古當生今觸死者，皆可募行肉刑。魏志陳群議云，漢除肉刑而增加笞，本興仁惻而死更眾，所謂名輕實重也，名輕則易犯，實重則傷民，且殺人償死，合於古制，至於傷人，或殘毀其體，而裁翦毛髮，非其理也，若用古制，使淫者下於蠶室，盜者刖其足，永無淫放穿窬之患矣，夫三千之屬，雖未可卒復，若斯數者，時之所患，宜先施用，漢律所設殊死之罪，仁所不及也，其餘逮死者，可以刑殺，如此則所刑與所生，足以相貿矣，今以笞死之法，易不殺之刑，是重人肢體，輕人軀命也，其旨本班氏。

又卷二十四〈鼂錯所緣坐〉條：

> 丞相青翟等劾奏鼂錯要斬，父母妻子同產無少長皆棄市，錯之罪即如其劾奏之說，迥非謀反大逆可比，何至是，且上文方頌罪人亡帑，此遽斬同產邪，蓋車裂、腰斬、具五刑、夷三族，皆秦之酷法，漢初沿襲行之，韓信、彭越、英布皆受此，至文紀元年冬十二月，盡除收帑相坐律令，十三年夏五月，除肉刑法矣，然景帝於鼂錯，武帝於郭解、主父偃、公孫賀、李陵、李廣利、公孫敖、任安、田仁、劉屈氂、猶皆腰斬夷族，則文紀云云徒虛語耳。

漢承秦制設廷尉以掌刑辟，後改名大理設護軍都尉，屬大司馬，後更名司寇，又改護軍兼設尙書三公曹以斷獄。蓋漢初刑法皆襲秦法之舊，車裂、腰斬、五刑、夷三族等皆殘酷非常。因秦法重，故漢高祖與秦民約法三章，悉除秦苛法（漢高祖本紀）。孝惠帝元年冬十二月令民有罪得買爵三十級以免死罪，惠帝四年三月省法令妨吏民者除挾書律（漢惠帝本紀），高后元年春正月詔除三族罪妖言令（高后本紀），

開支和皇室開支是分別由兩個部門管理，原則上來源與用途不同，口賦（人頭稅）是供給官吏俸祿和軍備開支。人頭稅每年有戶賦二百錢，口賦每個小孩（三歲起，後來改爲七歲至十四歲）二十三錢。

孝文帝元年十二月蓋除收帑相坐律令，二年夏五月詔除誹謗訞言罪，五年夏四月除盜鑄錢令，十三年夏五月詔除肉刑（文帝本紀），景帝元年秋七月減笞法（景帝本紀），以上史實皆說明漢初刑法之重，故有詔除之舉。按《文獻通考》卷一六三〈刑制〉言古者五刑皆肉刑也，孝文詔謂今有肉刑三而姦不止。註謂黥、劓、斬趾三者，遂以髡鉗代黥，笞三百代劓，笞五百代斬趾，獨不及宮刑。至景帝元年詔言孝文皇帝除宮刑，出美人，重絕人之世也，則知文帝并宮刑除之，至景帝中元年赦徒作陽陵者死罪，欲腐者許之。而武帝時李延年、司馬遷、張安世兄賀皆坐腐刑，則是因景帝中元年之後，宮刑復用，而以施之，死罪之情輕者不常用也。

漢刑法之酷虐，先生舉此二條，說明漢除肉刑而增加笞刑，本興仁惻而死更眾，所謂名輕實重也，名輕則易犯，實重則傷民，故漢律所設殊死之罪，仁所不及，且今以笞死之法，易不殺之刑，是重人肢體，輕人軀命。景帝時鼂錯、武帝時郭解、主父偃、公孫賀、李陵、李廣利、公孫敖、任安、田仁、劉屈氂，猶皆腰斬夷族，則文帝時詔除諸律令，是徒虛語耳〔註3〕。

九、論東漢官奉

先生探討東漢百官受奉，並與李賢所引續志互相細校，其異同處甚明。如：
卷三十四〈官奉〉條：

> 百官志末載百官受奉例，大將軍三公奉月三百五十斛，中二千石奉月百八十斛，二千石奉月百二十斛，比二千石奉月百斛，千石奉月八十斛，六百石奉月七十斛，比六百石奉月五十斛，四百石奉月四十五斛，比四百石奉月四十斛，三百石奉月四十斛，比三百石奉月三十七斛，二百石奉月三十斛，比二百石奉月二十七斛，一百石奉月十六斛，斗食奉月十一斛，佐史奉月八斛，凡諸受奉皆半錢半穀。劉昭注引古今注曰，建武二十六年四月戊戌，增吏奉如此志，考光武紀，建武二十六年春正月，詔有司增百官奉，彼李賢注即引續漢志以釋之，則與此志之文，宜無不同矣，今以二者參對，彼千石月九十斛，比千石月八十斛，與此不同。考其上下，二千石有比二千石，六百石有比六百石，四百石有比四百石，三百石有比三百石，二百石有比二百石，何以千石別無比千石，明係百官志傳寫者於千石

〔註3〕同註2，頁104，文帝十三年間廢止割鼻、斷足等殘害肢體的肉刑，代之以笞刑，但由於開初規定笞刑最高額多至五百，「或至死而笞未畢」，名義上減輕刑罰，實際上受刑而死的人反而更多。

奉之下，誤脫落月九十斛比千石七字耳。但彼文比六百石月五十五斛，四
百石月五十斛，比四百石月四十五斛，三者皆與此文互異，則殊不可解，
至於西京官奉之例，前書不見，而顏師古注乃於百官公卿表題下詳述其制，
今以李賢所引續志細校之，內惟比六百伯顏云六十斛，李賢云五十五斛，
此爲小異，而其餘一概相同。夫顏師古所述，前漢制也，李賢所引，後漢
制也，何相同乃爾，且光武紀文，於增百官奉之下，即繼云，其千石已上，
減於西京舊制，六百石已下，增於舊秩，今以校顏注，則是千石已上，建
武固毫無所增，而六百石已下，僅有比六百石一條不同，而如顏說，則建
武反減於西京五斛，何云增乎，此必師古失記建武增奉之事，直取續漢志
以注百官表，以後漢制當前漢制也，要之顏與李賢同時，所見續漢書志，
本與劉昭所據之本傳錄參差，未知孰是，而西京官奉之制，則已無可考。

綜上文字所述，茲以條文式列舉，比較其異同〔註4〕

東漢「百官受奉例」　　　　　　　　　　　　　　　　　李賢注引《續漢志》

等級	秩名	月俸	官職
1	萬石	三百五十斛	大將軍、三公
2	中二千石	百八十斛	九卿、河南尹
3	二千石	百二十斛	州牧、京都尹、郡太守
4	比二千石	百斛	司隸校尉、城門校尉、北軍五校尉
5	千石	八十斛	尚書令、三公長史、縣邑道令、相………千石月九十斛
6	比千石	（此條先生以爲文字脫落）	九卿之丞、宮掖門司馬……………………比千石月八十斛
7	六百石	七十斛	尚書僕射、尚書、九卿令
8	比六百石	五十斛	光祿勳四署中郎、常侍謁者………比六百石月五十五斛
9	四百石	四十五斛	次縣之長、相，大縣之丞、尉…………四百石月五十斛
10	比四百石	四十斛	光祿勳之四署侍郎………………比四百石月四十五斛
11	三百石	四十斛	小縣之長、侯國之相
12	比三百石	三十七斛	光祿勳之郎中、羽林郎
13	二百石	三十斛	尚書令史、符節令史、諸邊塞尉

〔註4〕此表參閱孫文良《中國官制史》（台北：文津出版社，1993年），頁95

14	比二百石	二十七斛	光祿勳之節從虎賁
15	一百石	十六斛	公卿掾史之屬、鄉有秩
16	斗食	十一斛	
17	佐史	八斛	

先生以李賢注引〈續漢志〉以釋之，與《後漢書·百官志》對校之下，宜無不同。其異者在於，《後漢書·百官志》官奉中無比千石此秩名，先生以為「二千石有比二千石」，「六百石有比六百石」，「四百石有比四百石」，「三百石有比三百石」，「二百石有比二百石」，何以千石別無比千石，以此明係《後漢書·百官志》傳寫者於千石奉之下，誤脫落「月九十斛，比千石」七字。又另一異者，「比六百石月五十五斛」，「四百石月五十斛」，「比四百石月四十五斛」三者與《後漢書·百官志》月奉有異。又西京官奉之例，前書不見，而顏師古注乃於〈百官公卿表〉題下詳述其制，與李賢所引〈續志〉細校，惟比六百伯顏云六十斛，李賢云五十五斛，此為少異，而其餘一概相同，故先生云，顏師古所述前漢制，李賢所引後漢制也。

十、論東漢葬制

《易傳·繫辭下》言「古者喪期無數」，周代喪期比較具體，對後世的影響也很大。即是周代的喪期制度後世不一定完全遵行，各個時期也屢有更改。如天子大喪的喪期特點也因人而異而期限不定，先生以《漢書》為例，如：

卷三十一〈聽行三年喪〉條：

> 元初三年，初聽大臣二千石刺史，行，三年喪。案，劉愷傳云，舊制，公卿二千石刺史不得行三年喪，由是內外眾職，並廢喪禮，元初中，鄧太后詔長吏以下不為親服者，不得典城選舉，謂此事也，建光元年三月，鄧太后崩，安帝始親政，其年十一月，復斷大臣二千石以上行三年喪矣，其後桓帝永興二年，又聽刺史二千石行三年喪服，延熹二年，復斷刺史二千石行三年喪，此事反覆乃爾，國將亡，必多制也。

元初三年初聽大臣刺史終喪三年，《後漢書·安帝本紀》元初三年冬十一月丙戌，初聽大臣二千石刺史行三年喪。〈劉愷傳〉云，舊制公卿二千石刺史不得行三年喪，自是內外眾職並廢喪禮。建光元年春三月癸巳，皇太后鄧氏崩，丙午葬和熹皇后，冬十一月庚子復斷大臣二千石以上服三年喪。《後漢書·桓帝本紀》永興二年辛丑辟司空掾議二千石，得去官為親行服，朝廷從之。永壽二年春正月初聽中官得行三年服。延熹二年春三月復斷刺史二千石行三年喪。按漢文帝前，大喪期一般為三年，文帝

倡導節儉，臨終遺命詔告天下吏民服喪三日（《漢書・文帝本紀》）。成帝重又提倡大喪期三年（《漢書・成帝本紀》），平帝時王莽恢復周禮，以三年爲主，故平帝崩，王莽令六百石以上官員服喪三年（《漢書・王莽傳》）。王莽當國盛倡三年喪，而東漢初實多行三年喪，並及於女子，天子亦自行之。安帝令二千石大臣行之，桓帝時亦下至士大夫，甚有居六年喪者。三國時魏文帝曹丕及蜀劉備大喪期三日（〈蜀志〉昭烈本傳），至晉代重又行三年喪（《晉書・武帝本紀》），唐宋以後，天子大喪期屢有改異，不外在三日與三年之間。

十一、論晉代既葬還職

卷四十八〈既葬還職〉條：

> 鄭袤之子默傳，武帝時爲大鴻臚，遭母喪，舊制，既葬還職，默自陳懇至，久而見許，遂改法定令，大臣終喪自默始，又華表之子廙傳，武帝時，都督河北諸軍事，父病篤輒還，仍遭喪，舊例葬訖復任，廙固辭近旨，大約兩漢、魏、晉不行三年喪者甚多，然從無不葬而仕者。

有喪，居官去其職，除官則不赴。臣有私喪，國家詔令其釋服，即奪情起復之始。民有因變故未即時行服者，則追服之。期喪亦遵古制行服，故有因祖父母、伯叔父母、從父兄弟等喪去官者，更有師弟、官屬、朋友間之奔喪、棄官、服喪等義喪、義葬等〔註5〕。按《晉書・武帝本紀》云，太康七年始制大臣聽終喪三年。禮志太康七年大鴻臚鄭默母喪，既葬當依舊攝職，固陳不起，於是始制大臣得終喪三年，然元康中陳準傅咸之徒，猶以權奪不得終禮，自茲已往，以爲成比也。鄭默傳默拜大鴻臚遭母喪，舊制既葬還職，默自陳懇至久而見許，遂改法定令聽大臣終喪自默始也。《魏書・武紀》敘曹操臨終詔令，堅持短喪之制：「天下尚未安定，未得遵古也，葬畢除服，其將兵屯，戍者皆不得離屯部。」死後即不逾月而葬，晉代仍之，既葬除喪，因此晉武帝欲行三年喪，被臣諫止，不過仍堅持深衣素冠，除席撤膳。王祥、鄭沖等請復古制，均不行。太康七年因鄭默堅持服母喪，始制大臣得終喪三年。

十二、論南朝久喪而不葬

卷六十一〈久喪而不葬〉條：

> 何承天傳，元嘉十六年，除著作佐郎，尋轉太子率更令，著作如故，時丹楊溧陽丁況等久喪而不葬，承天議曰，禮云還葬，當謂荒儉一時，故

〔註5〕王貴民《中國禮俗史》（台北：文津出版社，1993年），頁174。

許其稱財而不求備，丁況三家，數十年中，葬輒無棺槨，實由淺情薄恩，同於禽獸者耳，丁寶等同伍積年，未嘗勸之以義，繩之以法，十六年冬，既無新科，又未申明舊制，有何嚴切，欻然相糾，或由鄰曲分爭，以興此言，如聞在東諸處，比例既多，江西、淮北，尤為不少，若但�此三人，殆無所肅，開其一端，則互相恐動，臣愚謂況等三家，且可勿問，因此附定制旨，若人葬不如法，同伍當即糾言，三年除服之後，不得追相告引，愚謂久喪而不葬，不下脫棺字，數十年中，十字衍文，宋書無比例，當作此例，還葬二字，出檀弓上篇，子游問喪具，夫子曰，稱家之有亡，子游曰，有亡惡乎齊，夫子曰，有，毋過禮，苟亡矣，斂首足形，還葬，縣棺而封，人豈有非之者哉，南史此段文義甚屬費解，加以脫誤，尤不明析，禮所云還葬者，謂斂畢即葬，不待案期，如此者實因其家貧，故許其不備禮，若喪久案期乃葬，則必備禮矣，然即在還葬者，亦但許其不備禮而已，非竟可無棺也，今丁固等並非斂畢即葬，係久喪乃葬，而竟不用棺槨，直舉父母埋之土中，其罪大矣，但當時行此者甚多，不止丁固等，而同伍丁寶等之糾告丁固等則又非，蓋葬不如法，同伍當下即合告發，今三年除服後，相隔已久，忽然相告，明是挾嫌也。

自始死至下葬時間，極不一致，從七日、十日、十餘日至數十日，百餘日、二百、三百餘日乃至四百二十三日者，比上自帝、后、諸王、官吏，下至民家或童殤，短長無等差。東漢末且多有停殯不葬之風，漢人開始有葬日禁忌之說，擇求吉地之風水信仰〔註6〕。先生以此久喪不葬，當有脫棺字，〈檀弓〉上篇云「斂首足形，還葬，懸官而封，人豈有非之者哉」正是最好說明，否則久喪乃葬，而竟不用棺槨，直舉父母埋之土中，其罪大矣。

十三、論三國魏宗廟

卷五十六〈魏人七廟〉條：

> 魏明帝太和三年六月，又追尊高祖大長秋曰高皇，夫人吳氏曰高皇后，並在鄴廟，廟所祠，則文帝之高祖處士（當作皇高組）、曾祖、高皇祖、太皇帝共一廟，玫太祖武皇帝特一廟，百世不毀，然則所祠止於親廟四室也，至明帝太和三年十一月，洛京廟成，則以親盡遷處士主置園邑，使令丞奉薦，而使行太傅太常韓暨、行太廟宗正曹恪持節迎高皇以下神主

〔註6〕同註4，頁173，第三章喪葬禮俗。

共一廟，猶爲四室而已，至景初元年六月，群公有司始更奏定七廟之制，曰，大魏三聖相承，以成帝業，武皇帝肇建洪基，撥亂夷險，爲魏太祖，文皇帝繼天革命，應期受禪，爲魏高祖，上集成大命，清定華夏，興制禮樂，宜爲魏烈祖.更於太祖廟北爲二祧，其左爲文帝廟，號曰高祖昭祧，其右擬明帝號，曰烈祖穆祧，三祖之廟，萬世不毀，其餘四廟親盡迭遷，一如周后稷、文、武廟祧之禮，通鑑第七十一卷書此事云，太和三年十一月，洛陽廟成，迎高、太、武、文四神主於鄴，胡三省注，高帝漢大長秋曹騰，太帝漢太尉曹嵩，裴松之曰，魏初唯立親廟四，祀四室而已，至景初元年，始定七廟之制，愚謂魏人欲仿周七廟，無如閹宦凶醜，乞丐攜養，斷不能奉爲不毀之祖，只得當叡世，強以操、丕及己身充后稷、文、武，但景初雖立制，亦只豫作地步，直至齊王芳方能備七世，而節、騰、嵩、操、丕、叡亦只六世，所謂節者，即所謂文帝之高祖處士也，節之父則何名乎，名且無之，事蹟更茫茫矣，在當時想必代爲追造一名，而史文不載，亡是公烏有先生，誠堪嘔噱。

宗廟是古代天子諸侯大夫士等祭祀祖先、奉拜祖先神位之處，祭祀先祖爲古代禮制中一項重要內容﹝註7﹞，因此宗廟之設置也就格外顯得隆重。上古帝嚳高辛氏始立宗廟，按《路史》載「帝嚳高辛氏以日至設兆於南郊，先王偕食，右社稷而左宗廟，所以重本。」帝堯作七廟以享先祖，《書經・舜典》「正月上日受終於文祖」，《路史》「帝堯作七廟立五府，以享先祖而祀五帝，祭以其氣迎牲殺於庭，毛血詔於室，以降土神，然後樂作所以交神明也。」帝舜立七廟，以報本反始，《家語》廟制有虞七，孔子曰天子七廟，自有虞以至於周不變也﹝註8﹞。因此宗廟之制始於堯舜，相傳久遠，夏商亦均有營建，至周代宗法制度逐漸嚴密，宗廟禮儀繁瑣。至於《三國・魏志》文帝，黃初二年祠武帝於建始殿，《晉書・禮志》王制天子七廟，諸侯以下各有等差，禮文祥矣。漢獻帝建安十八年五月以河北十二郡封魏武帝爲魏公，是年七月始建宗廟於鄴，自以諸侯禮立五廟也。後雖進爵爲王，無所改易。延康元年文帝繼王位，七月追尊皇祖爲太王夫人曰太王后。黃初元年十一月受禪又追尊太王曰太皇帝，皇考武王曰武皇帝，二年六月以洛京宗廟未成乃祠武帝於建始殿，親執饋奠如家人禮。按禮將營宮室宗廟爲先，庶人無廟，故祭於寢，帝者行之非禮甚矣。又明帝太和三年六月，又追尊高祖大長秋曰高皇，夫人吳氏曰高皇后，並在鄴廟之

﹝註7﹞同註1，頁1140。
﹝註8﹞以上《路史》、《家語》《尚書・舜典》之文，均參引《古今圖書集成・禮儀典》卷二百七，宗廟祀典部彙考（台北：鼎文書局，1985年），頁1986。

所祠，則文帝之高祖處士，曾祖高皇大帝共一廟，考太祖武皇帝特一廟，百世不毀，然則所祠止於親廟四室，至景初元年始定七廟之制〔註9〕。先生以魏人只六世，況高祖處世，節之父，皆事蹟茫茫，在當時想必代爲造一名，而史不載，亡是公烏有先生，且廟數多少，追溯男性祖先的遠近，故先生以魏人欲仿周七廟，無如閹宦凶醜，乞丐攜養。

十四、論晉朝武帝追謚景皇后

卷四十七〈追尊景皇后〉條：

> 武帝泰始元年十二月丁卯，追尊皇祖宣王爲宣皇帝，伯考景王爲景皇帝，考文王爲文皇帝，宣王妃張氏爲宣穆皇后，景王夫人羊氏爲景皇后。案，據帝紀，司馬師之妻景皇后，以泰始二年尊爲弘訓太后，至咸寧四年始崩，不當在泰始元年追尊之列。

追謚是對已故前賢或王公大臣追加謚號，如漢追謚孔子爲褒成宣尼公，唐追謚孔子爲文宣，周太公爲武成。唐睿宗景雲二年追謚上官婉兒爲惠文等〔註10〕。晉武帝追封皇祖宣王爲宣皇帝，伯考景王爲景皇帝，考文王爲文皇帝，宣王妃張氏爲宣穆皇后，景王夫人羊氏爲景皇后。至於景皇后崩於咸寧四年，帝紀卻書追尊在泰始元年，此時景王后尚在，故不當是追尊，恐是紀年有誤。

十五、論魏晉南北朝九品中正制

自西漢起，選舉成爲選拔人才的政治制度，魏晉南北朝盛行的九品中正制，同漢代實行的察舉制，隋唐至清末的科舉制，皆是作爲招賢舉才的選舉制度，而九品中正制則是在察舉制的歷史條件下所衍生的。九品中正制即是九品官人法，是魏文帝黃初元年，吏部尚書陳群所創議，因舊日選舉法流弊甚多「天朝選用，不盡人才。……朝廷用人，一以委之尚書。……」(《三國志·魏志·陳群傳》)，延康元年春爲曹丕所採納施行，其後逐漸完備，遂成爲魏晉南北朝的主要選才用人制度。如：

《文獻通考》卷二十八〈選舉一〉云：

> 延康元年，乃立九品官人之法，州郡皆置中正，以定其選。擇州郡之賢有識鑒者，爲之區別人物，第其高下。……州郡縣俱置大小中正，各取本處人，在諸府公卿及各省郎吏，有德充才盛者爲之，區別所管人物，定

〔註9〕參見《古今圖書集成·禮儀典》卷二百七、二百八宗廟祀典部彙考。
〔註10〕王能憲〈謚號與謚法〉《古籍知識手冊》(山東教育出版社，1988年)，頁1285。

爲九等。其言行修者，則升進之，或以五升四，以六升五；倘若道義虧缺，則降下之，或自五退六，自六退七矣。以吏部不能審定天下人才士庶，故委中正銓第等級，憑之授受，謂免乖失及法弊也。

趙翼《廿二史劄記》卷八〈九品中正〉亦云：

魏文帝初定九品中正之法，郡邑設小中正，州設大中正，由小中正品第人才，以上大中正；大中正核實以上司徒，司徒再核，然後付尚書選用。

先生《商榷》卷四十七〈九品中正〉條，論析此制：

魏陳群始立九品官人之法，晉武帝紀則云，咸熙二年十一月，令諸郡中正以六條舉淹滯，一曰忠恪匪躬，二曰孝敬盡禮，三曰友于兄弟，四曰絜身勞謙，五曰信義可復，六曰學以爲己，故三國志、晉書及南史諸列傳中多有爲州郡大中正者，蓋以他官或老於鄉者充之，掌鄉黨評論，人才臧否，清議係焉，説見前魏夏侯玄傳中，乃晉職官志中絕不一見，何也。

陳群所創議的九品官人法，晉武帝條舉六項作爲朝廷品評人才考量標準。忠恪匪躬、孝敬盡禮、友于兄弟、絜身勞謙、信義可復、學以爲己，並設置州郡大小中正，由現任中央官員兼任其原籍的郡中正或卅大中正，故「中正」實兼負考選和銓敘兩種責任。

至於陳群創議九品官人法，背景動機在於漢朝末年察舉制度之腐敗，選舉乖實的情況，於是後漢季世就有「舉秀才，不知書，察孝廉，父別居，寒素清白濁如泥，高第良將怯如雞」（葛洪《抱朴子・外篇・審舉》卷十五引漢時時人語）如：

卷四十〈州郡中正〉條：

大約漢末名士，互相品題，遂成風氣，於時朝廷用人，率多采之，魏武已恨之，故武紀於建安十五年載其下令曰，天下未定，求賢之急時也，孟公綽爲趙、魏老則優，不可爲滕、薛大夫，若必廉士而後可用，齊桓其何以霸，今天下得無盜嫂受金，未遇無知者乎，二三子其唯才是舉，吾得用之，又十九年令曰，有行之士，未必能進取，進取之士，未必能有行，陳平豈篤行，蘇秦豈守信，而平定漢業，秦濟弱燕，士有偏短，庸可廢乎，有司明思此義，則士無遺滯，官無廢業矣，二十二年令曰，韓信、陳平，負汙辱之名，有見笑之恥，遂能成就王業，吳起貪將，殺妻自信，散金求官，母死不歸，然在魏，秦不敢東向，在楚，三晉不敢南謀，今天下得無高才異質，負污辱之名，見笑之行，不仁不孝，而有治國用兵之術，其各舉所知，勿有所遺，操以邪見欲破格用人，心術不正可知，然清議不爲衰止，是以何夔傳，夔言於太祖曰，軍興以來，制度草創，用人未詳其本，

各引其類，自今所用，必先核之鄉閭，爕蓋目睹操之以權道破格用人，流弊不小，故請使用人參取鄉評也，其後文帝即王位之初，而陳群始制九品官人之法，州郡中正之設，當始於此時。

在察舉制度下，士人能否當官，取決於能否被舉，故大約漢末名士，互相品題、清議，具有左右鄉閭輿論，影響士人官運進退的影響力。然清議有激濁揚清的積極意義，但也造成諸多沽名釣譽的偽君子，及被操縱選舉的官僚大族所利用。桓、靈之際，更是主昏政謬，處士橫議，相習成風，輿論所獎，率在虛名，負虛者不必有才，即德行亦多出於矯偽。曹操以天下未定，求賢之急，主張「唯才是舉」、「有行之士，未必能進取，進取之士，未必能有行」，大膽拔用那些不齒於名教而「有治國用兵之術」的「高才異質」之士。(《三國志・魏書・武帝紀》) 曹操僅注重才能，而忽視德行，明言廉士不足用，甚至下令欲求盜嫂受金之士〔註11〕，造成了何爕所言「破格用人，流弊不小」、「自軍興以來，制度草創，用人未詳其本」，建議用人「必先核之鄉閭」使長幼順序，無相踰越。(《三國志・魏書・何爕傳》)，其後文帝即王位之初，陳群始制九品官人之法，州郡中正之設。「正始以後，其時中正之權重矣，後晉時，陳壽以服中使婢丸藥犯清議，遂沈滯累年，而南北朝亦恆設中正，如南史宋武帝、齊高帝紀，於受禪即位大赦，皆有犯鄉論清議者，一皆蕩滌。」(《商榷》卷四十〈州郡中正〉條) 又：

新唐書儒學柳沖傳，魏氏立九品，置中正，尊世冑，卑寒士，權歸右姓，其州大中正主簿、郡中正功曹，皆取著姓士族為之，以定門冑，品藻人物，晉、宋因之，始尚姓已，然其別貴賤，分士庶，不可易也，於時有司選舉，必稽譜籍而效其真偽，據此則似中正之設，專以門第定人才高下矣，文選第四十卷沈休文奏彈王源一首，給事黃門侍郎兼御史中丞吳興邑中正臣沈約稽首言云云，以南郡、丞東海王源是晉右僕射雅曾孫，嫁女於吳郡滿璋之之子鸞，璋之姓族，士庶莫辨，源蔑祖辱親，請免官禁錮終身，即此以觀，中正所重門第，自魏、晉至六朝皆然，然以夏侯玄言參之，其始本論品行，後乃專重門第耳，魏崔亮創停年格，亮甥司空諮議劉景安與亮書論其弊，云，立中正不叙才行，空辨姓氏，要是流弊如此，非其初制

〔註11〕顧炎武《日知錄・兩漢風俗條》卷十三 (臺灣商務印書館，1978 年)，頁 40，云「孟德既有翼州，崇獎跅弛之士，觀其下令再三，至於求負污辱之名，見笑之行，不仁不孝，而有治國用兵之術者 (建安二十二年八月令，十五年春令，十九年十二月令，竟皆同)」亭林極詆之，謂兩漢「經術之治，節義之防，光武、明、章數世為之而未足，毀方敗常之俗，孟德一人變之而有餘。」

本然。沈約宋書臧燾徐廣傅隆傳論云,選賢於野,則治身業宏,求士於朝,則飾智風起,漢世登士,閭黨為先,故仕以學成,身由義立,自魏氏膺命,選賢進士,不本鄉閭,銓衡之寄,任歸臺閣,九品中正起於魏,而約之言乃如此。

魏晉之際,世家大族勢力日益澎脹,中正官幾乎全由盤踞朝廷的士族官僚所攫取,於是一般熱中人士便不能不奔走夤緣於中正官之門。當時散騎常侍夏侯玄有見及此,曾經建議「使中正專考『行跡』,別其高下,勿使升降,官屬之功能,由各該長官核定,獻之臺閣,臺閣總兩方面之資料,予以銓用。」如《三國志‧魏志‧夏侯玄傳》載:

> 太傅司馬宣王問以時事,玄(散騎常侍中護軍夏侯玄)議以為:夫官才用人,國之柄也。故銓衡專於臺閣,上之分也;孝行存乎閭巷,優劣任之鄉人,下之敘也。夫欲清教審選,在明其分敘,不使相涉而已。何者?上過其分,則恐由之不本,而干勢馳騖之路開;下踰其敘,則恐天爵之外通,而機權之門多矣。夫天爵下通,是庶人議柄也;機權多門,是紛亂之原也。自州郡中正品度官才之來,有年載矣,緬緬紛紛,未聞整齊,豈非分敘參錯,各失其要之所由哉?若令中正但考行倫輩,倫輩當行,均斯可官矣。何者?夫孝行著於家門,豈不忠恪於在官乎!仁恕稱於九族,豈不達於為政乎!義斷行於鄉黨,豈不堪於任事乎!三者之類,取於中正,雖不處其官名,斯任官可知矣。行有大小,比有高下,則所任之流,亦煥然明別矣。奚必使中正干銓衡之機於下,而執柄者有所委仗於上,上下交侵,以生紛錯哉?且臺閣臨下考功校否,眾職之屬,各有長官,旦夕相考,莫究於此,閭閻之議,以意裁處,而使匠宰失位,眾人驅駭,欲風俗清靜,其可得乎?天臺縣遠,眾所絕意,所得至者,更在側近,孰不脩飾以要所求?所求有路,則脩己家門者,已不如自達於鄉黨矣;自達鄉黨者,已不如自求之於州邦(蓋邦為郡字)矣。苟開之有路,而患其飾真離本,雖復責中正,督以刑罰,猶無益也。豈若使各帥其分,官長則各以其屬能否,獻之臺閣;臺閣則據官長能否之第,參以鄉閭德行之次,擬其倫比,勿使偏頗。中正則唯考其行跡,別其高下,審定輩類,勿使升降,臺閣總之。如其所簡或有參錯,則其責負,自在有司官長。所第中正,輩擬比隨次率而用之,如其不稱,責負在外。然則內外相參,得失有所互相形檢,孰能相飾?斯則人心定而事理得,庶可以靜風俗而審官才矣。

如先生論「新唐書儒學柳沖傳,魏氏立九品,置中正,尊世胄,卑寒士,權歸右姓,

其州大中正主簿郡中正功曹，皆取著姓士族為之，以定門胄，品藻人物，晉宋因之，始尚姓已，然其別貴賤，分士庶，不可易也。」之後有司選舉，必稽譜籍而攷其真偽，據此中正之設，專以門第定人才高下「故居上品者，非公侯之子孫則當途之昆弟也。」（《晉書‧段灼傳》）中正所重門第，自魏晉至六朝皆然，甚而發展至上品無寒門，下品無士族局面，加強鞏固了門閥制度。

　　按中正之制，其始本論品行以才德為依據，「蓋以論人才優劣，非為世族高卑。」（《宋書‧恩倖傳序》）「其始造也，鄉邑清議，不拘爵位，褒貶所加，是為勸勵，尤有鄉論餘風。」（《晉書‧衛瓘傳》）後乃專重門第，魏崔亮甥司空諮議劉景安與亮書論其弊云，「立中正不攷才行，空辨姓氏，要是流弊如此，非其初制本然。」品評人物的標準流於捨棄德才，不論賢愚皆與本制最初立意背道而馳。故晉太康五年，尚書僕射劉毅曾極論其失，主張廢除九品中正制。衛瓘等上疏陳述「九品中正制」的弊端，請予廢除，而代之以「鄉論」。如《晉書‧衛瓘傳》載：

> 瓘以魏立九品，是權時之制，非經通之道，宜復古鄉舉里選，與太尉亮（汝南王亮）等上疏曰：……鄉舉里選者，先王之令典也，自茲以降，此法陵遲，魏氏承顛覆之運，起喪亂之後，人士流移，考詳無地，故立九品之制，粗具一時選用之本耳。其始造也，鄉邑清議，不拘爵位，褒貶所加，足為勸勵，猶有鄉論餘風。中間漸染，遂計資定品，唯以居位為貴人，棄德而忽道業，爭多少於錐刀之末，傷損風俗，其弊不細。今九域同規，大化方始，臣等以為宜皆蕩除末法。……盡除中正九品之制，使舉善進才，各由鄉論。……武帝善之，而卒不能改。

後周武帝時，蘇綽輔佐後周，毅然決然地廢止「九品中正制」，如《通典‧選舉典》「深思本始，懲魏、齊之失，罷門資之制。」由於蘇綽廢止，才漸漸革除「九品中正制」所造成的門閥政治，君主的力量也才漸以得伸張，代之而起的是隋唐的另一新考試制度面貌。

十六、論唐代考試制度

　　先生於唐代科舉制多所論述，如卷八十一〈取士大要有三〉條，論唐制取士，大要有三：

> 新選舉志云，唐制取士，大要有三，由學館者曰生徒，由州縣者曰鄉貢，皆升於有司而進退之。其科目之有秀才，有明經，有俊士，有進士，有明法，有明字，有明算，有一史，有三史，有開元禮，有道舉，有童子，而明經之別，有五經，有三經，有二經，有學究一經，有三禮，有三傳，

有史科，此歲舉之常選也，其天子自詔者曰制舉，所以待非常之才焉。

唐代科舉取士雖有三種方法，但以「生徒」和「鄉貢」兩類考試，經常舉行，謂之「常制」，因此先生言：

> 愚謂雖大要有三，其實惟二，以其地言學館州縣異，以其人言，生徒鄉貢異，然皆是科目，皆是歲舉常選，與制舉非常相對，唐人入仕之途甚多，就其以言揚者，則有此三種耳。科之目共有十二，蓋特備言之，其實若秀才則爲尤異之科，不常舉，若俊士與進士，實同名異，若道舉，僅玄宗一朝行之，旋廢，若律書、算學，雖常行，不見貴，其餘各科不待言，大約終唐世爲常選之最盛者，不過明經、進士兩科而已。

「秀才」一科考選較嚴，從太宗貞觀以後，遂無人敢於輕舉，該科終在無形中停輟，「秀才之科久廢而明經雖有甲乙丙丁四科，進士則甲乙二科，自武德以來，明經唯有丁第，進士唯有乙科而已。」（《文獻通考·選舉考二·舉士》卷二十九）。當時「禮部之試，科目雖多，是士族所趨嚮，惟明經進士二科而已。」（《通典·選舉三》）大約終唐之世爲常選之最盛者，以此二科而已，故先生舉言王定保《摭言》、裴庭裕《東觀奏記》說明此現象：

> 王定保摭言卷一，會昌五年舉格節文篇及兩監篇載會昌五年正月敕文，謂先師篇載開元五年九月詔文，皆專舉明經、進士二科，又如裴庭裕東觀奏記卷中一條云，京兆府進士明經解送，設殊次平等三級，以甄別行實，韋澳爲京兆尹，至解送日，榜曰，朝廷將禆教化，廣設科場，當開元、天寶之閒，始專重明經進士，是也。

唐代科舉以「明經」、「進士」兩科爲最盛，此二科中，又以「進士」爲最高貴，先生於此科舉情況有所申論，如：

卷八十一〈偏重進士立法之弊〉條：

> 雖並重明經進士，後又偏重進士，新志云，眾科之目，進士尤爲貴，時君篤意，以謂莫此之尚，摭言會昌舉格所送人數，國子監及各道，皆明經多，進士少，又述進士上篇云，咸亨之後，凡由文學舉於有司者，競集於進士，又散序進士篇云，進士盛於貞觀、永徽之際，搢紳雖位極人臣，不由進士，終不爲美云云。

由此段話云「眾科之目，進士尤爲貴」、「明經多，進士少」、「搢紳雖位極人臣，不由進士，終不爲美」，終究造成重進士輕明經之弊端，先生引歐陽詹《文集》第八卷與鄭伯義書：

> 承今冬以前明經赴調罷舉進士，漁者所務唯魚，不必在梁在笱，弋者

　　所務唯禽，不必在增在繳，國家設尊官厚祿，爲人民爲社稷也，在求其人，
非與人求，在得其人，非與人得，讀往載，究前言，則曰明經，屬以詞，
賦以事，則曰進士，未即以進士賢，明經不賢也，蚩蚩之人，貴此賤彼，
是不達國家選士之意，居方寧斯人之徒與，況進士出身，十年二十年而終
於一命者有之，明經諸色，入仕須臾而踐卿相者有之，才如居方，諸科中
升乎一科矣，宜存一梁一笱一增一繳之義。

觀上文可見進士又在明經之上，彼時明經及第者，不肯即求吏部選舉，往往舍去仍
應進士舉，由此可見當時士子之心態及應考之傾向。故先生評析云：「此皆足以徵唐
制也，要之積重難返，如詹之明達者已少。」又先生引《封演聞見記》第三卷〈貢
舉篇〉云：

　　代以進士登科爲登龍門，解褐多拜清緊，十數年閒，擬跡廟堂，輕薄
者語曰，及第進士俯視中黃郎，落第進士揖蒲華長馬，進士張繟落第，兩
手奉登科記頂戴之，曰，此千佛名經也云云。

及第進士，俯視中書、黃門兩省郎官，落第尚可再舉，一得即躡清要，故平揖近幾蒲
州、華州之令長也，其立法之弊如此，故先生云「徒長浮華，終無實用，唐楊綰、李
德裕已憂之。」又先生引錢希白《南部新書》卷乙云：「太和中，上謂宰臣曰，明經
會義否，宰臣曰，明經只念經疏，不會經義。」觀此則知，彼時所以輕明經重進士。

　　唐代舉人及第後未什前稱「前進士」或「前明經」，有時也直接稱「進士」、「明
經」〔註12〕，因「唐代試士和試官是分別舉行的，士子經禮部考試及第後，僅取得
出身資格，須再經吏部考試中式，才能授以官職，故有才華辭藻，既舉「進士」而
累年不第者，如韓愈三試於吏部無成，則十年猶布衣，且有出身二十年而未得到一
官半職的。」〔註13〕。先生對於唐代試官有所論述，如卷八十一〈不必登第方名進
士〉條，即對此試官制，有所說明：

　　昌黎上宰相書，自稱鄉貢進士，公貞元八年登第，此書十一年所上，
李肇國史補云，得第謂之前進士，是也，而其實進士乃科中一目，但應此
舉者，即得稱之，試隨舉一二，如新舒元輿傳，元和中，舉進士，見有司
鉤校苛切，既試尚書，水炭脂炬，飧具，皆人自將，吏一唱名，乃得入列
棘圍，席坐廡下，因上書言貢士體輕，非下賢意，俄擢高第，調鄠尉，舉
進士者，貢於州府也，試尚書者，試於禮部也，新選舉志言，試士本由考

〔註12〕劉海峰《唐代教育與選舉制度綜論》（台北：文津出版社，1991年），頁108。
〔註13〕沈兼士《中國考試制度史》（臺灣商務印書館，1995年），頁100。

功員外郎，開元中，以員外望輕，移貢舉於禮部侍郎主之，是也，其時元
興尚未登第，又新令狐絢傳，子滈，避嫌不舉進士，絢去，宰相丐滈與群
進士，試有司，是歲及第，左拾遺劉蛻言滈未嘗舉進士，妄言已解天下，
謂無解及第，然則不必及第方名進士也。

昌黎上宰相書，自稱鄉貢進士，韓文公於貞元八年登第，此書所上時間為十一年，
由此可見韓文公三試於吏部無成。先生引李肇《國史》，說明此制度，「得第謂之前
進士」而進士乃科中一目，但應此舉者，即得稱之，故韓文公即是比例。又如《新
書令絢傳》子滈，「避嫌不舉進士，絢去，宰相丐滈與群進士，試有司，是歲及第。」
左拾遺劉蛻言滈未嘗舉進士，妄言已解，其例皆與韓文公同。又唐代有許多人及第
後一帆風順地經過吏部銓選入仕，但也有人經過幾年甚至十幾年，未得官位而處於
待聘狀態，此種情況愈到唐後期尤為明顯。

唐代進士待選入仕時間舉例表

姓　名	及第時間	入仕時間	入仕途徑	待選年數	資料年源
馬嘉之	天冊元年（695）	久視元年（700）	書判拔萃	5	《全唐文》卷 313 孫逖〈宋州司馬先府君墓志銘〉
王泠然	開元五年（717）	開元九年（721）	平選	4	《唐摭言》卷 6〈公薦〉
崔群	貞元八年（972）	貞元十年（974）	賢良方正制科	2	《柳宗元集》卷 22〈送崔群序〉
柳宗元	貞元九年（793）	貞元十四年（798）	博學宏辭	5	《柳宗元集》卷 33〈與楊誨之第二書〉
崔鄲	貞元十二年（796）	貞元十六年（800）	平判入等	4	《樊川文集》卷 14〈禮部尚書崔公行狀〉
牛僧孺	貞元二十一年（805）	元和三年（808）	賢良方正制科	3	《舊唐書》卷 176〈李宗閔傳〉
劉蕡	寶曆二年（826）	開成元年（836）	辟署	10	《舊唐書》卷 190 下〈劉蕡傳〉
劉瞻	大中元年（847）	大中四年（850）	博學宏辭	3	《舊唐書》卷 177〈劉瞻傳〉

（轉錄自劉海峰《唐代教育與選舉制度綜論》頁 109）

先生又引《新書》之〈舒元輿傳〉「元和中，舉進士，見有司鉤校苛切，既試尚
書，水炭脂炬，飧具，皆人自將，吏一唱名，乃得入列棘圍，席坐廡下，因上書言
貢士體輕，非下賢意，俄擢高第，調鄠尉，舉進士者，貢於州府也，試尚書者，試
於禮部也。」舉舒元輿當時尚未登第，又說明在玄宗開元二十五年前，制舉考試的

主管機關屬於尚書省的禮部，主持考試的初為考功員外郎，後以此官位卑望輕，常與舉人發生衝突，故自玄宗開元以後，遂改禮部侍郎主考，自此永為定制。

　　唐代制舉名目甚多，多至八十有六，凡七十六科，至宰相者七十二人（王應麟《困學紀聞》卷十四攷史）如先生，《商榷》卷八十一〈制舉科目〉條論：

　　　　歲舉常選，備列其科之目，此定制也，而制舉亦有科名，其見於各傳者，若姚崇舉下筆成章科，張九齡舉道侔伊呂科，解琬舉幽素科，房琯舉任縣令科，楊綰建復古孝第力田等科，韋處厚舉才識兼茂科，高適舉有道科，王翊舉才兼文武科，馬遂舉孫吳儻善兵法科，韋臯之姪正貫舉詳閑吏治科，樊宗師舉軍謀宏遠科，鄭珣瑜舉諷諫主文科，方技嚴善思舉銷聲幽藪科，此類不可枚舉，而志中皆不列其目者，此非定制，其名皆隨時而起，志中不能縷述。

制舉科目不可枚舉，志中不列，乃此非定制緣故，隨天子臨時所欲，而列為定科，其名皆隨時而起，茲引沈兼士《中國考試制度史》第五章〔註14〕，唐代制舉科目表如下：

唐代制舉科目表

年　　份	公　　元	制　舉　科　目	及第人數
顯慶三年	六五八年	志烈秋霜	一
乾封元年	六六六年	幽素	七
上元二年	六七五年	詞殫文律	一
永隆元年	六八〇年	岳牧舉	一
垂拱四年	六八八年	詞標文苑	三
永昌元年	六八九年	蓄文藻之思	
		抱儒素之業	一
長壽三年	六九五年	臨難不顧徇節寧邦	二
證聖元年	六九五年	長才廣度沉跡下僚	
萬歲通天元年	六九六年	文藝優長	一
神功元年	六九七年	絕倫	八
大足元年	七〇一年	拔萃	二
		疾惡	一
長安二年	七〇二年	龔黃	一

〔註14〕同註13，頁 95～99。

		才膺管樂	一
神龍二年	七〇六年	才高位下	九
		材堪經邦	三
		賢良方正	二
景龍二年	七〇八年	抱器懷能	一
		茂才異等	二
景雲二年	七一一年	文以經國	二
		藏名負俗	一
		文經邦國	一
		藻思清華	一
先天元年	七一二年	寄以宣風則能興化變俗	一
		道侔伊呂	一
		手筆俊拔超越流輩	七
開元二年	七一四年	直言極諫	二
		哲人奇士逸淪屠釣	一
		良才異等	二
五年	七一七年	文史兼優	二
		文儒異等	二
六年	七一八年	博學通識	二
七年	七一九年	文詞雅麗	四
十二年	七二四年	將帥	二
十五年	七二七年	武足安邊	二
		高才沉淪草澤自舉	一
十七年	七二九年	才高未達沉跡下僚	一
十九年	七三一年	博學宏詞	二
二一年	七三三年	多才	一
二三年	七三五年	王霸	二
		智謀將帥	三
天寶元年	七四二年	文詞秀逸	二
六年	七四七年	風雅古調	一
十三年	七五四年	詞藻宏麗	一
太曆二年	七六七年	樂道安貧	一
六年	七七一年	諷諫主文	二

建中元年	七八〇年	賢良方正直言極諫	四
		文詞清麗	六
		經學優深	三
		高蹈丘園	三
		軍謀越眾	三
		孝悌力田聞於鄉閭	三
貞元元年	七八五年	賢良方正能直言極諫	一四
		博通墳典達於教化	二
		洞識韜略堪任將帥	一
四年	七八八年	賢良方正能直言極諫	一五
		清廉守節政術可稱堪稱縣令	一
		孝悌力田聞於鄉閭	一
十　年（或十年）	七九五年	賢良方正能直言極諫	一五
		博通墳典達於教化	一
		詳明政術可以理人	二
元和元年	八〇六年	才識兼茂明於體用	一六
		達於吏理可使從政	一
二年	八〇七年	賢良方正能直言極諫	一一
		博通墳典達於教化	二
		軍謀宏遠材任將帥	一
		達於吏理可使從政	一
長慶元年	八二一年	賢良方正直言極諫	一一
		詳明政術可以理人	一
		軍謀宏遠材任將帥	二
		博通墳典達於教化	一
寶曆二年	八二六年	賢良方正能直言極諫	一六
		詳明吏理達於教化	一
		軍謀宏遠材任邊將	二
太和二年	八二八年	賢良方正能直言極諫	一九
		詳明吏理達於教化	一
		軍謀宏遠堪任將帥	二
總　　　計	七十八科		二六五

由表所列數字看來，知「制舉科」考試錄取人數，並無定額，《容齋隨筆‧續筆》第十二卷云：

> 唐世制舉，科目猥多，徒異其名爾，其實與諸科等也。張九齡以道侔伊、呂策高第，以登科記及會要考之，蓋先天元年九月，明皇初即位，宣勞使所舉諸科九人，經邦治國、材可經國、才堪刺史、賢良方正與此科各一人，藻思清華、興化變俗科各二人。其道侔伊、呂策問殊平平，但云：「興化致理，必俟得人；求賢審官，莫先任舉。欲遠循漢、魏之規，復存州郡之選，慮牧守之明，不能必鑒。」次及「越騎伏飛，皆出畿甸，欲均井田於要服，遵丘賦於革車」，并安人重穀，編戶農桑之事，殊不及爲天下國家之要道。則其所以待伊、呂者亦狹矣。九齡於神龍二年中材堪經邦科，本傳不書，計亦此類耳。

先天元年，玄宗初即位，宣勞使所舉諸科九人〔註15〕，唐德宗貞元十年，賢良方正科十六人〔註16〕，皆說明制舉考試錄取人數，並無定額。

「制舉」爲科第中最高者，有中「進士」、「明經」後，又中「制舉」的，也有中「進士」、「明經」後，連中數科的，如：

卷八十一〈得第得官又應制科〉條：

> 有得進士第後又中制科者，如劉蕡傳，蕡擢進士第，又舉賢良方正能直言極諫科，儒學傳，馬懷素擢進士第，又中文學優贍科，文藝傳，閻朝隱連中進士孝悌廉讓科，隱逸傳，賀知章擢進士超拔群類科，是也，有得明經第後又中制科者，如歸崇敬擢明經，調國子直講，舉博通墳典科，對策第一，遷四門博士，是也，有得官後又中制科者，如張鷟登進士第，授岐王府參軍，以制舉皆甲科，再調長安尉，殷踐猷爲杭州參軍，舉文儒異等科，是也，不能羅列，隨取幾條以見之。

有擢進士後又中制科的，如劉蕡、馬懷素、閻朝隱、賀知章等。有擢明經後又中制科的，如歸崇敬，有得官後又中制科的，如張鷟登進士第，授岐王府參軍，以制舉皆甲科再調長安尉。貞元十年，賢良方正科十六人，裴垍爲舉首，王播次之，隔一名而裴度、崔群、皇甫鎛繼之。六名之中，連得五相（《容齋隨筆‧續筆》十三卷〈貞元制科〉），另外有一人連中數科者，如李懷遠、孫狄連中四科，裴守眞連中六科，張鷟連中七科，員半千、陸元方、崔融、陽嶠則連中八科的。故唐代三百六十九名

〔註15〕洪邁《容齋隨筆‧續筆》卷十二〈唐制舉科目〉（上海：古籍出版社，1995年），頁359。

〔註16〕同註15，卷十三〈貞元制科〉頁369。

宰相，由「制舉」出身的計有七十二人，由此可見制舉的重要性〔註17〕。

釋褐，即釋賤者之服而衣官服，新進士詣太學釋褐，行釋菜禮，簪花飲酒而出。
〔註18〕先生引呂祖謙釋褐說，唐制得第後不即釋褐，或再應皆中，或為人論薦，然後釋褐。整個說明唐時士子登第後得官之艱難情況。如：

卷八十一〈登第未即釋褐〉條：

> 東萊呂氏云，唐制得第後不即釋褐，或再應皆中，或為人論薦，然後釋褐，此條極為中肯，如新書選舉志云，選未滿而試文三篇，謂之宏詞，試判三條，謂之拔萃，中者即授官，此蓋指登第後未得就選，故曰選未滿，中宏詞拔萃即授官，此呂氏所謂再應皆中然後釋褐也。

又以韓昌黎登仕途為例，說明釋褐及論薦之事。

> 昌黎上宰相書云，愈四舉於禮部乃一得，三選於吏部卒無成，九品之位其可望云云。又云，國家仕進者必舉於州縣，然後升於禮部吏部，試之以繡繪雕琢之文，敁之以聲勢之逆順，章句之短長，中其程式者，然後得從下士之列云云，昌黎以貞元二年始至京師，八年方及第，故歷四舉三選，則公自得第後，於貞元九年十一年，凡兩應博學宏詞試，皆被黜，集中明水賦，登進士第作，省試不貳過論，則試宏詞作也，餘一選無敁，或又應書判亦不中耳，宏詞是大科，吏部舉之，中書省試之，疑書判亦然，新選舉志云，進士甲第從九品上，乙第從九品下，彼時進士初選，大約得校書郎或縣尉，二者皆九品，故公望得九品之位也，禮部試進士，吏部中書試宏詞，皆用詩賦，故云繡繪雕琢，而判亦繡繪者，宏詞所業，詳見玉海，若進士程文與拔萃判，載文苑英華甚詳，可敁也，觀此文，足登呂氏唐制登第不即釋褐再應皆中然後釋褐，及新志未滿選試宏詞拔萃即授官之說，
> 若為人論薦得官，則散見新、舊各列傳者，更多不可枚舉。

「唐代初年規定，凡士子應常貢，只問學力，不限於學校內的學生，但在文宗太和年間，凡公卿士族子弟，須先入國學肄業，方准應明經、進士考試。在武宗會昌年間，又規定不論中央或地方一切須由學校出身的方准應試，此為考教合一的先例。如果會昌年間的規定通行，則唐代後期五十餘年間，學校和科舉的關係反較密切了。

〔註17〕同註2，頁99。
〔註18〕同註1，頁108中談到，入仕在中國古代稱「釋褐」、「解褐」，有時又稱「祪褐」（《新唐書》卷一八四〈楊收傳〉、「解巾」（《曲江集》卷十一〈故太僕卿上柱國華容縣男王府君墓志〉）、「脫巾」（《劉禹錫集》卷四十〈故荊南節度推官董府君墓志〉）、「脫麻」皆是釋去布衣穿戴官員衣冠之意。

省試取中以後，送入國子監讀書，酌加津貼，然後上於尚書吏部覆試，及格後才能擢用授官，不及格的再過三年應試，所以韓文公三試於吏部無成，則十年猶布衣。」〔註19〕韓文公就在此科制背景下，自貞元二年至京師，八年方及第，十一年兩應博學宏詞試，皆不中。觀此段文，知呂祖謙云「唐制登第不即釋褐，再應皆中然後釋褐」（卷八十一〈登第未及釋褐〉條）韓文公三次吏部覆試不中，乃求賈耽、趙憬、盧邁諸人論薦得官，直至貞元十八年，方授四門博士。

> 公再應皆不中，九品之位，下士之列，信無望矣，乃伏光範門求賈耽、趙憬、盧邁輩，希其論薦得官，三上書皆不報，方去京師東歸，圖幕僚一席，宣武軍節度使董晉辟公，始得試祕書省校書郎，爲觀察推官。晉卒，徐帥張建封又奏爲武寧軍節度推官，試協律郎，府罷，如京師，再從參調，竟無所成，直至貞元十八年，方授四門博士（以上參取車雅堂徐氏刻韓文注，顧氏嗣立年譜，方氏世舉編年諸注），唐時士子登第後得官之艱難若此，又如李義山，以開成二年高鍇爲禮部侍郎知貢舉，登進士第，三年，又應宏詞科，不中，文集與陶進士書云，前年爲吏部上之中書，中書長者抹去之，是也，四年，以書判拔萃釋褐爲祕書省校書郎（參馮先生浩年譜），此亦足徵唐制。

由韓文公登「進士」考試及第後，取得出身資格，再應「制舉」吏部考試中式，才能授以官職，即所謂釋褐，故知唐時士子登第後得官之艱難如此，亦足以明唐制科考之難。如先生再引《歐陽詹文集》第八卷與鄭相公書云：

> 歐陽詹文集第八卷與鄭相公書，自言五試於禮部，方售鄉貢進士，四試於吏部，始授四門助教，自注，詹兩應博學宏詞不售，一平選被駁，又一平選授助教，平選疑即應書判拔萃舉，詹與昌黎同登進士第，其再舉宏詞不中，與昌黎同，其後昌黎蓋一應平選，不中，不再應，惟上書求薦，而詹則以再平選得之，進士首選爲解頭，禮部登第居首爲狀頭，宏詞居首爲敕頭，是謂三頭，見南部新書卷已。

歐陽詹與昌黎同登進士，再舉宏詞科不中，此與昌黎同，待昌黎上書求薦舉，而歐陽詹則以再平選得之，此亦明悉歐陽詹登第入仕之難境，無有僥倖得之。又如《舊唐書》卷九十三〈唐休璟傳〉：「休璟少以明經擢第，永徽中，解褐吳王府典藏。」按休璟生年爲唐高祖武德九年（626），至高宗永徽時（650），也已二十五歲，故休璟少以明經擢第，恐在弱冠時，則至永徽中，方得入仕解褐，恐怕此段等待時間也

有五、六年之久。又元稹〈誨姪等書〉中說，過訥大中十二年（858）明經擢第，於咸通四年（863）授棣州蒲台縣尉，及第到入仕也達五年之久〔註20〕，以上皆見士子入仕之途困挫艱難如此。

十七、論唐代尊號謚法廟號

先生對唐代帝王尊號、謚法、廟號加以探討，如：

卷七十六〈尊號謚法廟號陵名〉條所論：

> 唐諸帝有生前所上之尊號，如舊玄宗紀，開元二十七年二月，加尊號開元聖文神武皇帝，又肅宗奉上皇尊號曰太上至道聖皇帝，是也，有崩後所上之尊號，如上元二年四月，上皇崩，群臣上謚曰至道大聖大明孝皇帝，是也，此稱爲謚，而其餘如高祖則云，貞觀九年五月，高祖崩，群臣上謚曰大武皇帝，高宗上元元年八月，改上尊號曰神堯皇帝，天寶十三年二月，上尊號曰神堯大聖大光孝皇帝，太宗則云，貞觀二十三年五月，上崩，百察上謚曰文皇帝，上元元年，改上尊號曰文武聖皇帝，天寶十三載，改上尊號爲文武大聖大廣孝皇帝，凡此之類，皆或稱謚或稱尊號者，蓋生上尊號，固起於唐，前世未有，即歿而上謚，前世亦用一字而已，無連累數字者，若至道大聖，皆不得爲謚，故云尊號也。

自唐代開始，爲了表現帝王的特殊地位，臣下爲了表示尊崇、頌揚皇帝，就用了些奉承文詞作爲皇帝的尊號，甚至還可以上幾次尊號，使尊號由一個字或二個字增加至一、二十個字。如唐玄宗李隆基開元元年即位之初，群臣便上尊號曰「開元神武皇帝」，開元二十七年群臣上尊號曰「開元聖文神武皇帝」，天寶元年群臣上尊號曰「開元天寶聖文神武皇帝」，天寶七年群臣請加皇帝尊號曰「開元天寶聖文神武應道皇帝」，八年群臣上皇帝尊號曰「開元天地大寶聖文神武應道皇帝」，十三年群臣上尊號曰「開元天地大寶聖文神武證道孝德皇帝」，之後肅宗至德三年奉上尊號曰「太上至道聖皇帝」〔註21〕。由上可知玄宗在位四十四年間爲群臣上尊號六次，當太上皇時，上尊號一次。蓋生者上尊號，於前世未有，固起於唐。

至於稱謚，是皇帝謚號的另一種稱呼，即歿而上謚，如漢文帝、漢武帝、漢昭帝……即文、武、昭等都是謚號。謚號於唐前世亦用一字而已，無連累數字者，自

〔註20〕同註12，頁108。
〔註21〕陳光前〈稱謂〉《古籍知識手冊》（山東教育出版社，1988年），頁1114，引（《續通志・唐紀七》）。

唐代始爲了表現帝王的特殊地位，諡號用字增多，如唐高祖李淵諡號曰大武，於上元元年改諡「神堯皇帝」，天寶八年諡「神堯大聖皇帝」，十三年增諡爲「神堯大聖大光孝皇帝」〔註22〕天寶十三年，唐玄宗爲其列祖列宗一律改爲七字諡，此後唐宣宗諡號十八字，宋神宗諡號二十字，明太祖諡號二十一字，清世祖、清高宗諡號二十三字，皆是自唐代以後，諡號愈長〔註23〕。

廟號是皇帝死後，在太廟闢專室立神主奉祀，此種專室的名字，即是廟號。先生言則古者祖有功宗有德，以其功德之盛，諡不足盡之，故又追尊爲祖宗，而加以美名。先生且言，稱宗之濫，自南北朝已然，至唐乃無帝不宗，即順之短促，敬之昏狂且遇弒，懿、僖之喪亂，昭之失國，皆稱之。

> 至於廟號，則古者祖有功宗有德，以其功德之盛，諡不足盡之，故又追尊爲祖宗，而加以美名，其廟則世祀不祧也，有功者必是開拓，或中興如漢光武，始足當之，有德則守文承統，大抵有功必兼有德，而有德未必兼功，故有此別，然稱宗之濫，自南北朝已然，至唐乃無帝不宗，即順之短促，敬之昏狂且遇弒，懿、僖之喪亂，昭之失國，皆稱之，此其異也。

又卷七十六〈哀帝諡號〉條：

> 自漢以下廟號、諡法皆各一字而已（惟東晉、蕭、梁、北魏、北齊有兩字諡），唐始累數字爲諡（說已見前），若亡國之君，或無諡，但云少帝、末帝即有不過一字，豈宜累數字爲諡，且稱宗與宋文者同乎。又父廟號爲昭，子諡又冠以昭，亦無理，後唐明宗亦亂世，故爾。

先生論諡法，自漢以下至唐及後唐之間變化，亦是重視其間沿革發展，至後唐諡號恐已亂矣。

十八、論唐代府兵、募兵制

先生論唐代府兵志，以《新唐書》補《舊唐書》無兵志之缺憾，總論新書補之甚善，「若乃將率營陣，事旗器械，征防守衛，凡兵之事，不可以悉記，記其廢置得失，終始治亂興滅之跡，以爲後世戒云」故謂「征防守衛，事之大者，後世所欲攷而知者，正在乎此」，以此明新書兵志存之裨益後世大也。而新書兵志之缺失，在於

〔註22〕同註21，頁1113，引《續通志‧唐紀一》。
〔註23〕參見汪受寬〈諡法的產生和諡號的種類〉《古代禮制風俗漫談》第三集（北京中華書局，1992年），頁43，文中說明諡法的產生和諡號的種類。唐以後，因諡號太長，有時無法用一兩個字予以簡稱，於是一般不再稱諡號，而稱廟號，如唐太宗、明成祖等。

三百年中，兵事頭緒紛繁，約須二萬言敘之，而今新書只七千餘字，乃新志不詳。
卷八十二〈總論新書兵志〉條：

> 舊書無兵志，新書補之甚善，但其首段泛說一朝大意，而終之云，若
> 乃將率營陣，車旗器械，征防守衛，凡兵之事，不可以悉記，記其廢置得
> 失，終始治亂興滅之跡，以爲後世戒云。愚謂征防守衛，事之大者，後世
> 所欲攷而知者，正在乎此，乃謂其不可悉記而略去之，何也，既略去制度
> 不詳，而記廢置治亂，何益，且此段之前半截，極力提唱搖曳府兵立制之
> 美，又言府兵之所以爲美者，以其能寓兵於農，使人讀之不覺神往，及徐
> 徐讀至下文實敘府兵制度，而所謂寓兵於農者，仍不可得而詳也，所云居
> 處教養，畜材待事，動作休息，皆有節目，雖不盡合古法，蓋得其大意者，
> 畢竟如何節目，如何不盡合古，如何得其大意，但有空空唱嘆，絕未明敘
> 其制，令人徒增悵悶。夫古今時勢不同，當隋、唐而必欲行三代之事，反
> 嫌執泥，府兵不盡合古，得其大意，此正其善於調劑處，何但空說一番乎，
> 此制起於周、隋，定於唐初，至天寶而壞，一壞不可再復，然其立法之善，
> 存之足備采取，竊計三百年中，兵事頭緒繁多，而提掇唱嘆空句，亦敘事
> 之不可少者，約須二萬言可了，今只七千餘字，宜其不詳，乃新志既不詳，
> 而通典兵門但載行伍營陣中事，於府兵全不記載，亦爲可恨。

　　唐代兵制，大致有三變：第一期由高祖至玄宗時期，採隋府兵志。第二期由開
元至天寶年間，府兵制破壞，改用募兵制，所募之兵稱爲彍騎。第三期就安史之亂
至唐亡，中央軍爲禁軍與地方割據一方的方鎮軍分途發展。先生論「府兵立制之美」，
在於「能寓兵於農」，以武德三年爲例：

> 武德三年，析關中爲十二軍，軍置將副一人，以督耕戰，六年，軍置
> 坊主一人，以檢察戶口，勸課農桑，軍將不但督戰，且督耕，又有檢察戶
> 口勸課農桑者，可見府兵平日即農夫也，無不耕而食者，其制美矣，但所
> 耕之田，不知在何處，如何給之（如禁軍以渭北白渠旁民棄腴田分給之，
> 有此一句，而天下府兵所耕之田則不見），如何督之，如何檢察勸課之，
> 且府兵散在天下，而隸於諸衛折衝都尉府，諸衛府在京師，平日如何統屬，
> 關內道近，尚可若遠者，殊不曉其統屬之法，其平日受治於州刺史縣令，
> 與其所出租庸調，與平民同乎異乎，皆不得知，以意度之，軍將副坊主，
> 大約似今衛守備耳，下文云，凡發府兵皆下符契，州刺史與折衝勘契乃發，
> 若全府發，則折衝都尉以下皆行，不盡則果毅行，少則別將行，又云，府
> 兵居無事時，耕於野，其番上者，宿衛京師而已，四方有事，則命將以出，

> 事解輒罷，兵散於府，將歸於朝，故士不失業，而將無握兵之重，此二段
> 稍見寓兵於農崖略。

由此段所述知府兵制之優點，如李樹桐《隋唐史別裁》中云：

一、選民爲兵，兵皆精壯優秀，而且家有恆產，所以戰鬥力強，國家可握有精兵。

二、府兵平時耕種，武器自備，國家可省養兵之費。

三、訓練職責歸折衝府，調兵之權歸中央，出征則臨時置將，戰後兵散於府，將歸
　　於朝，將帥無長期兵權，不可能擁兵自重，所以唐前期府兵制度存在時，絕無
　　跋扈將軍，唐代前期，國勢強盛，武功彪炳，府兵制度，有重大的貢獻〔註24〕。

府兵制實行，關鍵在於戶籍資料的健全，藉此「以檢察戶口，勸課農桑」。府兵平時
無事時分散天下，居於田家耕種田地，與一般農民相似，故云「府兵居無事時，耕
於野」，但每年冬季農閒時要集中在軍府，接受軍事訓練，故府兵士是隸屬於諸衛折
衝都尉府。又「其番上者，宿衛京師而已」，即是府兵任務除了要在邊疆要塞戍守，
或出發討伐，還要至京師擔任守衛，叫作「番上」。《新唐書·兵志》言「番上」爲：

> 凡當宿衛者番上，兵部以遠近給番。五百里爲五番，千里七番，一千
> 五百里八番，二千里十番，外爲十二番，亦月上。

番上作法即是分批輪流宿衛，不管遠近，皆以一個月爲主。又「四方有事，則命將
以出，事解輒罷」，凡發府兵，須下符契，即發軍府至地方州縣，經州刺史和折衝都
尉共同驗明軍符無誤，便可發兵，出發作戰，待戰事結束，則兵散於府將歸於朝，
故「士不失業，而將無握兵之重」於此府兵制，寓兵於農，其良制在此。

　　唐代自開元至天寶年間，府兵制破壞，改用募兵制，所募之兵稱爲彍騎，如：

卷八十二〈彍騎〉條：

> 新兵志，府兵之法壞，番役更代不以時，衛士稍亡匿，宰相張說請一
> 切募士宿衛，開元十一年，取京兆、蒲、同、岐、華府兵及白丁，益以潞
> 州長從兵，共十二萬，號長從宿衛，歲一番，明年，更號彍騎，十三年，
> 始以彍騎分隸十二衛，總十三衛爲六番。案，張說傳，衛兵貧弱，番休者
> 亡命略盡，說建請一切募勇彊士，優其科條簡其色役，不旬日，得勝兵十
> 三萬，分補諸衛，以彊京師，後所謂彍騎者也，據此似其初本府兵散居各
> 州郡，番上宿衛，說所募則聚居京師，以十二萬兵聚居京師，勢有不給，
> 故復分隸之，而所分隸亦但在近畿，無遠者，兵志空發議論多，紀載實制

〔註24〕李樹桐《隋唐史別裁》（臺灣商務印書館，1995 年），頁 276，文化史第三章論兵制
　　與刑制。

少，文獻通攷鈔撮而已，無所發明，故不能詳悉。

自高宗武后時，天下久不用兵，府兵之法浸壞。玄宗即位，府兵之法已壞，府兵已不足宿衛京師，加上衛士有亡匿現象，必須加以改革。如新兵志所言「府兵之法壞，番役更代不以時，衛士稍亡匿至是益耗散，宿衛不能給。新書〈張說傳〉「衛兵貧弱，番休者亡命略盡，說建請一切募勇疆士，優其科條，簡其色役，不旬日，得勝兵十三萬，分補諸衛，以疆京師。」因此開元十年宰相張說奏罷邊兵二十餘萬，使還農家，用募兵以擔任宿衛的任務。開元十一年從京兆、蒲、同、岐、華、潞等的府兵中挑選一部分壯丁，及招募一部分的白丁，共十二萬人，令長從宿衛京師，二年以後，更號「彍騎」。開元十三年，始以彍騎分隸於十二衛，爲六番〔註25〕。

十九、論唐之臚列品秩非板法

唐朝在官品、爵位、勳級、俸祿上，皆有明細規定，如文官品階，凡九品，有正有從，第一品至第三品，只分正從。自第四品起，正從之中又分上下階，至從九品止，合起來共有九品三十等。另外，唐朝文武散官品階，是定班位、服飾和升遷資格，文散階共有二十九等，武散階四十五等〔註26〕。又唐制凡九品以上職事，皆帶散位，謂之本品，職事按能力，隨才錄用，有的破格提拔，或從高降低，而散位一切以門第資歷定品，然後考察錄用。如唐朝制規定，階低職高爲守，階高職低爲行，仍帶散位。欠一階爲兼，與止當階者，皆解除散官。如：
卷八十一〈舊官志敘首〉條：

> 唐制多卑官得高階，惟正一品只有太師太傅太尉太保司徒司空，此皆三公也，卻無階，當時爲三公者，借用從一品開府儀同三司爲階官，尊階反卑，李涪刊誤卷上辨之，以爲漢安帝以車騎將軍鄧騭爲開府儀同三司，謂別開一府，得比三公，皇唐既用開府爲散階，而拜三公者反以開府爲階，得不乖舛，若以疇賞勳伐，名數宜繁，秩至三公，何須以階爲盛，李說是，其又無勳者，疑即借用正二品上柱國爲勳，上柱國乃勳之最高者，唐制勳既無定，有以至卑之官得此勳者，則亦可以至尊之官兼此勳，且階既以尊兼卑，勳似可以此例也。

唐制多卑官得高階，如三公者，當時借用一品開府儀同三司爲階官，尊階反卑。且

〔註25〕《新唐書·兵制》彍騎的組織以「十人爲火，五火爲團，皆有首長，又擇材勇者爲番頭。」又注重演練「頗習弩射」及第者有賞。
〔註26〕張文良《中國官制史》（台北：文津出版社，1993年），頁220論唐朝官品爵位勳級及俸祿。

唐官吏勳級，以「轉」表示等級。如：十二轉爲上柱國，視正二品；十一轉爲柱國，視從二品；十轉爲上護軍，視正三品；九轉爲護軍，視從三品；八轉爲上輕車都尉，視正四品；七轉爲輕車都尉，視從四品；六轉爲上騎都尉，視正五品；五轉爲騎都尉，視從五品；四轉爲驍騎尉，視正六品；三轉爲飛騎尉，視從六品；二轉爲雲騎尉，視正七品；一轉爲武騎尉，視從七品。凡以功授者，覆核確實然後奏擬，戰功則計殺獲之數。總共勳官九百人〔註27〕。

先生言唐制官勳最無定，如卷八十一〈臚列品秩非板法〉條云：

> 既自正第一品起直至從第九階矣，而所臚列者，卻非板法，勳官最濫，如梁府君等已見前，新書盧坦傳云，舊制，官階勳俱三品始得立戟，後雖轉四品官，非貶削者戟不奪，坦爲戶部侍郎，時階朝議大夫，勳護軍，以嘗任宣州刺史三品，請立戟，許之，時鄭餘慶淹練舊章，以爲非是，爲憲司劾正，詔罰一月俸，奪戟，即此一事以觀，坦爲正四品下階官，而其階則正五品下階，其勳則從三品，可見所臚列者非板法，大約官自有一定品秩，而階則或恩澤加之，或以資序加之，或以寵任破格而授之。勳則以著有勞效而得之。是以與官不必相應。其餘爵邑章服想亦如此。

> 文武職事官，官也，文武散官，階也，其正四品以下，每品分上下階，以官階勳爵概名曰階，此階字乃是借用。

自第一品起至第九品，階第官秩有一定品秩，然唐勳官最濫，如澤王府主簿梁府君、榮德縣丞梁師亮二人俱授上柱國正二品勳，又盧坦爲正四品下階官，而其階則正五品下階，其勳則從三品，可見臚列者非板法。先生以爲「大約官自有一定品秩，而階則或以恩澤加之，或以資序加之，或以寵任破格而授之，勳則以著有勞效而得之，是以與官不必相應。

先生以爲唐初官制，惟有官階勳爵四項，尚屬簡明，至中晚以下，日漸糾紛，員外試官之多，有增靡已，於是乎一官而變爲數官，權知裏行，檢校判攝，枝岐節贅，不可爬梳，官之外又有正官，正官之外又有職，而勳散爵號，更爲冗溢，往往以卑尊賢，與官不相照應。如：

卷八十一〈官階勳爵中晚日漸糾紛〉條：

> 顏魯公爲其父惟貞作家廟碑銘（此碑載都穆金薤琳瑯第二十卷，予藏有拓本），署云，第七子光祿大夫行吏部尚書充禮儀使上柱國魯郡開國公眞卿撰，末附跋云，建中元年，歲次庚申秋七月癸亥朔，鐫畢，八月己未，

真卿蒙恩遷太子少師，微軀官階勳爵，並至二品。案，魯公由正三品官吏部尚書，遷從二品官太子少師，而光祿大夫是從二品階，上柱國是正二品勳，開國郡公是正二品爵，故云云也，據新書本傳，公爲楊炎所惡，故有此遷，尚書要官，少師則閒官耳，禮儀使是其差遣，炎罷公尚書，使猶如故，而并於官言之，不別言差遣，至其階勳爵，則前爲湖州刺史，約在廣德中，書臧懷恪碑，爲撫州刺史，在大曆十二年，書李元靖碑署銜，即此階勳爵也，舊地志湖州上，撫州中，而上州刺史從三品，中州刺史正四品上階，乃其後直至尚書，階勳爵始終不改，即此足證官與階勳爵不必相應，要之彼時人臣銜名，猶不過官階勳爵四項，其後愈覺猥濫，五代尤甚，舊五代史馮道傳，道箸長樂老，自敘階自將什郎轉朝議郎朝散大夫銀青光祿大夫金紫光祿大夫特進開府儀同三司，職自幽州節度巡官河東節度巡官掌書記，再爲翰林學士，改授端明殿學士集賢殿大學士太微宮使，再爲宏文館大學士，又充諸道鹽鐵轉運使南郊大禮使明宗皇帝、晉高祖皇帝山陵使，再授定國軍節度同州管內觀察處置等使，一爲長春宮使，又授武勝軍節度鄧隨均房等州管內觀察處置等使，官自攝幽府參軍，試大理評事，檢校尚書祠部郎中，兼侍御史，檢校吏部郎中，兼御史中丞，檢校太尉，同中書門下平章事，檢校太師，兼侍中，又授檢校太師，兼中書令，正官自行臺中書舍人，再爲戶部侍郎，轉兵部侍郎中書侍郎，再爲門下侍郎刑部吏部尚書右僕射，三爲司空，兩在中書，一守本官，又授司徒，兼侍中，賜私門十六戟，又授太尉，兼侍中，又授戎太傅，又授漢太師，爵自開國男至開國公、魯國公，再封秦國公、梁國公、燕國公、齊國公，食邑自三百戶至一萬一千戶，食實封自一百戶至一千八百戶，勳自柱國至上柱國，功臣名自經邦致理翊贊功臣至守正崇德保邦致理功臣、安時處順守義崇靜功臣、崇仁保德寧邦翊聖功臣，此正分官與職而別言之，又分官與正官而別言之，職與官皆其實任事者，皆似差遣，但猶不言差遣，此種糾紛，制度并功臣名號，皆起唐末，中世尚未有。

官階勳爵四項，其後愈覺猥濫，五代尤甚，正分官與職而別言之，又分官與正官而別言之，職與官皆其實任事者，皆似差遣，但猶不言差遣，此種糾紛，制度并功臣名號，皆起唐末，中世尚未有。又：

卷八十七〈勳格〉條：

新姦臣李義府傳，貞觀中，高士廉等修氏族志，凡升降天下允其議，於是州藏副本，以爲長式，時許敬宗以不載武后本望，義府亦恥先世不見

敘，更湊刪正，委孔志約等定其書，以仕唐官至五品皆昇士流，於是兵卒
以軍功進者，悉入書限，更號姓氏錄，縉紳共嗤靳之，號曰勳格。案，勳
官之濫，已見前第八十一卷，此云云者，非以其據勳爲定而號爲勳格也，
當時刪正，仍據官不據勳，惟不論其先世貴賤，但在唐至五品者皆昇入，
故戲目曰勳格，見其濫如勳之易得。

勳格之濫，由李義府傳，見之甚明，唐至五品者皆昇入士流，於是兵卒以軍功進者，
悉入書限，見其濫如勳之易得。

綜上所述，可見其唐代官制之概況，以及官階勳爵對五代官制所產生之負面影響。
卷八十一〈司馬溫公論唐宋官制〉條，即是對唐代官制概況作最好敘述。

杜佑傳，佑上議曰，魏置柱國，當時宿德盛業者居之，貴寵第一，周、
隋閒授受已多，國家以爲勳級，纔得地三十頃耳，洪容齋續筆第五卷云，
唐自肅、代以後，賞人以官爵，久而浸濫，下至州郡胥吏，軍班校伍，一
命便帶銀青光祿大夫階，殆與無官者等，明宗長興二年，詔不得薦銀青階
爲州縣官，賤之至矣。晉天福中，中書舍人李詳上疏，以爲十年以來，諸
道職掌，皆許推恩，藩方薦論，動踰數百，乃至藏典書吏，優伶奴僕，初
命則至銀青階，被服皆紫袍象笏，名器僭濫，貴賤不分，請自今節度州聽
奏大將十人，他州止聽奏都押牙都虞候孔目官，從之，馮拯之父俊，當周
太祖時，補安遠鎮將，以銀青光祿檢校太子賓兼御史大夫，至本朝端拱中，
拯登朝，遇郊恩，始贈大理評事，予八世從祖師愕，愕子漢卿，卿子賵圖，
在南唐時，皆得銀青階，至檢校尚書祭酒，然樂平縣帖之，全稱姓名，其
差徭正與里長等，愚謂司馬氏言大將軍告身易一醉，此言官之濫，杜氏言
柱國值三十頃，此言勳之濫，洪氏言銀青與里長等，此言階之濫，蓋唐官
制至五代益亂，宋沿五代之弊，是以官職差遣，化一爲三，不勝其煩，而
階勳爵邑之類，徒設空文，皆無實事。

蓋官制紊亂之由，直從唐高宗、肅宗，影響所至五代及宋。勳官之制自高宗東
封，武后預政，求媚於眾，始有汎偕，自是品秩浸訛，朱紫日繁。肅宗之後，勳官
不足以勸武功，府庫不足以募戰士，遂并職事官通用爲賞，不復選材，將帥出征，
皆給空名告身，自開府主郎將，聽臨事注名，後又聽以信牒援人，有至異姓王者，
於是金帛重而官爵輕。且唐官制至五代益亂，宋沿五代之弊，是官職差遣，化一爲
三，杜佑傳言柱國值三十頃，此言勳之濫。洪邁《容齊續筆》第五卷言銀青與里長
等，言階之濫，蓋唐官制至五代益亂，宋沿五代之弊，是以官職差遣，化一爲三，
不勝其煩，而階勳爵邑之類，徒設空文。

第二節 職官演變

一、論漢代官制依秦而變

漢初推行封國制，分為王國和侯國兩種。王國是對諸侯王的分封，侯國是對列侯分封，形成自秦以來分封制的新發展，及漢代政治制度的重要內容〔註28〕。漢代中央和地方政府機構及其公卿百官，也大體上繼承秦朝舊制，如中央的丞相、太尉、御史大夫、廷尉、少府、地方的郡守、尉、縣令、長、鄉三老、亭長等，都是沿襲秦制而來〔註29〕。如：

卷十四〈漢制依秦而變〉條：

> 續百官志云，漢之初興，法度草創，略依秦制，雖依秦亦遞變之，秦分天下為三十六郡，以郡領縣，無冀、兗等州名，有監御史，有守，有尉，有令，有丞、見史記秦始皇本紀，又曹參傳，擊胡陵、方與攻秦監公軍破之，東下薛，繫泗水守軍薛郭西，孟康曰，監、御史監郡者，晉灼曰，秦一郡置守、尉、監三人，蕭何傳注蘇林亦曰，秦時無刺史，以御史監郡。高本紀，秦二年，沛公守豐，秦泗川監平將兵圍豐，與戰破之，文穎曰，泗川今沛郡也，高祖更名沛，秦時御史監郡，若今刺史，其下又云，沛公引兵之薛，秦泗川守壯兵敗於薛，如淳曰，秦并天下為三十六郡，置守、尉、監，又李斯上書請天下有藏詩書百家語者，詣守、尉燒之，合觀之，秦制可見，監既在守之上，則似漢之部刺史，但每郡皆有，一監，則又非部刺史比矣，蓋秦懲周封建流弊，變為郡縣，惟恐其權太重，故每郡但置一監一守一尉，而此土別無統治之者。
>
> 夏侯嬰傳亦云，攻胡陵，嬰與蕭何降泗水監平，平以胡陵降，樊噲傳亦云，擊泗水監豐下，破泗水守薛西，此與曹參傳、高本紀所述皆一事。
>
> 秦分天下為三十六郡，以郡領縣，有監御史，有守，有尉，有丞，有令。且秦一郡置守、尉、監三人，因秦懲周封建流弊，變為郡縣，惟恐其權太重，故每郡但置一監一守一尉。又：
>
> 嚴助傳，秦時使尉屠睢擊越，使監祿鑿渠通道，張晏曰，郡都尉姓屠名睢，監郡御史名祿，陳涉傳，攻陳，陳守令皆不在，獨守丞與戰譙門中，玫秦三十六郡中無陳郡，陳是縣名，而為太守治所，故云守令皆不任，每

〔註28〕潘國基《秦漢史話》（北京出版社，1992年），頁117，論漢初的封國制。
〔註29〕羅世烈《秦漢史話》（台北：貫雅出版社，1990年），頁96。

縣令之外有丞，守丞必陳縣之丞代令守城者。又張耳陳餘傳，耳說趙豪桀曰，陳王奮臂，天下莫不應，縣殺其令丞，郡殺其守尉，叔孫通傳，通對二世曰，群盜鼠竊狗盜，郡守、尉、令捕誅，何足憂，彙而攷之，秦制已明，而漢制則仍秦而遞變者。

由《漢書》〈嚴助傳〉、〈陳涉傳〉、攷秦三十六郡中，陳爲縣名，爲太守治所，故云「守令皆不在，每縣令之外有丞，守丞必陳縣之丞代令守城者」，即太守、縣令、縣丞三職明矣。又〈張耳陳餘傳〉中「縣殺其令丞、郡殺其守尉」，〈叔孫通傳〉通對二世言，「群盜鼠竊狗盜，郡守、尉、令捕誅，何足憂。」彙而攷之，守、尉、令、之職秦制皆明，而漢制則仍秦而遞變者無疑。如：

卷十四〈郡國官簡〉條，敘其郡縣地方行政官

> 十三部分爲郡國一百三，其屬縣，有蠻夷者曰道，公主所食曰邑，侯所封爲侯國，每部有刺史，每郡有太守，守之下則都尉與丞（諸王初以內史治民，中尉掌武職相統衆官，後省內史令相治民，如郡太守中尉口郡都尉，此成帝時別見百官表，而何武於哀帝時奏中尉官罷職，并內史見本傳武與莽爲讎，大約元始仍復舊制），每縣有令，小縣稱長，令長之下有丞尉，漢官員數，據表有十二萬二百八十五人，而郡國官其簡如此，至於令史掾屬，多有通經術至卿相者，而十里一亭，亭有長，十亭一鄉，鄉有三老，掌教化，嗇夫聽訟收賦稅，游徼循禁賊盜，其非長吏而代長吏治民者，又未嘗概從簡省也。蓋其時風氣猶樸，故能成治，若後世之吏員，其中固無人才，而所謂里長保正總甲牌頭者，又烏可多設乎。

每郡有太守，守之下有都尉與縣丞。又每縣有令（萬戶以上爲令），小縣稱長（少於萬戶爲長），皆秦官，漢因之，掌治其縣。又令、長之下有丞、尉等職官。又縣以下按秦制設里、鄉、亭等地方基層官吏。先生以秦所謂郡長即監郡御史，卷十四〈漢制依秦而變〉條

> 秦監郡御史亦名郡長，灌嬰傳云轉南破薛郡長，師古曰，長亦如郡守也，時每郡置長，又云，破吳郡長吳下，得吳守，如淳曰，長、雄長之長也，師古曰，此說非也，吳郡長當時爲吳郡長，嬰破之於吳下，愚謂此所謂郡長，必即監郡御史。

又秦於每部設監，漢改部刺史，則罷監不設，如卷十四〈漢制依秦而變〉條

> 南粵王趙佗傳敘元鼎六年平南粵事，有粵桂林監居翁，服虔曰，桂林部監也，姓居，名翁。案，每部設監，此秦制也，漢改部刺史，則監罷不設矣，佗本秦吏，故南粵尚用秦制，郡有監，此桂林即秦時所置郡也。

又，先生引《三國志・魏志・夏侯玄傳》所言，觀此知漢官制因秦也。

> 三國魏志夏侯玄傳，玄議時事云，秦不師聖道，姦以待下，懼宰官之
> 不修，立監牧以董之，畏督監之容曲，設司察以糾之，宰牧相累，監察相
> 司，人懷異心，上下殊務，漢承其緒，莫能匡改。觀此知漢制因秦也，宰
> 官即縣令，監牧即郡守，司察即監郡御史。

二、論漢之三公九卿

漢因秦制設百官之職，依《漢書・百官公卿表》云：

> 秦兼天下建皇帝之號，立百官之職。漢因循而不革，明簡易隨時宜也，
> 其後頗有所改。王莽篡位，慕從古官，而吏民弗安，亦多虐政，遂以亂亡。

西漢官制承秦制而來，經過多次的更改和增設，才形成一個比較健全的官制體制。
如：

卷十〈三公九卿〉條，西漢官制以丞相、太尉、御史大夫為三公，奉常等為九卿。

> 降及漢代，以丞相太尉御史大夫為三公奉常等為九卿，與周大異矣，
> 然丞相即大司徒，太尉即大司馬，御史大夫即大司空，猶有周之遺意，班
> 氏不知，故以正制抽出為或說，而近儒乃謂或說是諸侯執政之卿，大國三
> 卿，自秦、漢皆沿諸侯之制，近儒心眼沈浸俗學中，故不知古義。

漢之三公，如相國，丞相皆秦官，金印紫綬，掌丞天子，助理萬機，秦有左右。漢
承秦設置，或稱丞相，或稱相國，高帝時位置一丞相，高后置左右丞相。哀帝元壽
二年更名大司徒，武帝元狩五年初置司，輔佐丞相舉不法。丞相職掌是統理眾官，
為漢朝最高行政長官，既主王國政務，又有輔王乃至監國之責，職權地位特殊，亦
是漢朝任命的重要官員〔註30〕。

太尉秦官，金印紫綬掌武事，武帝建元二年省，元狩四年初置大司馬，以冠將
軍之號。如：

卷十〈將軍〉條：

> 大尉本三公，而武帝元狩四年置為大司馬，以冠將軍之號，又於三公
> 及三師之下，即次之以前後左右將軍者，蓋古者天子六軍，其將皆命卿然
> 則三公也，六卿也，將軍也，一也，故將軍即系三公三師下，漢雖承秦亂，
> 時猶近古，故與周制相出入。

其後宣帝三年置大司馬，不冠將軍之號，哀帝建平二年復去大司馬印綬官屬，冠將

〔註30〕同註28，頁118，論述漢初的封國制。

軍如故，元壽二年復賜大司馬印綬，置官屬去將軍，位在司徒。蓋太尉掌武事，主漢朝軍務，維持治安及輔王之責。武帝初置大司馬，有冠將軍之號，其後或冠將軍，或不冠將軍，多次更改。至於大司徒與大司馬之關係，先生論云：

卷十〈司馬在司徒上〉條：

> 司馬本次司徒下，而哀帝元壽二年，復以大司馬位在司徒上，故帝欲極董賢之位，命爲此官，帝崩而王莽即代賢爲之。
>
> 後漢竇憲傳，和帝永元元年，憲擊匈奴有功，拜大將軍，舊大將軍位在三公下，置官屬依太尉，憲威權震朝廷，公卿希旨奏憲位次太傅下三公上，長史司馬秩中二千石，從事中郎二人六百石，官職之高下，繫乎時主之愛憎，此事與董賢事正相類。

司馬本在司徒之下，因哀帝以大司馬位在司徒上，帝欲極董賢之位，而命爲此官。先生以《後漢書‧竇憲傳》爲例，說明事與董賢事正相類，故司馬反而凌駕於司徒之上。

御史大夫秦官，位上卿銀印青綬，掌副丞相，領秘書及刺史、御史諸監察官。漢朝因之而設，成帝綏和元年更名大司空，哀帝建平二年復爲御史大夫，元壽二年復爲大司空。有兩丞，一爲中丞，在殿中蘭臺掌圖籍秘書，外督刺史，內領侍御史，受公卿奏事舉劾按章。武帝時在侍御史中置繡衣直指，出討姦猾，治大獄，但不常置。可見御史大夫職責爲監察王國官吏。

漢九卿之設，如：

奉常：秦官，掌宗廟禮儀，有丞。景帝中六年更名太常，掌典三禮也。師古曰，王有大事，則建以行禮官主奉持之故，故曰奉常也，後改爲太常，尊大之義也，屬官有太樂、太祝、太宰、太史、太卜、太醫六令丞及均官、都水兩長丞，王莽改太常曰秩宗。

郎中令：秦官，掌宮殿掖門戶，有丞，武帝太初元年更名光祿勳。屬官有大夫、郎、謁者，又期門、羽林皆屬之。

衛尉：秦官，掌宮門衛屯兵，有丞，景帝初更名中大夫令後元年復爲衛尉。屬官有公車司馬、衛士、旅賁三令丞。

太僕：秦官，掌輿馬，有兩丞，屬官有大廄，未央，家馬三令各五丞一尉。

廷尉：秦官，掌刑辟，有正左右監。景帝中六年更名大理，武帝建元四年復爲廷尉，宣帝地節三年初置左右平秋，哀帝元壽二年復爲大理。

典客：秦官，掌諸歸義蠻裔，有丞，景帝中六年更名大行令，武帝太初元年更名大鴻臚。屬官有行人、譯官、別火三令丞及郡邸長丞。

宗正：秦官，掌親屬，有丞，平帝元始四年更名宗伯，屬官有都司空令丞、內官長丞，又諸公主家令、門尉皆屬之，內官曾屬少府、主爵、後屬宗正。

大司農：秦稱治粟內史，景帝後元年改爲大農令，武帝太初元年改今名。屬官有太倉、均輸、平準、都內、籍田五令丞、斡官、鐵市兩長丞，又郡國諸倉農監、都水六十五官長丞皆屬之。

少府：秦官，掌山海地澤之稅以給共養，有六丞，屬官有尚書、符節、太醫、太官、湯官、導官、樂府、若盧、考工室、左弋、居室、甘泉居室、左右司空、東織、西織、東方、御府、永巷、內者、宦者八官令丞。諸僕射、署長、中黃門皆屬之。

以上爲三公、九卿各官，構成漢朝中央官制的主體，亦可見由秦至漢三公九卿所承襲演變大概〔註31〕。

三、論刺史職官

武帝元封五年初置部刺史，掌奉詔條察州，秩六百石，員十三人。成帝綏和元年更名牧，秩二千石。哀帝建平二年復爲刺史，元壽二年復爲牧。先生以刺史之職，歷考諸傳中，凡居此官者，大率皆以督察藩國爲事。如：

卷十四〈刺史察藩國〉條：

> 百官表，部刺史奉詔條察州師古引漢官儀，惟一條察強宗豪右，其五條皆察二千石（師古引漢官儀亦見續百官志劉昭注），而歷攷諸傳中，凡居此官者，大率皆以督察藩國爲事，如高五王傳，青州刺史奏菑川王終古罪，文三王傳，冀州刺史林奏代王年罪，武五子傳，青州刺史雋不疑知齊孝王孫劉澤等反謀，收捕澤以聞，又昌邑哀王之子賀既廢，爲宣帝所忌，後復徙封豫章，爲海昏侯，揚州刺史柯奏其罪，張敞傳，拜冀州刺史，既到部，而廣川王國群輩不道，賊發不得，敞圍王宮搜得之，捕格斷頭，縣王宮門外，因劾奏廣川王削其戶，蓋自賈誼在文帝時，已慮諸國難制，吳楚反後，防禁益嚴，部刺史總率一州，故以此爲要務，後書郅惲傳，惲子壽爲冀州刺史，時冀部屬郡多封諸王，賓客放縱，壽案察之，無所容貸，迺使部從事專住王國，又徙督郵舍王宮外，動靜失得，即時騎驛言上奏王罪及劾傳相，袁宏後漢紀第十六卷，永寧元年，立濟北王子萇爲樂城王，萇驕淫失度，冀州刺史舉奏萇罪至不道，然則刺史以察藩國爲事，東京猶然。

〔註31〕同註28，頁118～119，及參見孫文良《中國官制史》（台北：文津出版社，1994年），頁40。

《漢書》〈高五王傳〉、〈文三王傳〉、〈武五子傳〉、〈張敞傳〉等及《後漢書‧郅惲傳》，
皆見刺史以督察藩國爲事，故先生云，「蓋自賈誼在文帝時，已慮諸國難制，吳楚反
後，「防禁益嚴」，故部刺史張率一州，以此爲要務。袁宏《後漢紀》第十六卷所云，
亦是刺史以察藩國爲事，東京猶然。武帝所置部刺史，掌奉詔條察州，定員十三人，
「周行郡國，省察治狀，黜陟能否，斷治冤獄，以六條問事。顏師古注引《漢官典
職儀》文如下：

一條、強宗豪右田宅踰制，以強凌弱，以眾暴寡。

二條、二千石不奉詔書遵承典制，倍公向私，旁詔守利，侵漁百姓，聚斂爲姦。

三條、二千石不卹疑獄，風厲殺人，怒則任刑，喜則淫賞，煩擾刻暴，剝截黎
元，爲百姓所疾，山崩石裂，袄祥訛言。

四條、二千石選署不平，苟阿所愛，蔽賢寵頑。

五條、二千石子弟恃怙榮勢，請託所監。

六條、二千石違公下比，阿附豪強，通行貨賂，割損正令也。（《漢書‧百官公
卿表上》卷十九）

西漢官爵制度，基本上是沿襲秦朝而來，爵位的高低和官秩多少是一至的〔註
32〕。官爵制度由低到高，分爲二十級，《漢書‧百官公卿表》上

一級曰公士，二上造，三簪裊，四不更，五大夫，六官大夫，七公大
夫，八公乘，九五大夫，十左庶長，十一右庶長，十二左更，十三中更，
十四右更，十五少上造，十六大上造，十七駟車庶長，十八大庶長，十九
關內侯，二十徹侯。皆秦制，以賞功勞。

西漢三公號稱萬石，據〈百官公卿表〉上，太常、光祿勳、衛尉、太僕、大理、大
鴻臚、宗正、大司農、少府、執金吾、秩皆二千石，丞六百石。司隸校尉、城門八
校尉秩也二千石。奉車都尉、駙馬都尉則秩比二千石。郡守二千石，都尉秩比二千
石。縣令秩千石至六百石，縣長秩五百石至三百石，百石以下的有斗食、佐史之秩。

又漢朝印綬等級是按官職高低和秩祿多少，作爲區別的，如〈百官公卿表〉上：

凡吏秩比二千石以上，皆銀印青綬，光祿大夫無。秩比六百石以上，
皆銅印黑綬，大夫、博士、御史、謁者、郎無。其僕射、御史治書尚符璽
者，有印綬。比二百石以上，皆銅印黃綬。

由官爵知刺史掌督察藩國爲事，守相二千石皆其屬官，得舉校，則權甚重。然其秩

〔註32〕孫文良《中國官制史》（台北：文津出版社，1994年），頁59，第二章秦漢時代的官
制「秩或稱官秩，意思就是以穀數給當官的俸祿，所以也有稱秩祿的。西漢用萬石、
二千石等數字表示官秩，成了另一形式的官員地位的標誌。」

僅六百石，故先生云，其權甚重而秩則卑。如：

卷十四〈刺史權重秩卑〉條：

> 刺史初不常置，武帝元封五年始常置，其權甚重而秩則卑，蓋所統轄
> 者一州，其中郡國甚多，守相二千石皆其屬官，得舉劾，而秩僅六百石，
> 治狀卓異，始得擢守相，如魏相傳，相為揚州刺史，攷案郡國守相，多所
> 貶退，居部二歲，徵為諫大夫，復為河南太守，何武傳，武為刺史，所舉
> 奏二千石長吏，必先露章，服罪者虧除免之，不服極法奏之，抵罪或至死，
> 而王嘉傳云，司隸部刺史察過悉劾二千石益輕，或持其微過，言於刺史司
> 隸，眾庶知其易危，小失意則離畔，以守相威權素奪也。京房傳，房奏考
> 功課吏法，時部刺史奏事京師，上召見諸刺史，令房曉以課事，刺史以為
> 不可行，房上弟子曉考功課吏事者中郎任良、姚平，願以為刺史，試考功
> 法，石顯疾房欲遠之，建言宜試以房為郡守，元帝於是以房為魏郡太守，
> 得以考功法治郡，房自請願無屬刺史，可見守相畏刺史如此。又朱博傳，
> 為冀州刺史，行部，吏民數百人遮道自言，博使從事敕告吏民，欲言縣丞
> 尉者，刺史不察黃綬，各自詣郡，欲言二千石墨綬長吏者，使者行部還詣
> 治所師古曰丞尉職卑皆黃綬，治所刺史所止理事處，所彈劾者如是，而所
> 舉薦者，則如王襃傳，王襄為益州刺史，使襃作中和樂職宣布詩，奏襃有
> 軼才，王莽傳，莽風公卿奏言州部所舉茂才異等吏，率多不稱，此雖莽欲
> 攬威柄，故云爾，要刺史有舉揚人才之任，亦可見，合而觀之，刺史之權，
> 可謂重矣，及其遷擢也，黃霸為揚州刺史，以高第為潁川太守（見循吏傳），
> 陳咸由部刺史歷楚國、北海、東郡太守（見翟方進傳），張敞為冀州刺史，
> 盜賊禁止，守太原太守，滿歲為真（見本傳），王尊為徐州刺史，遷東郡
> 太守（見本傳），馬宮由青州刺史為汝南九江太守（見本傳），知其秩卑也。

> 馮奉世傳，子參，由渭陵寢中郎超遷代郡太守，中鄰出為太守云超遷，
> 而刺史則多有以卑秩得之者，故京房請以中郎補是職也，又如孔光傳云，
> 博士選高第為尚書次乃為刺史，而滿官、由謁者出為冀州刺史（見賈捐之
> 傳），張敞由太僕丞出為豫州刺史（見本傳），皆以朝臣之卑者充之，其歲
> 盡輒奏事京師（見翟方進傳注），九歲稱職，方得為守相（見朱博傳），其
> 內遷則如翟方進、何武，僅得為丞相司直，特丞相門下屬官耳（各見本傳），
> 著王尊為郿令，遷益州刺史（見本傳），令可以徑遷刺史，亦由秩卑故也。

先生舉魏相、何武、王嘉、京房、朱博、等為刺史，掌督察考核，又王襃傳云刺史
有舉揚人才之任，合而觀之，刺史之權，可謂重矣。另外，先生亦舉黃霸、陳咸、

張敞、王尊、馬宮等人皆由刺史擢遷爲太守，以知其秩卑也。又馮奉世子參田中郎超遷代郡太守，云超遷，則以卑秩得之者，故京房請以中郎補是職。又博士選高第爲尙書，次乃爲刺史，而滿宣由謁者出爲冀州刺史，張敞由太僕丞出爲豫州刺史等，皆以朝臣之卑者充之。又翟方進、何武內遷僅得爲丞相司直，特丞相之門下屬官耳，著王尊爲郿令遷益州刺史，令可以徑遷刺史，亦由秩卑故也。又先生論刺史權重，內隸於御史中丞，使內外相維，故如周　傳注引《漢官儀》曰，御史中丞外督部刺史，內領侍御史，糾察百司。

卷十四〈刺史隸御史中丞〉條：

> 刺史權重矣，而又內隸於御史中丞使內外相維，陳萬年傳，子咸，爲御史，中丞，總領州郡奏事，課第諸刺史，薛宣傳，爲御史中丞，執法殿中外，總部刺史，上疏曰，聖化不洽，吏多苛政，大率咎在部刺史，宣數言政事便宜舉奏部刺史郡國二千石，所貶退稱進，白黑分明，是也。續百官志云，御史中丞一人，劉昭注引蔡質漢儀云，丞故二千石爲之，或選侍御史高第執憲中司，朝會獨坐，內掌蘭臺，督諸州刺史，又後書酷吏周紓傳注引漢官儀曰，御史中丞外督部刺史，內領侍御史，糾察百司。

刺史職，自西漢武帝元封五年初置部刺史秩六百石，成帝綏和元年更名牧，秩二千石，哀帝建平二年復爲刺史，元壽二年復爲牧。王莽變革，光武建武元年復置牧，十八年又改刺史，故刺史自武帝設立至東漢光武，凡歷數次更異。如：

卷十四〈刺史太守屢更〉條：

> 刺史太守，漢制屢有改更，朱博傳，翟方進奏，古選諸侯賢者爲州伯，書曰，咨十有二牧也，今部刺史居牧伯之位，秉一州之統選，第大吏所薦，位高至九卿，所惡立退，任重職大，春秋之義，用貴治賤，不以卑臨尊，刺史位下大夫，而臨二千石，輕重不相準，失位次之序，請罷刺史，更置州牧，博奏，漢家置郡縣，部刺史奉使典州，督察郡國吏民安寧，故事，居部九歲，舉爲守相，其有異材功效著者，輒登擢，秩卑而賞厚，咸勸功樂進，丞相方進奏罷刺史，更置州牧，秩眞二千石，位次九卿，九卿缺以高弟補，其中材則苟自守而已，恐功效陵夷，姦軌不禁，臣請罷州牧，置刺史如故，奏可。愚考因方進奏改刺史爲州牧，由六百石進二千石，事在成帝時，先時刺史擢太守，此時則太守擢乃得牧矣，所以方進之子義由弘農太守、河南太守乃得爲青州牧也，此制行未久，哀帝時，爲朱博奏，仍復舊制，至元壽復改爲州牧，王莽變革，光武建武元年，復置牧，十八年，又改刺史，若漢末袁紹、曹操輩爲州牧，位尊權重，與西漢初制，迥不相

同（魏志劉馥等傳評曰，自漢季以來，刺史總統諸郡賦政以外，非若曩時司察之而已），至唐而刺史之名，又移之太守矣。

刺史權重秩卑，如〈朱博傳〉翟方進奏言請罷刺史，更置州牧，「刺史位下大夫，而臨二千石，輕重不相準，失位次之序，請罷刺史，更置州牧」，而朱博奏言「部刺史奉使典州，督察郡國，吏民安寧，故事，居部九歲，舉為守相，其有異材功效著者，輒登擢。」即如刺史居部九歲稱職，可擢為守相。其有異材功效著者，亦可登擢，如黃霸為揚州刺史，以高第為潁川太守（見循吏傳）。陳咸由部刺史，歷楚國、北海、東郡太守（見翟方進傳）。張敞為冀州刺史，盜賊禁止，守太原太守，滿歲為真（見本傳）。王尊為徐州刺史，遷東郡太守（見本傳）。馬宮由青州刺史為汝南九江太守（見本傳）。

由翟方進所奏「罷刺史，更置州牧，秩真二千石，位次九卿」，但朱博以為「九卿缺以高弟補，其中材苟自守而已，恐功效陵夷，姦軌不業」故請罷州牧，置刺史如故。故先生以為成帝時，方進所奏改刺史為州牧，由六百石進二千石，但此制行之未久，哀帝時為朱博所奏，仍復舊制，至元壽復改為州牧。光武建武元年復置州牧，十八年又改刺史，故此職官，歷經數變，至漢末袁紹、曹操為州，已是位尊權皇，與西漢初制，迥不相同。綜上所論是先生對漢代刺史制度及朝廷與藩國之間的複雜性作了解釋，因而見其刺史一職在漢代之演變。

四、論太守職官

太守，秦稱郡守，〈百官公卿表〉云，掌治其郡，秩二千石，有丞，邊郡又有長史，掌兵馬，秩皆六百石。景帝中二年更名太守。據《漢書》傳記中所載，太守別稱又有「郡吏」、「將」「新將」之稱呼。如卷十四〈太守別稱〉條：

> 鼂錯傳稱郡守為主郡吏，嚴助傳，助為會稽太守，帝賜書，謂之郡吏，而尹翁歸傳，拜東海太守，過辭廷尉于定國，定國家在東海，謂其邑子曰，此賢將，孫寶傳，寶為京兆尹，吏侯文亦稱寶為將，又酷吏傳，嚴延年為涿郡太守，掾蠡吾趙繡稱延年為新將，注，新為郡將也，謂守為將，以其兼領武事，此皆太守之別稱也，至後漢亦有此稱，如後書馬援傳，援戒兄子嚴、敦書，杜季良豪俠，郡將下車輒切齒，吾常為寒心，又魯恭傳，恭弟丕為郡督郵功曹，所事之將，無不師友待之，鄭均傳，不應州郡辟召，郡將欲必致之，第五倫傳，會稽俗多淫祀，前後郡將莫能禁，此皆謂太守為將也，又循吏童恢傳，恢弟翊，辟孝廉，除須昌長，聞舉將喪，棄官歸，舉將當是郡守之曾舉翊者。

依《漢書》中〈鼂錯傳〉稱郡守爲「主郡吏」，〈嚴助傳〉助爲太守，帝賜書「郡吏」。又守爲將，以其兼領武事故，如〈尹翁歸傳〉拜東海太守，廷尉于定國謂其邑子曰「此賢將」，〈孫寶傳〉寶爲京兆尹，吏侯文稱寶爲「將」。又〈酷吏傳〉趙繡稱廷年爲「新將」，即爲「郡將」，以上皆是西漢對太守之別稱也。謂守爲將，後漢亦有此稱，如〈馬授傳〉、〈第五倫傳〉皆謂太守爲將也。

五、論守尉改名

秦稱郡守，漢改爲太守，掌治其郡。秦之郡尉，掌佐守典武職甲卒，於景帝二年更名都尉。如：

卷十四〈守尉改名〉條：

> 百官表，郡守，秦官，掌治其郡，景帝中二年，更名太守。郡尉，秦官，掌佐守典武職甲卒，景帝中二年，更名都尉，而史文閒有追稱之者，如樊噲傳云，攻圍都尉、東郡守尉於成武，劉攽云，圍縣名，有尉無都尉，又郡都尉景帝方置，明此衍都字，愚謂都尉在圍即可稱圍都尉，劉以爲縣尉太卑，未必能守城，恐劉亦誤，但秦本無都尉名，郡都尉與縣尉同稱尉，漢之改名，當亦爲其易混，今此上言圍都尉，必是追稱，而下言守尉，則是都尉代守守郡者耳，知者，高紀，秦三年，攻東郡尉於成武，彼與樊噲傳同述一事，彼孟康曰，尉、郡都尉也師古曰，本謂之郡尉，至景帝時乃改曰都尉，據此知樊噲傳云守尉，是都尉代守守。

> 史記南越尉，佗傳二世，時南海尉任囂病且死，召龍川令云云，徐廣注云，爾時未言都尉也，周勃傳，免相就國，每河東守尉行縣至絳，勃被甲持兵以見，考此當文帝時，尚未改名。

先生以爲秦本無都尉名，郡都尉與縣尉同稱尉，漢之改名，當亦爲其易混淆故，而〈樊噲傳〉中稱「圍都尉」乃是追稱，而下言守尉，則是都尉代守守郡，故如師古所言，本謂之都尉，至景帝時乃改名爲都尉。

六、論郡國兵權

〈百官公卿表〉上載，太守掌治其郡，尉典武職，先生以太守實亦兼掌武職，郡國兵權非唯尉典之，而是諸王國相治民如郡，太守、中尉如郡都尉及內史三者互相牽制。如：

卷十五〈郡國兵權〉條：

　　百官表雖言守治郡，尉典武職，而實守兼掌之，韓延壽爲潁川太守，傳中述其都試講武甚備，翟義爲東郡太守，以九月都試日，勒車騎材官士起事，如淳曰，太守、都尉、令長、丞、尉，會都試，課殿最也，後書耿弇傳，弇見郡尉試騎士，建旗鼓，隸馳射，由是好將帥之事，注引漢官儀曰，歲終郡試之時，講武勒兵，因以校獵簡其材力也，弇事雖當王莽時，其實沿漢舊制，故注引漢官儀以明之，又後書百官志五，李賢注引漢官儀云，八月，太守、都尉、令、長、相、丞、尉會都試，課殿最，水家爲樓船，亦習戰射行船，邊郡太守各將萬騎，行郭塞烽火追虜，或言八月，或九月，或歲終，大約總在秋冬，淮南王安傳，安欲發兵反，先令人作旁近郡太守、都尉印，可見守、尉互掌兵權也，又安與太子反，謀聞，上遣廷尉監與淮南中尉逮捕太子，王與太子謀，召相二千石，欲殺而發兵，召相，相至，內史以出爲解，中尉曰，臣受詔使不得見王，王念獨殺相，而內史、中尉不來，無益也，即罷相，觀此知諸侯王國中兵權，相與內史、中尉兼掌之，互相牽制，三者有一不肯，即不能發兵。

以韓延壽爲潁川太守，傳中述其都試講武甚備。翟義爲東郡太守，以九月都試日，勒車騎材官士起事。見二人雖爲太守仍講重武備。《後漢書・耿弇傳》敘弇見郡尉試騎士事，師古引《漢官儀》曰，歲終郡試，講武勒兵，因以校獵，簡其材也，以見郡尉掌武事。又〈淮南王安傳〉中所載太守、郡尉互掌兵權，非徒郡尉而已。又舉淮南王安與太守謀反事，見太子欲殺相而發兵，內史以出爲解，觀此知諸侯王國中兵權，相與內史、中尉兼掌兵權〔註33〕，三者互相牽制，有一不肯，即不能發兵。

七、論二府、三府、四府、五府

　　西漢文官居政要的是三公，丞相掌丞天子，助理萬機。御史大夫掌副丞相，輔佐丞相之職，故稱之曰爲二府，如先生舉〈劉向傳〉如淳曰，二府，丞相、御史也。故如〈杜延年傳〉、〈趙充國傳〉、〈張敞傳〉、〈杜周傳〉、〈淮南王安傳〉、〈伍被傳〉、〈陳湯傳〉、〈于定國傳〉、〈丙吉傳〉、〈車千秋傳〉、〈賈捐之傳〉、〈東方朔傳〉、〈朱雲傳〉、〈何敞傳〉等，皆指丞相、御史爲二府，蓋大司馬有時冠三公之上，將軍亦

〔註33〕同註32，頁56，第二章秦漢時代的官制言：「漢初，諸侯王國設官和漢朝中央相同，後來由於削藩，逐漸貶損。景帝令諸侯王不得復治其國，天子爲置吏，改丞相爲相。同時省去御史大夫、廷尉、少府、宗正、博士官，餘大夫、謁者、郎諸官長丞皆爲之減員。武帝繼損其郎中令秩，改太僕爲僕，秩也降之。武帝綏和元年省內史，令諸王國相治民如郡太守，中尉如郡都尉。

介其間，要之二府爲政本，且二府權重，有大事必下二府治之。如：

卷二十三〈二府三府四府五府〉條：

> 劉向傳，二府奏佞謅不當在位，如淳曰，二府，丞相、御史也，御史者，御史大夫省文耳，後書何敞傳，竇憲刺殺都鄉侯暢，敞說太尉宋由曰，二府以爲故事三公不與盜賊，注，二府謂司徒、司空，司徒即丞相，司空即御史大夫，亦稱兩府。杜延年傳，常與兩府及廷尉分章，如淳曰，兩府，丞相、御史也，章有所疑，使延年決之，車千秋等傳贊，丞相、御史，兩府之士，不能正議，趙充國傳，兩府白遣義渠安國行視諸羌，蕭望之傳，張敞請入穀贖罪，望之以爲不可，天子下其議兩府，丞相、御史以難敞，薛宣傳，宣攷績功課，簡在兩府，翟方進傳，司隸校尉初除謁兩府，是也，亦稱大府，杜周傳，周爲廷尉，詔獄益多，郡吏大府，舉之廷尉，師古曰，舉皆也，言郡吏大府獄事，皆歸廷尉也，郡吏、太守也，大府、丞相、御史之府也，是也。淮南王安傳，安欲反，先作丞相、御史大夫印，伍被傳，被爲淮爲王畫反計，詐爲丞相、御史書，請徙豪桀，陳湯傳，丞相匡衡、御史大夫繁延壽論郅支王首勿縣，于定國傳，宣帝即位，數引見丞相、御史、丙吉傳，虜入邊，詔召丞相、御史，車千秋傳，詔丞相、御史督二千石，賈捐之傳，上以問丞相、御史，東方朔傳，丞相、御史知指此類甚多，皆以丞相、御史並言，不可枚舉，霍光傳，廢昌邑王，群臣連名奏太后，首丞相楊敞，次大司馬大將軍霍光、車騎將軍張安世，度遼將軍范明友、前將軍韓增，後將軍趙充國，以下即次以御史大夫蔡誼。蓋大司馬有時冠三公之首，而將軍亦介其間，要之二府爲政本，丞相固助理萬幾，而御史大夫即佐之，故朱雲傳，華陰守丞嘉薦雲試守御史大夫，云，御史之官，宰相之副，九卿之右，又雲爲槐里令，丞相韋玄成奏其亡狀，雲自訟，而御史中丞陳咸與相善，爲求下御史中丞，事下丞相，丞相乃考其罪，可見漢時二府權重，有大事必下二府治之，御史大夫副宰相，任九卿之右，而中丞權亦幾與相垺也。

班固《漢書》稱二府，《後漢書》則多稱三府、四府、五府，如〈丞宮傳〉、〈郎顗傳〉、〈賈琮傳〉、〈朱浮傳〉、〈陳元傳〉、〈寒郎傳〉、〈鄭康成傳〉等皆云太尉、司徒、司空三司也。

> 後書則多稱三府，丞宮傳，三府更辟皆不應注，三。

府謂太尉、司徒、司空府，郎顗傳今選舉牧守，委任三府，注，三公也。賈琮傳，中平元年，交阯屯兵反，執刺史太守，靈帝特敕三府精選能吏，朱浮傳，舊制，州

牧奏二千石長吏不任位者，事先下三公，光武明察，不復委任三府。陳元傳，大司農江馮言，宜令司隸校尉督察三公，事下三府。寒朗傳，章帝召見朗，詔三府爲辟首，又通鑑，後漢顯宗永平十四年，御史寒朗理楚王英事，帝曰，何以不與三府議，胡三省曰，三府，太尉、司徒、司空府也，是也，亦稱三司。後書胡廣傳，廣一履司空，再作司徒，三登太尉，所辟命皆名士與故吏，陳蕃、李咸並爲三司，鄭康成傳，舉賢良方正有道，辟大將軍三司府，此三司亦謂太尉、司徒、司空，蓋古以司徒、司馬、司空爲三公，後雖改名太尉，而太尉即司馬，故云三司也。

太尉、司徒、司空合大將軍亦稱四府，如：

> 後書趙典傳，建和初，四府表薦，注，四府，太尉、司徒、司空、大將軍府也，質帝紀，四府掾屬通經者，各令隨家法和熹鄧皇后紀，選四府掾史，詔東觀讎校傳記，應奉傳，四府舉奉才堪將帥，是也。亦有以三公并太傅稱之者，後書虞詡傳，注，四府謂太傅、太尉、司徒、司空之府也，是也。

或稱五府，即太傅、太尉、司徒、司空、大將軍，如：

> 或稱五府者，後書樊宏傳，宏族曾孫準，求初之初上疏曰，五府調省中都官吏京師作者，注，五府謂太傅、太尉、司徒、司空、大將軍也，是也。

《晉書·職官志》載車騎將軍開府儀同三司開府之名起于此。先生謂儀同三司者，蓋言其儀同於三司耳。《唐書·百官志》以尚書侍郎，御史中丞、大理卿爲三司使，則又與漢異耳。

八、論三輔

漢朝京師地方設官有內史，爲周、秦官，漢因之。景帝二年分置左右，武市太初元年改右內史爲京兆尹，改左內史爲左馮翊。秦朝之主爵都尉，景帝中六年改爲都尉，武帝太初元年又改爲右扶風，治內史右地，故與左馮翊、京兆尹三者合稱三輔。如：

卷十七〈三輔〉條：

> 分一內史爲左右，又改右內史爲京兆尹，左內史爲左馮翊，又改主爵都尉爲右扶風，亦治右內史，是爲三輔。武帝太初元年所定，此地理志文，而亦見百官表，彼下文云，元鼎四年，更置三輔都尉，元鼎在太初之前，然則三輔分治，其制當元鼎已定，特其名尚未改耳，讀者不以文害辭可也。

右扶風、左馮翊、京兆尹三輔皆有兩丞，元鼎四年更置三輔都尉、都尉丞各一人。

據百官表，三輔各有一都尉，而地理志，左馮翊高陵縣、左輔都尉治，右扶風鄠縣、右輔都尉治，京兆尹獨無都尉，此係疏漏（汲古閣刻百官表作二輔都尉，何義門改三，南監本亦作三）。趙廣漢傳云，爲陽翟令，以治行尤異遷京輔都尉，京輔即京兆，其治華陰，見宣紀本始元年注，三輔俱有都尉甚明。張敞傳云，京兆典京師長安中浩穰，於三輔尤爲劇，左右輔有都尉，無京兆獨無之理。

循吏傳，黃霸、淮陽陽夏人，補左馮翊二百石卒史，如淳曰，三輔郡得任用它郡人，而卒史獨二百石，所謂尤異者也，凡卒史皆用本郡人，祿百石，三輔不然，故如云云。

先生據《漢書》〈百官表〉、〈地理志〉載，以見右扶風、左馮翊、京兆尹三輔各有一都尉甚明。

九、論漢制選郎

漢制長令多出於郎中中郎，選郎史多出於吏二千石子弟，又以富訾，蓋選郎大約出任子，算訾二途者尤多，故未必賢。先生以漢之選郎，大致有六途。如：

卷二十五〈選郎〉條：

仲舒對策云長吏多出於郎中中郎，吏二千石子弟選郎吏又以富訾，未必賢也，詳翫此節，中郎句絕，郎吏句絕，其上文專言郡守縣令之重，長吏即守令，郎吏即郎中中郎也。據其義當云，長吏多出於郎中中郎，選郎吏多出於吏二千石子弟，又以富訾。蓋選郎大約出任子、算訾二途者尤多，故未必賢，古人之文每如此，以橫擔句法兼倒裝句法者也，王應麟玉海論此事云，郎選其塗非一，有以父兄任子弟爲郎者，如張安世、爰盎、楊惲、霍光是也，有以富訾爲郎者，張釋之傳如淳注引漢儀注，謂訾五百萬得爲常侍郎，如釋之及司馬相如是也，有以獻策上書爲郎者，婁敬、主父偃是也，有以孝著爲郎者，馮唐是也。愚謂馮唐傳但言其以孝著，非因孝行爲郎，王說獨此條不確，其提綱是，而所舉之人多漏者，予已爲補入，其提綱亦漏者，漢有以舉孝廉爲郎者，如王吉、京房，孟喜，是也，有以射策甲科爲郎者，儒林傳云，歲課甲科爲郎中，如馬宮、翟方進、何武，召信臣，是也。有以六郡良家子爲郎者，如馮奉世是也（見本傳），大約漢之郎選，盡於此六途，應麟所舉任子、富訾兩條，即是仲舒之所病，此外僅添兩條，而一條又誤，則應麟於攷據之學尚疏，至於算訾爲郎，始於漢初，事見景紀，並非人粟拜爵，而今人又往往誤解，竊謂後世薦舉人有身家殷

實一條，乃其遺制耳，食貨志云，人財者得補郎，郎選衰矣，郎選二字與此同，但人財補郎，此乃武帝晚年事，仲舒對策，當武帝即位初，時尚無此，不可牽以當之。

先生據董仲舒對策之文、王應麟《玉海》論漢之選郎大致有六途：

一者、以父兄任子弟爲郎，如張安世、爰盎、楊惲、霍光。

二者、以富貲爲郎，如張釋之、司馬相如。如淳注引《漢儀》請貲五日萬得爲常侍郎。

三者、以獻策上書爲郎，如婁敬、土父偃。

四者、以孝著爲郎，如王吉、京房、孟喜。

五者、以射策甲科爲郎，如〈儒林傳〉云，歲課甲科爲郎中，如馬宮、翟方進、何武、召信臣。

六者、以六郡良家子爲郎：如馮奉世。

十、論臺閣

東漢百官組織，公是東漢地位最高的官員，細分爲三等，設上公、三公、比公。其中以三公是最重要的官職。但東漢尚書之權日重，頗有代替三公專政之勢，因此《後漢書・仲長統傳》言：「光武皇帝慍數世之失權，忿彊臣之竊命，矯枉過直，政不任下，雖置三公，事歸臺閣。」如：

卷三十七〈臺閣〉條：

> 昌言曰，光武忿彊臣竊命，矯枉過直，雖置三公，事歸臺閣，自此以來，三公備員而已，權移外戚近習，怪異數至，水旱爲災，皆戚宦所致，反以策讓三公，至於死免，李賢曰，臺閣謂尚書也。愚案李注甚確，漢世官府不見臺閣之號，所云臺閣者，猶言宮掖中祕云爾。蔡邕傳，邕上封事云，司隸校尉、諸州刺史弛縱莫相舉察，公府臺閣，亦復默然，以公府與臺閣並稱，所謂宮中府中也。蓋尚書令、尚書僕射與尚書，皆宦者與士人迭爲之，權歸於此，有事可直達上前，故三公無權，有事反藉尚書以達於上，自成帝以災異令丞相翟方進自殺，終漢世三公以災異死免者至多，不可枚舉，皆散見諸傳中最爲可笑，直至魏黃初二年方詔天地眚勿劾三公耳，統論切中其弊。

尚書令秦和西漢皆置，武帝時一度用宦官，更名中書謁者令，成帝復故，掌所有選署及奏疏下發到尚書曹的文書眾事。東漢將尚書從處一般文祕提高至皇帝直接指揮下的決策和發號施令地位，於是尚書之權日重，組織龐大，漸有代三公秉政之勢。

又尚書令，尚書僕射與尚書皆宦者與士人迭為之，權歸於此，有事可直達上前，故
三公無權，有事反藉尚書以達於上。

> 宣帝使公卿五日一朝，成帝始置尚書五人，自是陵遲，朝禮遂闕，可
> 復五日視朝之儀，使公卿尚書各以事進，廢禮復興，肅立言雖若為欲汰冗
> 員，其實則專為防壅閉。蓋尚書之官，漢以宦者士人迭為之，公卿之權分
> 於近倖，而君臣不相接見，上下否隔，禍有不可勝言者，王肅所論，正仲
> 長統所謂事歸臺閣，三公備員而已者也。

東漢不設丞相，以三公統率九卿，構成中央政權之主體，故三公實際上是丞相。除
了三公，東漢並建立一套尚書機構，作為加強皇帝統治，及實施中央集權之具體辦
法。又東漢尚書權力極重，從〈黃瓊傳〉、《文苑》黃香傳及〈袁紹傳〉，皆謂尚書為
臺閣，據此則知臺閣者尚書也。

> 黃瓊傳云，遷尚書僕射，初瓊隨父在臺閣，習見故事，及居職，達練
> 官曹。文苑黃香傳云，香遷尚書令，上疏曰，臣弱冠特蒙徵用，連偕累任，
> 遂極臺閣，皆謂尚書為臺閣也。又袁紹傳，紹檄曹操云，坐召三臺，專制
> 朝政，注云，漢官，尚書為中臺，御史為憲臺，謁者為外臺，是為三臺，
> 據此則知臺閣者尚書也，又酷吏陽球傳，舉孝廉，補尚書侍郎，閑達故事，
> 其章奏常為臺閣所崇信。

尚書之權雖凌駕於三公之上，但漢又別有中書，中書皆宦者為之，故三公權不及尚
書，尚書又不及中書矣。

> 尚書固為權要，而漢又別有中書，為尚書者，士人多，宦者少，中書
> 則皆宦者也，以尚書與三公對言，三公權不及尚書，以尚書與中書對言，
> 尚書又不及中書矣。前漢蕭望之傳，望之以前將軍領尚書事，而宏恭、石
> 顯則中書令僕射也，望之卒為恭、顯所殺矣，尚書、中書皆管機密，出納
> 王命，其職皆要，而官則微，百官公卿表篇首敘九卿，其於少府之屬官，
> 有尚書及中書謁者，皆為屬官，其品秩皆不高，而表中並無尚書中書官也，
> 望之官之尊在前將軍，而其要則在尚書，故恭、顯使張朋告其罪，必候其
> 假歸洗沐方上之，要之士人必不如宦人之尤親密，故恭、顯終能殺望之。

士人不如宦人親於上，以致權力更移，三公之權轉移於尚書，尚書權又別移於中書，
故其後魏文帝黃初中改祕書為中書，以劉放為監，孫資為令，各加給事中，遂掌機
密。蓋中書令之為宰相，始於此矣。故「臺閣之名，本在尚書，而又屬之中書矣。
官不論貴賤，惟視其職之閑要，是以自三公、尚書、中書三者而言，愈見此實，其
制無時不改，愈使人眩目耳。

十一、論晉代三師三公

先生論晉代職官名號益亂，枝分錯出，世愈降而愈多制，如：

卷四十七〈三師三公〉條：

> 晉人以避景帝諱，改太師爲太宰，與太傅、太保爲三公，但古以三師兼太尉、司徒、司空，漢、晉則三師之外，別有三司，固與古異矣，而漢以大司馬即太尉，晉則太尉之外，別自有大司馬，漢以大司馬大將軍爲一，晉則大司馬之外，別自有大將軍，名號益亂，枝分錯出，世愈降而愈多制，觀晉書職官志可見（三代以上將軍即之卿也。漢魏以下別有大將軍又增雜號將軍）。

太宰、太傅、太保爲周代三公官，魏初以來置之。晉初以避司馬師之諱，採《周官》官名，便以太宰代替太師、與太傅、太保爲三公。先生言晉代職官枝分錯出，名號益亂，是由晉於三師之外，別有三司。蓋開府儀同三司，自漢至魏，成爲正式官名，與古異〔註34〕。又漢以大司馬即太尉，晉則太尉之外，別自有大司馬，即晉以大司馬、太尉各自爲官。又漢以大司馬大將軍爲一，大將軍爲武帝時所置，冠以大司馬名，爲崇重之職，晉代則以大司馬之外，別自有大將軍〔註35〕。

十二、論南朝官錄尙書權最重

南朝官制一脈相承，宋齊官制，繼承魏、晉，亦無改作，而梁陳官制多循齊舊。相國，自魏晉以來爲百官之首。宋以南譙王劉義宣爲丞相，至齊則不用人，以爲贈，不列官。宋之太宰、太傅、太保並置，無人則闕，齊唯置太傅，餘以爲贈。太尉、司徒、司空三公，宋齊均置。宋置大司馬、大將軍，齊爲贈。開府儀同三司自晉設置，宋齊亦置，將軍之下，方次以九卿、九卿之下次尙書、次侍中、次中書祕書等職官。如：

卷五十八〈南朝官錄尙書權最重〉條，敘宋、齊職官：

> 相國三師三公大將軍特進開府儀同三司，及一切將軍之下，方次以九卿，九卿之下，方次以尙書，次侍中，次中書祕書御史謁者，次領護二衛

及六軍等，此宋、齊志所同也，而齊志於尚書中又特標錄尚書一目，前末有如此特標一目者，夫公師等在漢，皆宰相也，其職要重無比，況三公中之太尉，本掌禁軍大將軍亦掌武，故每連大司馬，可見總統文武，其後權移於尚書侍中中書，而一切尊官顯號，皆爲空名矣，馴至南朝，惟錄尚書權最重，此志所以特標之，又其時兵權盡歸領護恐一切將軍又成空名矣，官制無定如此。

三公、三師在漢代皆宰相，其職重要無比，先生云三公總統文武，至南朝大權轉移至尚書侍中中書，而一切尊官顯號皆爲空名，故馴至南朝，尚書權最重，先生以此志特標之。又：

宋彭城王義康傳，爲侍中司徒，錄尚書事，領揚州刺史，既專朝權，事決自己，生殺大事，皆以錄命斷之，錄命者，錄公之命也，錄權之重久矣，然單拜錄則自齊始，南齊書褚淵傳，太祖崩，遺詔以淵爲錄尚書事，江左以來，無單拜錄者，有司疑立優策，尚書王儉議以爲見居本官別拜錄，推理應有策書，而舊事不載，中朝以來，三公王侯，則優策並設，官品第二，策而不優，優者褒美，策者兼明委寄，尚書職居天官，政化之本尚書令品雖第三，拜必有策，錄尚書品秩不見而總任彌重，前代多與本官同拜，故不別有策，即事緣情，不容均之凡僚，宜有策書，用申隆寄，既異王侯，不假優文，從之，觀此則知錄始於齊，權最重，有錄而令權又分。

南朝尚書權重，如宋彭城、王義康傳，既爲侍中司徒，錄尚書事領揚州刺史，既專朝權，事決自己，生殺大事，皆以錄命斷之。故知錄命者，錄公之命也，錄權之重久矣，然單拜錄則自齊始。

十三、論王公等國視守令之例

南朝封國之制有二，王國之相名內史，內史治民如同太守，公侯國之相名相則治民，如同令長，但王公等並不治民，僅食其祿。如：

卷五十七〈王公等國視守令之例〉條：

封國之制，王國之相名內史，公侯伯子男國之相名相，王公等皆不治民，但食其祿耳，相則治民，內史治民視太守，公侯等相治民視令長，就州郡志約之當如此，以內史治郡，而所屬之縣有國相者，如南平，如長沙，如衡陽，如零陵，如臨慶，如始建，是也。以太守治郡，而所屬之縣有國相者，如鄱陽，如廬陵，如安城，如宜都，如新興，如永寧，如武寧，如江夏，如竟陵，如武陵，如巴陵，如武昌，如酉陽，如桂陽，如營陽，如

湘東，如邵陵，如南陽，如新野，如順陽，如始平，如南上洛，如河南，如義成，如南天水，如建昌，是也。以公相治郡而所屬之縣有國相者，如巴東，如廣興，是也。若豫章，若南郡，若建平，以太守治郡，而所屬之縣又有公相，若南康，以公相治郡，而所屬之縣又有公相，此則例之變者。

王公等國有以內史治郡，以太守治郡，以公相治郡者等所屬之縣有國相，若以太守治郡而所屬之縣又有公相，以公相治郡而所屬之縣又有公相，此則例之變。

十四、論宋州郡國相

宋州郡以令多長少（卷五十七〈宋州郡令多長少〉條），宋州郡國相亦甚少，如江州一州各郡所屬之縣，幾盡是公侯伯子男，國相令但一二見矣。又青、冀、司仍多是令，其下荊、郢、湘、雍四州，令與相亦相間。其下梁、秦、益、寧、廣、交、越等州，又以令長為多，而國相偶一見焉。如：

卷五十七〈宋州郡國相〉條：

> 揚州、南徐州諸州，但有令長，自南豫州以下，始有國相，然甚少，江州一州各郡所屬之縣，幾盡是公侯伯子男，國相令但一二見矣，此下青、冀、司仍多是令，其下荊、郢、湘、雍四州，令與相相間，其下梁州、秦州、益州、寧州、廣州、交州、越州，又純是令長，而國相偶一見焉，若云近於京都者不以封國，遠者則封之，或云有實土者不以封，寄治假立之名則以封，二者皆不然也，凡此諸國，皆是空封，不之國也，而其立制之意，則似是隨便取其縣名以封之，而未必有一定之成例者。

由此條看來，得知宋之封國制，一者，近於京都者不以封國，二者，遠者則封。三者，或云有土者不以封，寄治假立之名則以封。但其實是，凡此諸國，皆是空封，不立國也。其立制之意，則是隨取其縣名以封之，而未必有一定之成例者，故在此制下，國相必然少矣。

十五、論唐之三省職官

唐朝設有中書省、門下省、尚書省三省，是中央最高的政務機關，其三省首長中書令、侍中、尚書令亦是執行政務的官吏。以尚書令為正二品，中書令和侍中為正三品，均為宰相之職。三省職掌，在隋時尚未明顯區分，至唐太宗時纔明確劃分清楚。中書省，首長為中書令，掌軍國之政令，草擬制策詔書，以輔佐皇帝發號施令，執行大政。門下省，首長為侍中，掌出納皇帝之命，總典百吏，審議政令，以

輔佐皇帝統管大權。尚書省首長為尚書令，以太宗嘗為尚書令，臣下避不敢居其職，由是僕射為尚書省長官，與侍中中書令號為宰相，其品位既崇，不欲輕以授人，故常以他官居宰相職，而假以他名。自太宗時杜淹以吏部尚書參議朝政，魏徵以祕書監參預朝政，其後或曰參議得失，參知政事之類，其名非一，皆宰相職也。貞觀八年僕射李靖以疾辭，位詔疾少瘳三兩日，一至中書門下平章事，而平章事之名，蓋起於此。其後李勣以太子詹事同中書門下三品，謂同侍中、中書令也。而同三品之名，蓋起於此。於李茂貞乞罷尚書令事，正可說明李茂貞乞罷尚書令之由。如：

卷七十六〈李茂貞乞罷尚書令〉條：

> 前於順宗紀論尚書省不如中書、門下兩省，今茂貞畏朱全忠，乞罷尚書令而守中書令，則中書不如尚書者，論其品秩，尚書令正二品，而門下之長官侍中，中書之長官中書令，皆正三品也，見唐六典。若論其實，侍中、中書令在唐方為真宰相，餘以他官參掌者無定員，但加同中書門下三品及平章事（武后為同鳳閣鸞臺平章事，中書鳳閣，門下鸞臺）、知政事、參知機務、參與政事及平章軍國重事之名者，並為宰相，初不論其品秩之高卑也，說見通典。晉荀勖守中書監侍中，及遷尚書令，人有賀者，怒曰，奪我鳳皇池，何賀焉，可見尚書不及兩省，自古為然。通典又云，舊制，宰相常於門下省議事，謂之政事堂，至永淳三年，中書令裴炎以中書執政事筆，遂移政事堂在中書省，開元十一年，張說奏政事堂為中書門下，其政事印亦改為中書門下之印，可見兩省實政本，非尚書比也，但太宗為秦王時，曾為尚書令，其後人臣莫敢當，故龍朔中廢令不置，但有僕射郭子儀以功高拜，亦讓不受，此則茂貞之所以懼而辭耳（僕射必同中書門下平章事，方為宰相，則僕射非宰相也，但僕射無有不兼者）。

唐朝宰相常於門下省「政事堂」共談國事，後於裴炎以中書執政，遂移政事堂在中書省。玄宗開元十一年，張說奏改政事堂為中書門下，其政事印亦改為中書門下印，由此可見中書省、門下省實為政本，並非尚書比。因唐太宗為秦王時，曾為尚書令，其後人莫敢當，故龍朔中廢令不置，但設有左右僕射。郭子儀以功高亦不敢受尚書令，故先生論李茂貞懼而辭焉。又卷八十一〈三省先後序次〉條：

> 三省先後序次，六典先尚書後門下、中書，新、舊志皆宗六典者，故與之同。通典則先門下、中書後尚書，六典本周官，欲以六部括天下事故耳。其實尚書令因太宗曾為之，人不敢居遂廢，其後郭子儀亦讓不受，終唐世無為之者，則遂以僕射為尚書省之長官，論其品秩，僕射從二品，侍中、中書令正三品，似當以尚書省居先，論其職掌，侍中、中書令是真宰

相（見通典二十一卷職官宰相一條），而僕射特以權代令，則又當居後矣。
二者雖各有一義，要之中書出令，門下審駁，尚書受成，則中書、門下居
前，於理爲長，唐制，同中書門下平章事即宰相之職，而尚書省不繫平章
銜，則其不合先中書、門下兩省可知。

新、舊《唐書》三省先後，皆宗《唐六典》，故先尚書，後門下、中書。《通典》則
先門下、中書後尚書，論其職掌，侍中、中書令是眞宰相，而僕射特以權代令，則
當居後無疑。又卷八十一〈宰相位號〉條，論其僕射雖授亦非相，必同中書門下平
章事方爲宰相。

宰相之職，自漢以來，位號不同，而唐世宰相名尤不正云云，此段剖
斷宰相之職與名，頗爲明析，其謂僕射與侍中、中書令爲宰相，品位既崇，
不欲輕授人，故常以他官居宰相職，而假以他名，此說唐制也。此下言僕
射李靖以疾三兩日，一至中書門下平章事，平章事之名起於此，迨其後，
惟侍中、中書令不輕授，若僕射則雖授亦非相矣。舊楊炎傳，歷敘德宗之
惡炎，欲誅炎，而其下乃云，遂罷炎相爲左僕射，觀此炎於罷相之後方言
爲僕射，則知僕射非宰相，必同中書門下平章事方爲宰相（錢希白南部新
書卷甲云，自武德至長安四年以前，尚書左僕射並是正宰相，初豆盧欽望
左僕射，不言同中書門下三品，不敢參議朝政，數日後始有詔加知軍國重
事，至景雲二年，韋安石除僕射不帶同三品，自後空除僕射，不是宰相，
遂爲故事）。

先生言李靖以疾三兩日一至中書門下平章事，平章事之名起於此，迨其後惟侍中，
中書令不輕授，若僕射則確授亦非相。如楊炎被罷相爲左僕射，觀此知楊炎罷相之
後方言爲僕射，則益知僕射非宰相明矣。唐朝三省設官各有分工，互相制約，爲了
加強中央集權，以宰相之職，品位崇高，皇帝不輕以授人，常以他官任宰相職務，
如太宗時杜淹以吏部尚書參議朝政，魏徵以祕書監參預朝政，後來便有「參議得失」、
「參知政事」之名。

十六、論唐之外官要領惟採訪節度二使

唐太宗貞觀元年分天下爲十道，關內道、河南道、河東道、河北道、山南道、
隴右道、淮南道、江南道、嶺南道、劍南道。玄宗開元二十年，於每道設置一採訪
處置使（簡稱採訪使），如漢刺史之職，三年一奏，永爲常式。開元二十一年，又將
十道析分爲十五道。將關內道的長安附近增置京畿道，將河南道的洛陽附近增置都
畿道，原有的山南道分爲山南東道、山南西道，原江南道分爲江南東道（長江下游）、

江南西道（兩湖一帶）及黔中道（貴州東北部、四川東南部及兩湖西部）。如：
卷七十八〈外官要領惟採訪節度二使〉條：

> 唐外官要領，惟採訪節度二使而已，舊志於卷首標題爲十道郡國，唐
> 制無國名，與漢異，此字用來牽混，至其所謂十道，則關內道一，河南道
> 二，河東道三，河北道四，山東道五，淮南道六，江南道七，隴右道八，
> 劍南道九，嶺南道十也，此十道乃貞觀元年所分，開元二十一年，又分十
> 五道，每道置採訪使，山南、江南皆分爲東、西二道，又添黔中道，又以
> 關內道亦分爲二，一爲京畿採訪使，治京師城內，所管州郡凡六，一爲關
> 內採訪使，以京官遙領，所管州郡及都護府凡二十有七，河南道亦分爲二，
> 一爲都畿採訪使，治東都城內（即今河南府），所管州郡凡二，一爲河南
> 採訪使，治汴州（即今開封府），所管州郡凡二十有八，合計共十五道。

玄宗於每道設採訪使，而採訪使如守土官之領袖，如「漢宣帝言，與我共治百姓者
良二千石，指謂太守，而縣令尤爲親民之官，然則守令者，是守土治民之官之切要
者也」（卷七十八〈外官要領惟採訪節度二使〉條）。除設採訪使，亦有節度使，如
先生引《通典》第三十二卷〈職官門〉所云：

> 謂始於景雲二年，以賀拔延嗣爲河西節度使（新書兵制同），此不過
> 言其所起耳，同時惟邊境設此使，餘不常置也，蓋始名總管，繼改都督，
> 至景雲雖刱立節度名色，而開元十五道，採訪十五，節度僅八，所置猶少，
> 且猶採訪自採訪，節度自節度，至天寶乃遂以一人兼領之，至德以後，增
> 置節度益多矣。（以上俱本通典）

開元二十一年設十五道，採訪使十五，節度使僅八，所置猶少。設置初朝，採訪自
採訪，節度自節度，至天寶乃遂一人兼領，至德以後，增置節度益多。「中原用兵，
刺史皆治軍戎，遂有防禦團練制置之名，要衝大郡，皆有節度之類，寇盜稍息，則
易以觀察之號。」諸使凡四十有七，故先生此條引舊志云：

> 又舊志云，至德後，要衝大郡，皆有節度之額，寇盜稍息，則易以觀
> 察之號，是至德之節度觀察，猶相間用之也，迨至中葉以降，而增置節度
> 益多，其列銜往往稱某軍節度某處管內觀察處置等使，則觀察但爲節度之
> 兼銜矣，且節度無不兼本州刺史，則權盡歸於一家，而守土之臣，幾無復
> 有分其任者矣。觀新、舊諸列傳及唐人碑版自見，至唐末藩鎮，無不帶三
> 師三公及同中書門下平章事者，而使相幾滿天下，則不但合採訪觀察以爲
> 一而已，誠極弊也，大約盛於開、寶，成於肅、代，積重難返，遂係一代
> 興衰，陳繼儒唐藩鎮指掌編言之頗憒，然皆不出新、舊書及通典之文。

唐玄宗天寶年間在邊境設置節度史，因受命之日，賜之旌節，所以叫節度使。其職專制軍事，外任之重，肅宗至德以後，內地刺史亦比照辦理，受節度使之號。其設官一般是節度使一人，副使一人，行軍司馬一人，唐朝後期，用兵頻繁，名號屢增〔註36〕。

先生重視歷代制度的發展沿革、變化的過程，及探究事件的曲折原委，並注重論述有關民生的國計利害問題，從而抽絲剝繭地考辨歷代政治制度及職官演變。亦如張之洞在《輶軒語》中強調「讀史宜讀表、志」且「作史以作志為最難，讀史以讀志為最要。一代典章制度，皆在其中。止看列傳數篇，史學無當也。表亦史家要領，可訂歲月之誤，兼補紀傳之缺〔註37〕。」因此先生在制度方面的考察，於此二種可謂不餘遺力。先生考證制度的特點是，從分散的材料中鉤稽貫串，加以歸納分析，並揭示這一制度的沿革和影響，而此種方法的運用，正是符合融會貫通的治史理念。亦即是通識的運用，故走上煩瑣的考證道路，尚須冷靜地思考及運用整理分析的能力，先生於此，正是具體把握了此種精神的運用。

〔註36〕同註32，頁220，見於《舊唐書・職官志一至三》卷四二～四四，唐朝後期，用兵頻繁，名號屢增，竟有元帥、都統、招討使、防禦團練使等。

諸鎮將、戍將：唐沿隋制，分鎮為上、中、下，各設將一人，鎮副一人。戍也分上、中、下，各設主一人，上戍并有戍副一人。

五岳瀆廟，設令各一人。

關津分上、中、下，置令各一人，上關丞二人，中關丞一人，下關無丞。

〔註37〕引自張舜徽《中國古代史籍校讀法》（台北：里仁書局，1988 年），頁 236，第三論分論下，關於讀書。

第七章　輿地沿革之考證

中國地理學淵源流長，自《山海經》、〈禹貢〉、《漢書‧地理志》始，至清代，許多學者對以前的地理學著作，進行整理研究，及對各歷史時期的地理問題，進行探索，因而取得了眾多的地理著作，如梁啓超先生《清代學術概論》言：

> 顧炎武劉獻廷皆酷嗜地理學，所著書皆未成，而顧祖禹之讀史方輿紀要，言形勢阨塞略盡，後人莫能尚，於是中清之地理學，亦偏於考古一途。自戴震著水地記，校水經注，而水經爲一時研究之中心，孔廣森有水經釋地，全祖望有新校水經注，趙一清有水經注釋，張匡學有水經注釋地，而近人楊守敬爲水經注疏，尤集斯學大成，而齊召南著水道提綱，則循水道治今地理也，洪頤煊有漢志水道疏證，陳澧有漢書地理志水道圖說，亦以水道治漢地理。閻若璩著四書釋地，徐善著春秋地名考略，江永著春秋地名考實，焦循著毛詩地理釋，程恩澤著國策地名考，皆考證先秦地理。其考證各史地理者，則吳卓信漢書地理志補注，楊守敬隋書地理志考證最精博。其通考歷代者，有陳芳績之歷代地理沿革表，李兆洛之歷代地理志韻編今釋，皆便檢閱，而楊守敬之歷代疆域志，歷代地理沿革圖，極綜核，惜製圖術未精，難言正確矣。自乾隆後邊徼多事，嘉道間學者漸留意西北邊新疆，青海，西藏，蒙古諸地理，而徐松，張穆，何秋濤最名家，松有西域水道記，漢書西域傳補注，新疆識略，穆有蒙古游牧記，秋濤有朔方備乘，漸引起研究元史的興味，至晚清尤盛。外國地理，自徐繼畬著瀛環志略，魏源著海國圖志，開始端緒，而其後竟不光大，近人丁謙於各史外夷傳及穆天子傳，佛國記，大唐西域記諸古籍，皆博加考證，成書二十餘種，頗精贍。要之清代地理學偏於考古，故活學變爲死學，惟據全祖望著劉獻廷傳，知獻廷有意治「人文地理」，惜其業不竟，而後亦無繼也。

清代學者對地理之研究考證，取得了一定的研究成果，許多歷史學家，亦是出色的
地理學者，如延陵吳興祚爲《讀史方輿紀要》作序言：

> 凡有志於用世者，河渠、邊防、食貨、兵制，皆其所有事也，然而莫
> 重於輿圖。何也？輿圖者，史學之源也。粵自黃帝畫野分州，得百里之國
> 萬區，遂均土設井，立步定畝，經之以君臣，緯之以制度，而紀綱、名法、
> 賦稅，文章之跡，始有所麗。

輿圖者，史學之源，凡有志於用世者，莫重於輿圖，正是說明一位傑出的史學家，
亦必也是一位地理學者，所以自古治歷史者，往往兼治輿地。如司馬遷作《史記》，
足迹遍天下，顧亭林倡經世治用之學，遊覽四方，記成《日知錄》。胡三省的注《通
鑑》其貢獻多在地理方面〔註1〕，可謂史地學問本是一貫。清代中期，西莊先生亦
在中國古代地理研究領域上辛勤耕耘，亦取得了顯著的成果。

　　先生一生用力於研經治史，在史學上的考證，亦移置於對地理沿革的探討〔註
2〕、對疆域政區的變遷、都邑的興衰、地名的更易等，都十分重視，如《尚書後案・
禹貢》和《蛾術篇・說地》都是專談地理的篇章。《商榷》以校勘文字及考證典制爲
主，其考證典制又以歷史地理沿革和職官用力甚深。就是文字之校勘，往往亦涉及
地名，而職官與沿革地理又息息相關，就此構成了先生的歷史地理考證學〔註3〕。
先生在對《漢書》考述中言：「史法貴簡，獨建置沿革，乃地理之至要，宜條析而詳
書之」（卷十五〈建置從略〉條），對《三國志》考述：「三國但有紀、傳，無志，餘
姑勿論，惟是地理建置不可無考。」又「建置沿革，事之大者，本紀宜詳書之。」
（卷四十二〈三國疆域〉條）這些說明先生把地理沿革放在極重要的地位，正史於
地理志對建置沿革不能疏忽簡省。同時先生重視歷史地理的考證，在於更積極的意
義，如卷九十〈李吉甫作元和郡國圖〉條所云：

> 杜佑通典州郡門序目云，凡言地理者多矣，在辨區域，徵因革，知要
> 害，察風土。……

〔註1〕甲凱《史學通論》第六章（台北：台灣學生書局，1985年），論史學與相關科學頁
　　　247云「歷史家應通曉地理，好的歷史學家，往往是地理學家。」

〔註2〕胡欣、江小群著《中國地理學史》第三章（台北：文津出版社，1995年），頁87言：
　　　「沿革一詞，通常泛指沿襲和發展變革。我國歷代志書中的沿革，主要是指行政區
　　　劃設置的發展變革。沿革地理以研究疆域政區消長和古今地名演變爲主要內容，它
　　　在我國有特殊地位，並且也爲歷史學家所重視。」

〔註3〕見《中國史常識》（台北：弘文館出版社，1987年），頁2～3論我國歷史地理簡介文，
　　　敘述歷史地理學又分爲歷史自然地理，歷史政治地理、歷史經濟地理等項，而先生
　　　所研究的，大致偏向於歷史政治地理，即是對各歷史時期政權分布、疆域範圍、行
　　　政區劃等及其變化。

吉甫進書表亦云，古今言地理者，凡數十家，尚古遠者或搜古而略今，採謠俗者多傳疑而失實，餘州邦而敘人物，因丘墓而徵鬼神，流于異端，莫切根要。至于丘壤山川，攻守利害，本于地理者，皆略而不書，將何以佐明王扼天下之吭，制群生之命，收地保勢勝之利，示形束壤制之端？此微臣之所以精研，聖后之所宜周覽也。

先生引杜佑《通典・州郡門》及李吉甫《元和郡縣圖志》之進書表中的議論，闡述了自己在歷史地理上的考證，能在國家政治層面上有著積極引導作用，故先生言此二段議論「實獲我心」。又各史地理所存在問題甚多，「地理沿革冗亂，本易差訛，再加以後人好改前人舊說，則治絲而棼之矣。」故先生秉持「凡天下一切學問，皆應以根據切實詳簡合宜，內關倫紀，外繫治亂，方足傳後。」以此精神態度處理地理建置沿革在各史的考證，因此，《商榷》中對於地理論述，亦以此為用力最深，從而使得《商榷》具有詳於歷史地理考證的特點。《商榷》一書考證地理沿革篇幅不少，如：

《史記》：六卷中，有兩條散見，卷一〈子長遊蹤〉、卷二〈江西江東〉。

《漢書》：二十二卷中，有四卷專談地理，另有三十一條散見，卷八〈長安〉、卷九〈徙民會稽〉、卷十八至二十一〈地理雜辨證〉、卷九〈通回中道〉、卷九〈盛唐〉、卷九〈天山〉、卷九〈下杜〉、卷十〈長水校尉〉、卷十三〈益延壽〉、卷十三〈泰山明堂〉、卷十三〈吳二城門〉、卷十四〈地理論古〉、卷十四〈十三部〉、卷十五〈郡不言何屬〉、卷十五〈元始戶口〉、卷十五〈郡國屬縣之數〉、卷十五〈建置從略〉、卷十六〈刺史治所〉、卷十六〈太守治所〉、卷十六〈都尉漏書〉、卷十六〈書法體例不〉、卷十六〈王都〉、卷十七〈故郡〉、卷十七〈縣名相同〉、卷十七〈三輔〉、卷十七〈宗室不宜典三河〉、卷二十三〈名字郡縣義例不定〉、卷二十四〈淮陽郡〉、卷二十五〈薛縣〉、卷二十五〈北發〉、卷二十七〈河源〉、卷二十七〈閩中郡〉。

《後漢書》：十卷，一卷專論郡國，二十六條散見，卷三十〈渻陽〉、卷三十〈舞陽〉、卷三十〈東陽津鄉〉、卷三十〈下辯〉、卷三十〈良成〉、卷三十〈西河王敏〉、卷三十〈今城〉、卷三十〈遼東昌黎〉、卷三十一〈犍為郎部〉、卷三十一〈不調會稽〉、卷三十一〈無慮夫犁〉、卷三十一〈堂邑曲陽東城〉、卷三十一〈涇陽〉、卷三十一〈稾〉、卷三十二〈郡國太守刺史治所〉、卷三十二〈郡國建置沿革非劉昭注〉、卷三十二〈郡國去雒陽里數〉、卷三十二〈刺史治去雒陽里數〉、卷三十二〈城即縣〉、卷三十二〈國隨郡次〉、卷三十三〈郡國雜辨證〉、卷三十三〈博陵郡〉、卷三十五〈山東山西〉、卷三十六〈殷人遷洛〉、卷三十七〈仲長統傳注〉、卷三十八〈都亭〉、卷三十八〈松江〉。

《三國志》：四卷，七條散見，卷四十〈魏民北漢一郡〉、卷四十一〈漢壽亭侯〉、

卷四十二〈廡亭〉、卷四十二〈小其〉、卷四十二〈策權起事在吳〉、卷四十二〈山越〉、卷四十二〈三國疆域〉。

《晉書》：十卷，有十一條散見，卷四十四〈陽平〉、卷四十四〈分荆州江州八郡爲湘州〉、卷四十五〈幽州刺史段匹磾〉、卷四十五〈攻壽陽〉、卷四十五〈三吳〉、卷四十六〈晉地志與漢志異〉、卷四十六〈晉地理辨證〉、卷五十〈石頭城〉、卷五十〈石碗〉、卷五十〈塗中〉、卷五十一〈三江揚都〉。

《南史合宋、齊、梁、陳書》：十二卷，有三十九條散見，卷五十四〈丹徒京口京城北府京江北京〉、卷五十四〈建鄴京師京邑京都建康都下〉、卷五十五〈左鄰〉、卷五十五〈淮南〉、卷五十七〈州郡敘首言漢制誤〉、卷五十七〈南北地理得其大概不必細求〉、卷五十七〈揚州刺史治所〉、卷五十七〈丹陽尹〉、卷五十七〈去州去京都若干〉、卷五十七〈歷敘豫州治所〉、卷五十七〈南豫爲要南雍次之〉、卷五十七〈豫治無定壽春爲主〉、卷五十七〈宋州郡國相〉、卷五十七〈無屬縣之郡〉、卷五十七〈司州縣數不合〉、卷五十七〈雍州〉、卷五十七〈江左不可無蜀〉、卷五十七〈建安十六年交州治番禺〉、卷五十八〈京口名義〉、卷五十八〈江都浦水〉、卷六十二〈江西即江北〉、卷六十二〈南北蘭陵郡〉、卷六十四〈魯山〉、卷六十四〈臺城〉、卷六十四〈白門〉、卷六十四〈雞籠山〉、卷六十四〈後湖〉、卷六十四〈東府〉、卷六十四〈西州〉、卷六十四〈秣陵建康二縣分治秦淮南北〉、卷六十六〈北都〉、卷六十七〈梁州郡縣數〉、卷六十七〈陳州郡縣數〉、卷六十七〈齊周分界〉、卷六十七〈周陳分界〉、卷六十七〈隋州最繁〉、卷六十七〈罷州置郡〉、卷六十七〈淮南郡〉、卷六十八〈陳人防江諸地名〉。

新、舊《唐書》：二十四卷，有一卷專談地理，其餘十五條散見，卷七十三〈西川〉、卷七十八〈改郡爲州〉、卷七十九〈天寶十一載地理〉、卷七十九〈天祐〉、卷七十九〈赤畿望緊上中下輔雄〉、卷七十九〈廣陵〉、卷七十九〈瓜州瓜步〉、卷七十九〈丹陽縣取郡名〉、卷七十九〈晉陵武進〉、卷七十九〈故吳域〉、卷七十九〈蘇州華亭縣新有舊無〉、卷七十九〈雄升爲望〉、卷八十〈新舊地理雜校誤〉、卷八十六〈圍川縣〉、卷九十〈唐以河北爲山東〉、卷九十〈王莽河〉、新舊《五代史》六卷，有五條散見、卷九十四〈梁有兩都〉、卷九十四〈唐有四都〉、卷九十四〈東京王莽河〉、卷九十五〈山東〉、卷九十六〈五代土地梁最、小唐最大〉。

由以上條例看來，《漢書》二十二卷中，《商榷》對其專門考辨地理之文，就有四卷之多，其餘論說地理的尚有三十餘條。《後漢書》共十卷，也有一卷專論郡國，其餘二十六條散見。《晉書》也有一卷專論地理辨證，新、舊《唐書》也有一卷專論唐地理雜校誤。由此可知，先生對正史地理志作了全面的校勘考辨，對諸多問題也

進行論證，比起正史中之紀、傳、志，先生在地理方面，似乎更入一層。從《商榷》中的歷史地理考證條文，作一綜合歸納分析，大體可分為下列四個方面：

第一節　文字校勘

　　先生以校勘作為治理史學方法，除了在十七史上校勘文字，先生亦以校勘之法，校訂各史中有關地理志的文字錯誤。此項占《商榷》考證條文不少。如《漢書》的〈地理雜辨證〉就占有四卷之多，《後漢書》的〈郡國雜辨證〉就近一卷，《晉書》的〈晉地理辨證〉就將近半卷及新、舊《唐書》的〈地理雜校誤〉也有一卷。因此，先生的校勘，是對地理志作一次全面性徹底的校訂整理。除了文字，另外，先生還校正內容的矛盾、錯誤處。如：

卷九〈天山〉條：

> 天漢二年，貳師將軍與右賢工戰於天山，顏氏以天山即祁連山，史記索隱已疑其非，今攷寰宇記云，天山一名白山，今名折羅漫山，自伊州北連亙而西，至蒲類海東北，東西千餘里，西河舊事云，天山最高，冬夏常雪，故曰白山，山中有好木及鐵，匈奴謂之天山，過之皆下馬拜，又云，祁連山在張掖、酒泉二郡界上，東西二百餘里，南北百里，有松柏，美水草，冬溫夏涼，宜畜牧，是天山在磧北，跨唐伊、西庭三州境，祁連在張掖西南二百里，兩山相去二千餘里，顏氏混而為一，後人地志因之誤矣。

先生以《寰宇記》及《史記索隱》考校顏師古以為天山即祁連山之誤，此天山當是白山。天山與祁連山相去二千里，顏氏混為合一，後人地志因之而誤。卷十〈長水校尉〉條，先生以〈郊祀志〉所言灞、滻、灃、澇、涇謂長水，以近咸陽，故盡得比山川祠，沈約《宋書》云營近長水故云，而得知長水非胡名，故師古所言非是。

> 長水校尉掌長水宣曲胡騎，師古曰，長水胡名，顏氏曰，長水非胡名也，郊祀志，灞、滻、灃、澇、涇、渭、長水。以近咸陽，故盡得比山川祠。史記索隱云，白官志有長水校尉，沈約宋書云，營近長水，故云。水經云，長水出白鹿原，今之荊溪水是也。

先生論《漢書》列傳所論某人名字郡縣義例不一，如：

卷二十五〈薛縣〉條：

> 公孫弘傳云菑川薛人，今志菑川國無薛縣，薛縣乃屬魯國，彼國注云，故秦薛郡，高后元年為魯國，據此注，秦時稱此郡為薛郡者，當以其有薛縣而稱之，至漢因此郡屬縣有魯，是伯禽故國，故改為魯國，而薛縣則不

知何時曾改屬菑川，故弘得爲菑川薛人。

〈公孫弘傳〉作菑川薛人，而〈地理志〉中菑川國無薛縣，蓋〈地理志〉以最後元始爲定，薛縣乃屬魯國，但薛縣不知何時曾改屬菑川，故弘得爲菑川薛人。故先生論《漢書》於各列傳每人書某郡縣人，亦當據後定爲是，若乃偏據一時所稱，亦予人混淆，莫知所從。如：

卷二十三〈名字郡縣義例不定〉先生所評：

> 李廣隴西成紀人，地理志成紀屬天水郡，不屬隴西，此郡縣皆具而郡誤書者（或據廣時制，後分割他屬），如蘇建杜陵人，兒寬、千乘人，賈誼、雒陽人，此但言縣無郡者，如張騫、漢中人（陳壽云，漢中成固人），卜式、河南人，直不疑、南陽人，終軍、濟南人，此但有郡無縣者，如路溫舒、鉅鹿東里人，衛綰、代大陵人，此但言縣無郡而又箸其鄉者，如東方朔、平原厭次人，此以後縣書前人者（師古曰，高祖功臣表有厭次侯爰類厭次之名，其來久矣。說者乃云，後漢始爲縣，於此致疑，斯未通也。案，厭次之名雖久而地理志平原郡無厭次縣，或者疑之，是也。此必平原一鄉序之名，後漢爲縣，故迫書之。），如李廣利全無郡縣，如石奮則云，其先趙人，如衛青則云，其公鄭季、河東平陽人，此又其變者，至司馬遷則用其自敘云，遷生龍門，義例皆未定，竊謂宜畫一書某縣人，縣有名同者則冠郡。

郡縣皆具而郡誤書，或言縣無郡、或言郡無縣，或郡縣全無，皆是義例未定，先生以爲，義例當畫一書某縣人，縣有名同者則冠郡方是。

先生以〈公孫弘傳〉師古注，明北發並非地名或國名，而以師古所言「北則徵於渠搜，南則綏撫於交阯也」注文極妥，校正《史記·五帝本紀》所云「南撫交阯北發」之誤。如：

卷二十五〈北發〉條：

> 公孫弘傳，北發渠搜，南撫交阯，師古曰，言威德之盛，北則徵發於渠搜，南則綏撫於交阯也，此注文義極明妥，攷其上下，皆整對句法，則師古注是矣。渠搜有二，一在西戎，爲漢金城、河關之西地名，則禹貢雍州所言者是，一在朔方，則此傳所言者是，此傳所言，本出禮三朝記，水經河水注引之，乃即以爲禹貢之渠搜，則非是，古人言西北雖往往通稱，而此既有兩地，則不可合，故武紀云，北發渠搜，氐羌徠服，此以西北相對，玩彼應劭、晉灼、臣瓚注自明，而師古於彼注與公孫弘傳注同，其以北發爲地名國名者，皆誤，若史記五帝本紀云，南撫交阯北發，西戎析枝

渠度氐羌，北山戎發息慎，東長鳥夷，索隱以爲北發當作北户，而下三句
則讀羌字慎字夷字句絕，然則彼下發字似衍，雖南撫交阯與此傳文同，而
彼所謂北發渠度，與此傳亦皆無涉。

先生以此條說條說明渠搜有二，一在西戎，二在朔方，既有兩地，則不可合。

　　先生釋河源之說，以漢人說爲可據，以駁唐杜佑、劉元鼎、元都實所說爲異。
如卷二十七〈河源〉條：

　　　　西域傳云，河有兩原，一出蔥嶺山，一出于闐，于闐在南山下，其河
北流與蔥嶺河合，東注蒲昌海，蒲昌海一名鹽澤，去玉門、陽關三百餘里，
廣袤三百里，其水亭居，冬夏不增減，皆以爲潛行地下，南出於積石，爲
中國河，其下又云，于闐之西水皆西流注西海，其東水東流注鹽澤，河原
出焉，蘇林曰，即中國河也。案，此西海，既水經所云雷素海也，其河原，
則漢人之說如此，甚分明可據，而唐杜佑、劉元鼎、元都實皆與之異，未
詳。

　　先生根據《漢書・地理志》及《隸釋》等校出《後漢書・郡國志》脫道字，且
注以爲是縣名，亦非。如：
卷三十〈下辯〉條：

　　　　中郎將來歙破公孫述將王元、環安於下辯，注，縣名，屬武都郡。案，
下辯道名，地理志有下辯道，續志脫道字，隸釋武都丞等題名有下辯道長
任詩，則知後漢仍爲道，注縣名，非也。

　　先生以《後漢書・明帝紀》注文，良成爲縣名。但《後漢書・郡國志》以良成
屬下邳，二者說法互異。如：
卷三十〈良成〉條：

　　　　永平十五年，帝耕于下邳，微琅邪王京會良成，注，良成縣名，屬東
海。案，續志，良成屬下邳。

　　先生以《後漢書・郡國志》校正遼東郡及遼東屬國皆有無慮縣，醫無閭山則在
屬國之無慮縣，不在郡所屬之縣，以明注言有誤。如：
卷三十一〈無慮夫犁〉條：

　　　　八月，遼東鮮卑圍無慮縣，九月，又攻夫犁營，注，無慮縣屬遼東郡，
慮音閭，有醫無閭山，因以爲名焉，夫犁縣名，屬遼東屬國。案，志，遼
東郡及遼東屬國皆有無慮縣，醫無閭山則在屬國之無慮縣，不在郡所屬之
縣，至夫犁則郡與屬國皆無此縣，注於二者皆有誤。

　　先生以〈地理志〉載眞定國有藁城縣，但皇后紀但作藁人，未詳，或省文耳。

如：

卷三十一〈槀〉條：

> 皇后紀，光武郭皇后，眞定槀人也。案，地志，眞定國有槀城縣，此
> 但作槀。未詳，或省文耳。

先生論前志與續志所記涇陽二者互異，蓋前志載涇陽屬安定，續志安定無涇陽。

如：

卷三十一〈涇陽〉條：

> 靈帝紀，建寧元年，破羌將軍段熲破先零羌於涇陽，注，涇陽縣名，
> 屬安定。案，前志，涇陽屬安定，續志安定無涇陽。

先生以《三國志》〈朱桓傳〉、〈孫韶傳〉知吳、會爲二郡，並非吳中之稱，以此
校證唐王勃〈滕王閣序〉所指吳會於雲間爲非。如：

卷四十二〈吳會〉條：

> 朱桓傳，桓爲盪寇校尉，授兵二千人，使部伍吳、會二郡，此謂吳與
> 會稽也，孫韶傳注，孫河從策平定吳、會，亦謂二郡，今人竟以爲吳中之
> 稱，會字如字讀，不讀若膾，援唐王勃滕王閣序指吳會於雲間爲證，皆非
> 也。

《晉書・地理志》與晉武帝本紀所載，平州設置時間互異，《晉書・地理志》作
咸寧二年十月，晉武帝本紀作泰始十年二月。如：

卷四十六〈晉地理辨證〉條：

> 平州咸寧二年十月，分昌黎、遼東、玄菟、帶方、樂浪等郡國五置。
> 案，武帝本紀，泰始十年二月，分幽州五郡置平州，與此年月互異。

先生以〈敬帝本紀〉末魏徵總論之言，證明左鄰當作西鄰，即西魏在江陵之西，
何以言左鄰。如：

卷五十五〈左鄰〉條：

> 梁紀元帝論曰，以世祖（梁稱世祖，南稱元帝）神睿特達，留情正道，
> 不怵邪説，徙蹕金陵，左鄰彊寇，將何以作，西魏在江陵之西，何以言左
> 鄰，敬帝紀末魏徵總論曰，元帝怵於邪説，即安荊楚，雖元惡克翦，社稷
> 未寧，而西鄰責言，禍敗旋及，意與前論正同，左鄰當作西鄰。

先生以《通典》、班固《漢書・地理志》所言秦地爲四十郡，校正《舊唐書・地
理志》敍首云，秦并天下，裂地爲四十九郡之誤。秦分天下爲三十六，再加內史、
鄣郡、黔中、閩中數共爲四十，故《通典》及《輿地廣記》皆言四十郡。如：

卷七十八〈秦地爲四十九郡〉條：

舊唐書地理志敘首云，秦并天下，裂地爲四十九郡，原本同。愚謂通典一百七十一卷州郡門文與舊書志大略多同，此句則作四十郡，九字之爲衍文不待言，但秦分天下爲三十六郡，而此言四十，亦不合者何，通典、班志所列三十六之外，又連內史及郭郡、黔中、閩中數之是也，宋歐陽忞輿地廣記第一卷列秦四十郡，與通典同，說見予前漢故郡國一條。

又卷七十九〈舊地志郡府戶口數〉條：

舊地志，開元二十八年，戶部計帳，凡郡府二百二十有八，縣千五百七十有三，戶八百四十一萬二千八百七十一，口四千八百四十四萬三千六百九，應受田一千四百四十萬三千八百六十二頃一十三畝，此云開元二十八年，而通典則云天寶初，開元終於二十九年，則開元末即天寶初，二說同也，郡府數內，二百，原本與近本同，新書、通典皆作三百，當從之，口數內，四十四萬，原本及新書皆作一十四萬，近本傳寫誤，田數原本與近本同，新書刪去零數一十三畝四字。

《舊唐書・地理志》郡府數爲二百二十有八，《通典》及《新唐書・地理志》皆作三百，先生以《通典》及《新唐書・地理志》校正了舊志所載玄宗時郡府數之誤。

第二節　補闕遺

先生在地理方面，除了文字校勘，亦對史書地理志有所補闕遺，但這方面，所佔不多，但在地理考證內容中，亦是先生作爲研究歷史地理的一項方法，反映其治學精細審核之特色。如：

卷二十四〈淮陽郡〉條：

汲黯傳，拜爲淮陽太守，黯自言棄逐居郡云云，其下文又云，居郡政清，又言，上令黯以諸侯相秩居淮陽，則淮陽是郡名明矣，而今地理志有淮陽國，無淮陽郡，注但云，高帝十一年置，屬兗州，絕不見其曾爲郡，愚以異姓諸侯王表、諸侯王表及高五王、文三王、景十三王、宣元六王等傳考之，高帝之子友，以高帝十一年始立爲淮陽王，至惠帝元年，徙王趙，是爲趙幽王，則淮陽國除爲郡矣，惠帝薨，高后以假立惠帝之子強爲淮陽王，強死，又以武代，文帝立，武被誅，則淮陽國又除爲郡矣，其後文帝之子武以文帝三年又立爲淮陽王，王十年而徙梁，是爲梁孝王，則淮陽國又除爲郡矣，其後景帝之子餘以景帝二年又立爲淮陽王，王二年而徙魯，是爲魯共王，則淮陽國又除爲郡矣，其後宣帝之子欽以宣帝元康三年又立

爲淮陽王，是爲憲王，自立後傳子及孫，凡有國六七十年，至王莽乃絕，此郡始爲國，改爲郡，後復爲國，如此展轉改易，凡八九次，終爲國，地理志以最後之元始爲據，故言國，而中間沿革則俱略去也，汲黯爲淮陽守，當武帝時，而其前申屠嘉亦嘗爲之，見本傳及爰盎傳，此當惠帝元年以後國除爲郡之時，又司馬安亦嘗爲之，見鄭當時傳，灌夫亦嘗爲之，見本傳，田廣明與其兄雲中相繼皆嘗爲之，見酷吏傳，此則皆在武帝時，又韓延壽亦嘗爲之，此則在昭帝時，蓋自景帝四年爲郡，直至宣帝元康三年，爲郡者約九十年，故爲守之見於史者如此之多，若鄭弘傳，兄昌爲淮陽相，此則在宣帝時憲王欽之國以後事矣，讀書貴貫串，今人憤眊善忘顧此失彼，又性懶畏考核，宜乎史學之無人也。

《漢書・地理志》有淮陽國，無淮陽郡，先生據〈異姓諸侯王表〉、〈諸侯王表〉及〈高五王〉、〈文三王〉、〈景十三王〉、〈宣元六王〉等傳考之，高帝之子友，以高帝十一年始立爲淮陽王。蓋〈地理志〉所載只是西漢末元始時情形，至於其中此郡始爲國，改爲郡，後復爲國之展轉改易凡八、九次，終爲國之沿革過程，皆略去也。於是先生便對淮陽郡在西漢時，或爲國，或爲郡的展轉改易，作了考證，可補《漢書・地理志》此條之不足。

先生以《漢注官儀》，言西何王敏并州隰城人，說明王敏在并州，尚有西河一望，不止太原。如：

卷三十〈西河王敏〉條：

永平十六年，大司農西河王敏爲司徒，漢注，官儀曰，敏，字叔公，并州隰城人。案，據此則王氏在并州者尚有西河一望，不止太原。

先生以《元和郡縣志》補廢亭，其地在丹陽縣東四十七里。如：

卷四十二〈廢亭〉條：

吳志孫權傳，建安二十三年，權將如吳，親射虎於廢亭，庾子山馬射賦云，飛鏃於吳亭之虎，謂此事也。元和郡縣志，廢亭壘在丹陽縣東四十七里。

先生以陳壽《三國志》但有紀傳而無地理志，言地理建置，不可無攷毗陵洪亮吉作《三國疆域考》未見，姑就《通典》所列及參攷本志并萬氏補表，在卷四十二〈三國疆域〉條對三國疆域政區作了總體概略考補。另外，在卷五十〈塗中〉條補充說明石綏走江西塗中，塗作涂，即今滁州爲是，如：

卷五十〈塗中〉條：

桓彝之孫石綏傳，桓玄敗，石綏走江西，塗中，塗當作涂，涂中即今滁州。

在《漢書・地理志》常山郡，先生補注曰：「高帝紀云三年置」。如：
卷十九〈地理雜辨證〉條：

> 常山郡，高帝置，高帝紀云三年置。

在卷二十〈地理雜辨證〉條，零陵郡鍾武縣應劭注云「今重安」，先生補曰：「案重安後漢永建三改」。如：

> 零陵郡零陵，陽海山、湘水出。水經三十八湘水篇，湘水出零陵始安縣陽海山。注云，即陽朔山也。應劭曰，湘出零陵山，蓋山之殊名也。何氏校本據地理通釋，直改爲陽朔，非也。鍾武，應劭曰，今重安，案重安。後漢永建三年改。

在卷三十三〈郡國雜辨證〉條，《後漢書・郡國志》淇水出，韋昭引《博物記》注，「有綠竹草」，先生進一步注云：「即衛風淇澳菉竹。」如：

> 共，本國，淇水出。注，引博物記曰，有綠竹草。即衛風淇澳菉竹。

又：

> 陳國注，高帝置爲淮陽，章和二年改。屬縣扶樂無注。案此當注云，故屬汝南，建武三十年，以汝南之扶樂益淮陽國。
>
> 陳國長平故屬汝南，先生補之曰：「案建武三十年，以汝南之爲平益淮陽國。」

又：

> 廣漢郡雒縣，州刺史治。案劉焉傳，益州刺史郗儉在政煩擾，益州賊馬相殺綿竹令，進攻雒縣殺郗儉，是州刺史治雒縣之證也。

廣漢郡雒縣，先生補之曰：「案劉焉傳，益州刺史郗儉在政煩擾，益州賊馬相殺綿竹令，進攻雒縣殺郗儉，是州刺史治雒縣之證也。」

第三節　對地理志之評論

先生對各史地理志及各紀傳中所涉及的史地問題，作了進一步的考辨。有的提出論點，有的歸納出結論，有略有詳，甚而對地理志及所涉地理著作，亦作了義例、優劣等分析。如對《漢書・地理志》作了考辨，歸結出《漢書・地理志》有義例不一，建置多疏漏，某些內容當載而未載等不足情況，如：
卷十五〈郡不言何屬〉條：

> 地理志，郡國一百三，言所屬者凡七十九，不言所屬凡二十四，詳玫之，其不言者，皆疏漏，非有義例也，即如臨淮郡不言何屬，而其上文琅

邪、東海二郡皆云屬徐州，臨淮之屬徐州無疑，而獨不言，泗水國不言何屬，而其上文楚國、下文廣陵國皆云屬徐州，泗水之屬徐州無疑，而獨不言，九眞郡不言何屬，而其上文南海、鬱林，蒼梧、交阯、合浦，其下文日南六郡皆云屬交州，九眞之交州無疑，而獨不言，即此三處推之，則其餘郡國之不言者，皆疏漏可知，且其所屬，有屬冀州，屬兗州，屬青州，屬徐州，屬揚州，屬荊州，屬豫州，屬幽州，屬并州，屬益州，屬交州，屬司隸，而獨無雍州改名之涼州，亦皆疏漏耳，百官公卿表明言部刺史奉詔察州員十三人，地理志明言漢兼禹貢、職方州名，有徐、梁、幽、并，改涼、益，增交趾、朔方爲十三部，平紀，元始元年，置大司農部丞十三人，人部一州，勸農桑，若涼州不爲部，則僅十二人矣，足明郡國之無屬涼州者，乃疏漏也，自武都以下至此地，凡十郡，皆不言何屬，據續志內惟天水東漢改名漢陽，而皆屬涼州，東漢如此，西漢可知，班不言，非疏漏而何，又據百官表及續志，司隸所屬有七郡，今獨河內、河南言屬司隸，餘皆不言，亦疏漏也。（續郡國逐州分敘，界畫井然，似反勝於前志）

凡郡國不言屬者，皆疏漏所致，非是義例，如臨淮郡、泗水、九眞郡三處不言何屬，推之其餘，郡國之不言何屬者，亦皆疏漏可知。又如涼州及自武都以下至北地凡十郡，皆不言何屬，其疏漏可知。又先生論，「史法貴簡，獨建置沿革，乃地理之至要，宜條析而詳書之」，但《漢書·地理志》之地理建置，沿革無常，梁孝王國四十餘城，其中分割大事，班氏皆略之，以致義例疏闊，不能詳析。又班志列淮陽國，而此國屢爲郡，屢爲縣，注絕不及，益見建置之略如此。如：

卷十五〈建置從略〉條：

地理建置，沿革無常以最後爲定，戶口據元始，疆域當亦據元始也，攷文三王傳，梁孝王國四十餘城，孝王卒，景帝中六年，分爲五國，四人別爲濟川、山陽、濟東、濟陰四國，而太子共王買仍封梁，共王子，平王襄，以罪削五縣，餘尚有八城，此武帝時事，當武帝未削之梁國，得初封五之一，屬縣有十三，今志於彼四國則有山陽郡、濟陰郡，皆即景帝故國，東平國即濟東國，獨不見濟川國，惟此一國疆域，竟無所見，已屬缺漏。（史記世家梁孝王子明，孝景中六年爲濟川王，七歲坐罪廢，地入漢爲郡，今志無濟川王郡）又志，濟陰屬縣九，東平屬縣七，皆與梁國略相等，獨山陽屬縣多至二十三，決不此國獨多如此，然則山陽郡下本注雖言景帝中六年爲國，武帝建元五年爲郡，其實郡界非國舊界，大約別割他地益之，或即將濟川一國併入未可知，且以四十餘城分爲五計之，十三也，九也，

七也，三國已得二十九，加山陽二十三，四國已得五十二，尚有濟川不在內，數大不符，可見山陽郡界非國界，文三王傳，山陽王景，中六年立，立九年，國除，適當建元五年，此志與傳合，獨屬縣非國之舊，而班略之，此皆分割大事，班氏概略之，竊謂史法貴簡，獨建置沿革，乃地理之至要，宜條析而詳書之，詞繁而不殺為佳，無如志之一體，班氏所朔，風氣初開，義例疏闊，不能詳析也，凡如此類，不可枚舉，舉一以資隅反。

地理建置沿革無常，以最後為定，戶口據元始，疆域當亦據元始。除此，先生亦作了考證，《後漢書・郡國志》據永和、《宋書・州郡志》據大明與永明、《魏書・地形志》據武定，《新唐書・地理志》據天祐、《舊唐書・地理志》據天寶，以上是各史地理志記載的標準年代，於後人研究史書地理者，助益甚大。

論刺史治所，班志於刺史所治之縣，全無一見，如：

卷十六〈刺史治所〉條：

續漢百官志云，刺史各主一州，常以八月巡行所部郡國，錄囚徒，考殿最，既以八月出巡，則平日必有治所，乃劉昭注則云，孝武始制刺史，監糾非法，傳車周流，匪有定鎮，昭說未的，而閻氏若璩遂云，通鑑，齊孝王孫謀發兵臨淄，殺青州刺史，此刺史適在臨淄，非必治所，胡三省乃云，臨淄、青州刺史治，豈知西漢刺史稱傳車居無常處者乎，閻雖云爾，而刺史治所明見朱博傳，又武紀，元封五年，初置刺史部十三州，師古注引漢舊儀云，初分十三州，假刺史印綬，有常治所，閻似失考，但地理志於刺史所治之縣竟未一及耳。

三國魏志夏侯玄傳，玄議時事，司馬宣王報書云，故刺史稱傳車，其束言從事，居無常治，又唐六典第三十卷云，武帝元光三年，初置部刺史十三人，居無常所，後漢則皆有定所，此閻說所本，然朱博非前漢乎，大約因其乘傳周行，故隨便言之。

由《三國志・魏志》夏侯玄傳、司馬宣王報書及閻若璩、胡三省所云刺史治所，在西漢時稱傳車居無常處。然帥古注引《漢舊儀》知漢分十三州，假刺史印綬，有常治所，如〈武紀〉云，元封五年，初置刺史部十三州，以此或見閻說之失。班固於〈地理志〉刺史所治之縣竟未一及，恐亦是疏漏之筆。又：

卷十六〈太守治所〉條，先生論：

太守、都尉皆當有治所，今都尉治所夾注中甚多，而太守治所竟絕不一及，何也。夫都尉治所，大率不在首縣，且與太守不同治，是以注明，及太守治所亦不盡在首縣，而竟絕不一及，則疏矣。

蓋《漢書・地理志》書法體例不一，如以上所論，以見疏漏，以各郡建置之書法論之，亦同此弊，如：

卷十六〈書法體例不一〉條：

> 以各郡建置之書法論之，有但云某帝置者，有詳述某帝某年置者，又郡國皆注建置沿革，縣無之，而亦間或有之，此亦其體例之不一者也。蓋本無一定體例，有因其故籍之詳略而詳之略之者，有臨文麤疏，失於檢照，遂成疵纇者，有傳寫差誤，未經校改者，魯地一條，末云當考者，言當更考覈之，其事未審，班書之當考者，蓋亦多矣。

先生所論，正是《漢書・地理志》之缺失，體例不一，其事未審，正是班書失慮處。先生對於《後漢書》之〈郡國志〉亦加以分析，並同班固〈地理志〉互加比較，如論〈郡國太守刺史治所〉、〈郡國去雒陽里數〉、〈國隨郡次〉三條，先生認為《後漢書・郡國志》具有《漢書・地理志》之優點，如：

卷三十二〈郡國太守刺史治所〉條：

> 郡國志敘首云，凡縣名先書者，郡所治也，郡太守所治之縣，自宜先書，此例甚當。前志每郡先書者，不必定太守治，則太守所治，宜逐郡詳書之，乃都尉治則書，太守治不書，此前志之不如續志者。至刺史治，續志皆詳書之，而前志亦不書。

《後漢書・郡國志》先書各郡國所治之縣，刺史之治地皆詳書，此勝於前志。又：

卷三十二〈郡國去雒陽里數〉條：

> 各郡國皆注在雒陽東西南北若干里，此前志所無，而甚有理。

〈郡國志〉詳注記其京師里距，此又勝於前志所無。又：

卷三十二〈國隨郡次〉條：

> 前志每郡注屬某州，既不如續志徑分各州之直捷，而將各國總聚於各郡之後，遂致東西間隔，南北錯互，亦不如續志隨各國道里附近之郡編次為愜當。

〈郡國志〉將各刺史部所屬郡國集中，且為順序編次甚為愜當，此亦勝於前志所無。

先生除在地理上比較前、續志，對於新、舊《唐書》之〈地理志〉亦通過條例指出其中差異。如卷七十九〈天寶十一載地理〉條所載，透過大量實例指出《舊唐書・地理志》義例不純，常自相違，錯誤紛出，甚至草率具稿。第一項錯誤缺失，先生言「向來志地理者，皆據最後為定，如漢據元始是，《舊唐書》據天寶十一載……但今詳考之，舊志既據天寶，故其例，每一州總敘沿革之下，即先云，舊領縣若干，戶若干，口若干，其下若天寶領縣有增損，則云，天寶領縣若干，戶若干，口若干，

如無增損，則但云戶若干，口若干，此其例也，今其中不合者。」這其中不合者，先生舉其例有二十五，如：

> 涇州舊領縣五，其下但有天寶戶口，無領縣若干字，然數其屬縣，實四縣，而云五。河南府，天寶領縣二十六，今數屬縣，實二十四，而云二十六。鄭州舊領縣八，天寶領縣七，今數屬縣，實六縣，而云七。許州舊領縣九，天寶領縣七，今數屬縣，實八縣，而云七。（此州多出一縣省，因長慶三年又以郾城來屬故也）兗州舊領縣八，天寶領縣十一，今數屬縣，實十縣，而云十一。青州舊領縣七，其下但有天寶戶口，無領縣若干字，然數其屬縣，實八縣，而云七。相州舊領縣九，天寶領縣十一，今數屬縣，實十縣，而云十一。魏州舊領縣十三，天寶領縣十，今數屬縣，實九縣，而云十。刑州舊領縣九，其下但有天寶戶口，無領縣若干字，然數其屬縣，實八縣，而云九。趙州舊領縣九，其下但有天寶戶口，無領縣若干字，然數其屬縣，實八縣，而云九。冀州舊領縣六，天寶領縣九，今數屬縣，實八縣，而云九。深州舊領縣五，天寶領縣四，今數屬縣，實八縣，而云四。滄州舊領縣十，天寶領縣十一，今數屬縣，實九縣，而云十一。集州舊領縣一，天寶領縣二，今數屬縣，實三縣，而云二。蓬州舊領縣六，天寶領縣七，今數屬縣，實六縣，而云七。越州舊領縣五，天寶領縣六，今數屬縣，實七縣，而云六。婺州舊領縣五，天寶領縣六，今數屬縣，實七縣，而云六。（觀下文浦陽云新置，則知此少年領縣七一句耳）洪州舊領縣四，天寶領縣六，今數屬縣，實七縣，而云六。（實七縣者，有分寧一縣，係貞元間分置也，應再加今領縣七一句）江州舊領縣三，其下但有天寶戶口，無領縣若干字，然數其屬縣，實四縣，而云三。永州舊領縣三，其下但有天寶戶口，無領縣若下字，然數其屬縣，實四縣，而云三。郴州舊領縣五，天寶領縣八，今數屬縣，實七縣，而云八。思州舊領縣三，其下但有天寶戶口，無領縣若干字，然數其屬縣，實四縣，而云三。渭州舊領縣四，其下但有大寶戶口，無領縣若干字，然數其屬縣，實三縣，而云四。（此下隴西縣云，漢源道地，屬天小郡，後漢分武陽置鄣縣，天授二年，改爲武陽縣，神龍元年，復爲鄣縣，如此而止。所敍沿革殊不明備，疑或有他縣省併入此縣者，而誤脫落其文耳）洮州舊領縣二，其下但有天寶戶口，無領縣若干字，然數其屬縣，實一縣，而云二。劍南道成都府舊領縣十六，天寶領縣十，今數屬縣，實九縣，而云十。

以上各條錯誤，或因數字傳寫易誤，遂致舛錯者，或因天寶以後別有更易，而竟不

及者，或有明著後改之事，而業已概據天寶遂不復言今領縣若干。

第二項缺失，即是詳略不同，皆并言後定地理，則又非概據天寶，自亂其例。如：

> 惟河南道泗州舊領縣五，天寶領縣六，而其下又云，今領縣三，臨淮、漣水、徐城其虹縣割隸宿州，宿預、下邳隸徐州，又齊州舊領縣八，其下言天寶戶口，而又云，今管縣六，併三縣也，淄州舊領縣五，其下言天寶戶口，而又云，今管縣四，併濟陽入高苑，河東道河中府舊領縣五，天寶領縣八，而其下又云，元和領縣十一，又晉州舊領縣七，天寶領縣九，而其下又云，元和領縣八，河北道洺州舊領縣七，天寶領縣十，而其下又云，今領縣六，鎮州舊領縣六，天寶領縣九，而其下又云，今領縣十一，又易州舊領縣五，天寶領縣八，而其下又云，今領縣六，江南東道處州舊領縣四，天寶領縣五，而其下又云，今縣六，江南西道宣州舊領縣八，天寶領縣九，而其下又云，今縣十，虔州舊領縣四，天寶領縣六，而其下又云，今縣七，道州舊領縣三，天寶領縣四，而其下又云，今領縣五。

先生論《舊唐書‧地理志》之缺失，在於「唐有天下三百年，天寶未及其半，安能遂據為定，自不如新志據天祐為妥。」又論《舊唐書‧地理志》似有據天祐，亦自亂其體例。

第三項缺失，《舊唐書‧地理志》有一縣兩處複載，如：

> 如江南東道湖州舊領縣五，又言天寶領縣五，隴右道河州舊領縣三，其下又言天寶領縣三，劍南道綿州舊領縣九，其下又言天寶領縣九，其數皆合，此則何事重言之，直是草率具稿，不暇淨刪衍字。

第四項缺失在於舊領縣與新置混，而不可解：

> 而且又有如江南東道之福州，天寶領縣八，數之果然矣，但其中有永泰縣，係永泰年分置，又有梅青縣，云是新置，凡他處言新置者，皆謂在天寶後，然則此數雖合，而八縣之建置，實不盡在天寶之前，此又不可解也，而且又有如河西道之西州中都督府舊領縣五，又言天寶領縣五，而案之實四縣，此又不可解也，而且又有如劍南道之翼州舊領縣三，天寶領縣二，數之實三縣，而其中有新置，若言今領縣三，則反混於舊領矣，此又例之窮而遁者。

綜合以上四項缺失，先生言「唐制糾紛，史家本難措筆，而舊志疵謬百出，實覺不可枚舉。」卷（同上）

在地理志方面，先生以新地志遠勝於舊地志，故志唐地理，自當如新書，如：

卷七十九〈唐地分十五道採訪爲正〉條：

> 志唐地理，自當如新書，以十五道採訪使爲綱，排列各州郡，方爲得宜，知者，十五道係開元全盛時所置，採訪使正是統轄州郡至要之官，前此武德、貞觀，制尚未定，不可爲據，固不待言，若肅、代以下疆域之分割，職官之變更，朝三暮四，棼如亂絲，不可爬梳，馴致懿、僖，天下大亂，冰碎瓦裂，若必欲取最後所定者以爲定，則如何紀載，恐愈覺煩瑣，不成文義矣，不得已而析其中，故以開元全盛所分爲定，實覺斟酌盡善，此其中有三說，以全盛之制爲標目，則可包括前後事，一說也。天寶後既以採訪節度合爲一，則言採訪即可該節度，二說也。每一道中分爲數個節度，節度雖分，而未嘗不可以十五道名之，則新地志所分自屬精當，三說也。李吉甫所分列與新志同，但於每道中又分各鎭耳。

先生以唐地分十五道採訪使爲例，說明新地志優於舊地志，原因有三。且以開元全盛所分爲定，自然勝於武德、貞觀制尚未定之時。而舊地志之缺失在於，所列採訪名目治所，雖與新地志同，則又以貞觀十道爲主。又：

> 舊地志敘首既知貞觀分十道，開元分十五道，所列採訪名目治所，皆與新志同，乃其排列各州郡處，則又以十道爲主，何也，且既標十道矣，而其中山南、江南仍分東西，劍南則又不分東西，進退無據，皆非是。若隴右之後添出河西，注云，此又從隴右道分出，不在十道之內，此蓋宣宗大中年間收復，不得不如此附入，又嶺南道分爲五管，故其前標明南海節度使領十七州，以下分標四管云，桂管十五州，在廣州西，邕管十州，在桂府西南，容管十州，在桂管西南，安南府在邕管之西，與各道不同，此乃不得不如此變通，此二條不可以自亂其例譏之。

舊地志既從貞觀分十道，但其分法卻又自亂其體例，以致進退無據，徒使後人譏之。故先生言唐地理，當如新書。又：

卷七十九〈天祐〉條：

> 然則新志文例，敍各道疆域，則以開元十五道爲正，敍戶口，則以天寶爲正，敍州郡建置沿革，則以天祐爲正，三者似屬多岐，其實乃苦心參酌所宜而定，大約新書諸志表多能補舊之缺，而新地志尤遠勝於舊地志。

以上所論，正是先生對《新唐書・地理志》最大的肯定，亦是先生通過新、舊地志的比較，得出其間的異同優劣，足供後學者參考。

　　另外，先生也對史書中地理志以外的地理著作，進行考評。如對李吉甫所作的《元和郡縣圖志》一書，敍其寫作目的，及對書名的考證，并將此書與其他的地理

著作，加以比照評論。如：

卷九十〈李吉甫作元和郡國圖〉條，作書名的考證：

> 舊李吉甫傳，吉甫嘗分天下諸鎮，紀其山川險易故事，各寫其圖於篇首，為五十四卷，號為元和郡國圖，又與史官等錄當時戶賦兵籍，號為國計簿，凡十卷，皆奏上之，今此書鈔本流傳尚多，而名為元和郡縣圖志，竊以唐與漢不同，當稱郡縣，不當稱郡國，且今書圖已亡，獨志尚在，不得省志字單稱圖，舊傳所載，殆其初成書時未定之名也。

先生以唐與漢不同，此書當稱郡縣，不當稱郡國；且今書圖已亡，獨志尚在，故不得省志字單稱圖。又著書之目的，如李吉甫之進書表云：

> 每自循省，赧然收汗，久而伏思，方得所效，以為成當今之務，樹將來之勢，莫若版圖地理為切，所以前上元和國計簿，審戶口之豐耗，續撰元和郡縣圖志，辨州域之疆理，起京兆府，盡隴右道，凡四十七鎮，成四十卷，每鎮皆圖在篇首，冠於敘事之前，并目錄兩卷，總四十二卷。案，舊傳不言進書何年，然先言郡國圖，後言國計簿，憲宗紀則云，元和二年十二月己卯，史官李吉甫撰元和國計簿，八年二月辛卯。

又：

> 杜佑通典州郡門序目云，凡言地理者多矣，在辨區域，徵因革，知要害，察風土，纖介畢書，樹石無漏，動盈百軸，豈所謂撮機要者乎，如誕而不經，偏記雜說，何暇遍舉，或覽之者不責其略焉，自注云，謂辛氏三秦記、常璩華陽國志，羅含湘中記、盛宏之荊州記之類，皆述鄉國靈怪，人賢物盛，參以實證，則多紕謬，既非通論，不暇取之矣。吉甫進書表亦云，古今言地理者，凡數十家，尚古遠者，或搜古而略今，採謠俗者，多傳疑而失實，飾州邦而敘人物，因邱墓而徵鬼神，流於異端，莫切根要，至于邱壤山川，攻守利害，本于地理者，皆略而不書，將何以佐明王扼天下之吭，制群生之命，收地保勢勝之利，示形束壤制之端，此微臣之所以精研，聖后之所宜周覽也。

先生對杜佑、李吉甫皆予以肯定，然亦有所評論：

> 杜、李兩家書佳處，只在體段規模，其學之徇俗，則限於時代，又開趙宋氣習，地理沿革冗亂，本易差訛，再加以後人好改前人舊說，則治絲而棼之矣。前論杜佑之謬，而吉甫亦所不免，觀予禹貢後案所駁諸條自明。

先生論《元和郡縣圖志》之傳鈔本，後人附益者多，傳鈔有缺，亦有所考校：

> 元和志世無刻本，傳鈔者缺第十八卷第十一葉以下及第十九、第二

十、第二十三、第二十四、第三十五、第三十六，六卷，河南府河南縣中橋，咸通三年造，咸通是懿宗號，三年上距吉甫之辛巳四十九年，則此書後人附益者多，別見予所著蛾述編說錄門。

先生亦以此書與其他地理著作，加以比照評論：

> 自唐以前，餘偏方紀載外，其通天下地理書，如京相璠土地名、闞駰十三州志、魏王泰括地志之類，皆無存者，有之自元和志爲始，宋樂史太平寰宇記、王存元豐九域志、歐陽忞輿地廣記、祝穆方輿勝覽、元無名氏混一方輿勝覽、皆可參取，要不及元和志。

先生論唐以前論天下地理書者，或有不存，有之自《元和志》爲始，宋之地理書皆可參取，然皆不及《元和志》。先生對各史地理分析，無疑地是盡了很大心思，對於後學者認識各史地理志及使用地理著作，必然有著正面性的啓發及助益。

第四節 建置沿革之考察

沿革地理以研究疆域政區消長和古今地名演變爲主要內容，亦即是以「建置」和「沿革」作爲主要探討的內容。加上我國傳統的輿地之學，就是史學的一支，因此沿革地理側重於沿革及對古今異同的考訂。（參見胡欣、江少群《中國地理學史》第三章）先生的輿地考證，亦集中用力在此方面，故對於疆域的變化，政區建置的沿革紛繁，歷史地名的改易，都是先生所要探討的目標。舉其內容，先生所考辨的有疆域範圍、政區數目、政區制度、建置興廢、地域通稱、治所變遷、古蹟遺址、地理形勝、郡縣地望、同名異地、一地多名、地名源義等等各類問題。如：江西、江東都是根據大概的地勢說的，並非是一成不變的界域。如：

卷二〈江西江東〉條：

> 史記項羽本紀，秦二世元年七月，陳涉等起大澤中，九月，會稽守通謂項梁曰，江西皆反，此天亡秦之時也，陳涉世家，二世元年七月，發閭左適戍漁陽九百人，屯大澤鄉，涉爲屯長，徐廣注，大澤鄉在沛郡蘄縣，然則所云江西，乃指江北言。本紀又言，項梁收會稽兵，得八千人，召平矯陳涉命，立梁爲上柱國，曰，江東已定，急引兵西擊秦，項梁乃以八千人渡江而西，又范增說項梁曰，君起江東，又羽軍敗欲渡烏江，烏江亭長曰，江東雖小，亦足王也，羽曰，我與江東子弟八千人渡江而西，今無一人還，縱江東父兄憐而王我，我何面目見之，臣瓚云，烏江在牛渚，以上所言江東，指今之江寧、鎮江、常州、蘇州、松江、嘉興、湖州等府，而

言會稽守治，則今之蘇州府治也，而江西則古人西北通稱，非以對東乃得稱之，若三國志吳主傳，曹公恐江濱郡縣爲孫權所略，徵令內移，民轉相驚，自廬江、九江、蘄春、廣陵戶十餘萬，皆東渡江，江西遂虛，合肥以南，惟有皖城，吳宗室傳謂孫權初統事時，賓客諸將，多江西人，而孫策傳則謂策說袁術，乞平定江東，術表策爲折衝校尉行殄寇將軍。又言，曹公表策爲討逆將軍，封爲吳侯，時袁紹方強，而策并江東，又策臨死謂權曰，舉江東之眾，決機於兩陳之間，卿不如我，舉賢任能，以保江東，我不如卿，彼時策之所有，會稽、吳、丹楊、豫章、廬陵五郡，則所云江西、江東，約略可見，要皆據大勢約略言之，非有劈分定界。

據《史記‧項羽本紀》、〈陳涉世家〉所說的江東，即是指清代的江寧、鎮江、常州、蘇州、松江、嘉興、湖州等府而言。孫策留交孫權之江東，是指當時的會稽、吳、丹楊、豫章、廬陵五郡。至於江西則古人西北通稱，非以對東乃得稱之。是以江西、江東要據大勢約略言之，非有劈分定界。

先生考釋盛唐地理位置如：卷九〈盛唐〉條：

元封五年，南巡狩至於盛唐，文穎云，盛唐在廬江，韋昭云，在南郡，師古是韋說。案，地理志無盛唐縣，唐開元中，改霍山縣爲盛唐，寰宇記謂既漢縣，雖無的據，然下文即云，登潛天柱山，潛縣屬廬江，天柱即南嶽霍山，則盛唐必近潛縣地，文穎謂在廬江者得之。

盛唐，《寰宇記》謂即漢縣，先生以爲《寰宇記》所云雖無據，然唐開元中改霍山縣爲盛唐，而文穎曰盛唐在廬江，則盛唐必近潛縣地，故文穎所云爲是。

先生考證吳城有二，但濞都廣陵，不都吳，若認濞之所都即今之蘇州府治則非。如：

卷十三〈吳二城門〉條：

吳王濞二城門自傾，其一門名曰楚門，一門曰魚門，吳地以船爲家，以魚爲食云云。范成大吳郡志第三卷城郭篇，閶門亦名破楚門，而無所謂楚門、魚門者，要之二門必當在今蘇州府治吳、長洲、元和三縣地，此志特因吳本屬吳國，而濞又嘗東渡之吳，留十日去，故此下文遂以二門之傾爲濞亡之兆，其實濞都廣陵，不都吳，若據此文，誤認濞之所都即今蘇州府治，則非矣，詳地理雜辨證。

《蛾術編》卷五十〈故吳城有二〉條云：

舊唐書地志云蘇州，春秋時吳都闔閭邑，漢爲吳縣，隋平陳置蘇州取州西姑蘇山爲名，案吳始都不在此，元和郡縣志云，蘇州吳郡周時爲吳國，

> 太伯初置城在今吳縣西北五十里，至闔閭還都于此。吳地記云，泰伯奔吳
> 爲王，卒葬梅里，至夢壽別築城于平墟西北二里闔閭城，周敬王六年伍子
> 胥築大城、周回四十二里三十步小城八里二百六十步，西閶胥二門南盤蛇
> 二門東，婁匠二門北齊平二門，史記正義云太伯所居，城在蘇州北五十里，
> 常州無錫縣界梅里村，其城及冢見存，太平寰宇記、吳郡圖經續記、吳郡
> 志并同，梅里之名至今稱之，其城址則湮沒。

依《蛾術編》論，敘其吳自春秋始之沿革，即吳爲今之蘇州，取州西姑蘇山爲名。
又《商榷》卷二十〈地理雜辨證〉中所論，濞都廣陵，並非在吳。

> 越絕書卷二吳地傳云，漢高帝封劉賈爲荊王，并有吳，十一年，淮南
> 王英布反，殺劉賈，後十年，高帝更封兄子濞爲吳王，治廣陵，并有吳。
> 立二十一年，東渡之吳，十日還去，立三十二年，反，奔還東甌，殺濞，
> 據此吳王濞實治廣陵，而江都易王則治吳，不都廣陵。

先生論吳二城門，必當在今蘇州府治、吳、長洲、元和三縣地也。又釋五都不必定
在第一縣，如：

卷十六〈王都〉條：

> 凡縣之封侯者，必注云，侯國，仍屬郡，與他縣不爲國者同，而王國
> 則改稱國，若縣之爲王都者，如江夏郡邾縣注云，衡山王吳芮都，清河郡
> 清陽縣注云，王都，泰山郡盧縣注云，濟北王都，桂陽郡郴縣注云，項羽
> 所立義帝都此，南海郡番禺縣注云，尉佗都，信都國信都縣注云，王都，
> 廣陵國廣陵縣注云，江都易王非、廣陵屬王胥皆都，此可見王都不必定在
> 第一縣。

先生以王都不必定在第一縣，如梁國屬縣八，睢陽居末，而此國自孝王武始封，而
七國反，梁守睢陽，孝王又廣其城，大治宮室，睢陽爲梁都甚明，乃居末，此國直
傳至元始方除，蓋始終都睢陽，而志以居末爲例，可見王都國不必首縣。

先生釋《漢書·地理志》以元始時漢新置之縣與舊屬縣相比，或增或減，其分
割不可詳考，但乃可見遞變之跡，尤以沛、東海、太原三郡，其所屬之縣，比秦已
多再倍有餘，由此亦可見秦至漢間郡縣數之差異。如：

卷十五〈郡國屬縣之數〉條：

> 周勃傳，勃東定楚地泗水、東海郡，凡得二十二縣，泗水郡即沛郡也，
> 今地志，沛、東海二郡，共有七十五縣，蓋元始時漢新置之縣，比秦已多
> 再倍有餘。（高紀六年，以太原郡三十一縣爲韓國，徙韓王信都晉陽，高
> 祖之六年，在周勃降太原之後，而其數與勃傳及地志皆不同）又云，降太

原六城，今地志太原凡二十一縣，亦比秦多再倍有餘。又云，定雁門郡十七縣，雲中郡十二縣，今地志雁門十四縣，比舊反少三縣，雲中十一縣，比舊反少一縣，又云，定代郡九縣，今地志代郡十八縣，則比舊多其半。又云，定上谷十二縣，右北平十六縣，遼東二十九縣，漁陽二十二縣，今地志上谷十五縣，比舊多三縣，右北平十六縣，數適相符，而遼東祇有十八縣，漁陽祇有十二縣，比舊反少甚多，高紀，十年，趙相周昌奏常山有二十五城，地理志常山屬縣僅十八，比舊反少七縣，靳歙傳，降邯鄲郡六縣，今地志趙國即秦邯鄲郡，屬縣僅四，比舊反少二縣，其分割之詳，不可攷矣。

郡名	舊屬縣	新置之縣	差異
雁門郡	十七	十四	新比舊少三縣
雲中郡	十二	十一	新比舊少一縣
代郡	九	十八	新比舊多其半
上谷	十二	十五	新比舊多三
右北平	十六	十六	數適相符
遼東	二十九	十八	新比舊少十一
漁陽	二十二	十二	新比舊少十
常山	二十五	十八	新比舊少七
邯鄲	六	四	新比舊少二

以上各郡縣數之差異，說明由漢初至元始間縣數分割之概況。

卷十七〈縣名相同〉條，先生詳細考列了《漢書·地理志》中同名之縣：

郡國縣邑名同者，則加東西南北上下或新字以別之，京兆尹有新豐，沛郡有豐，故此加新，有下邳，隴西郡有上邽，故此云下，河南郡有新鄭，京兆尹有鄭，故此加新，東郡有東武陽，犍為郡有武陽，故此加東，而泰山郡又有南武陽，陳留郡有外黃，魏郡有內黃，故此云外，潁川郡有新汲，河內郡有汲，故此加新，南陽郡有西鄂，江夏郡有鄂，故此加西，江夏郡有下雉，南陽郡有雉，故此加下，山陽郡有南平陽，河東郡有平陽，故此加南，而泰山郡又有東平陽，鉅鹿郡有下曲陽，常山郡有上曲陽，故此云下，而九江郡亦有曲陽，續志作西曲陽，清河郡有東武城，左馮翊有武城，故此加東，而定襄郡亦有武城，涿郡有南深澤，中山國有深澤，故此加南，勃海郡有東平舒，代郡有平舒，故此加東，千乘郡有東鄒，濟南郡有鄒，故此加東，濟南郡有東平陵，右扶風有平陵，故此加東，五原郡有西安陽，

代郡有東安陽，故此云西，遼西郡有新安平，涿郡、豫章郡俱有安平，故此加新（甾川國又有東安平，闕駰云，博陵郡有安平，故東，而遼東又有西安平，闕說詳後），中山國有北新成，河南郡有新成，故此加北，而北海郡亦有新成，東平國有東平陸，西河郡有平陸，故此加東，惟常山郡有南行唐，而他郡別無行唐，則不可考。

先生依《漢書‧地理志》中知郡國縣邑名同者，則加東西南北上下或新字，以示區別，如：

加東字之地名有：東武陽、東武城、東平舒、東鄒、東平陵、東平陸。

加南字之地名有：南武陽、南平陽、南深澤。

加西字之地名有：西鄂、西安陽。

加北字之地名有：北新成。

加下字之地名有：下邽、下雉、下曲陽。

加外字之地名有：外黃。

加新字之地名有：新豐、新鄭、新汲、新安平。

其無東西等字為別者，先生據錢大昭考得相同者亦甚多，有一縣三見者，如：

　　曲陽，一屬九江郡、一屬東海郡，一屬交趾郡，建成，一屬勃海郡，一屬沛郡，一屬豫章郡，安定，一屬鉅鹿郡，一屬安定郡，一屬交趾郡。

有一縣兩見者，如：

　　如劇，一屬北海郡，一屬甾川國，定陶，一屬濟陰郡，一屬定襄郡，西平，一屬汝南郡，一屬臨淮郡，陽城，一屬潁川郡，一屬汝南郡，平昌，一屬平原郡，一屬琅邪郡，成陽，一屬汝南郡，一屬濟陰郡，東安，一屬東海郡，一屬城陽國，新陽，一屬汝南郡，一屬東海郡，鍾武，一屬江夏郡，一屬零陵郡，成，一屬涿郡，一屬泰山郡，新市，一屬鉅鹿郡，一屬中山國，建陽，一屬九江郡，一屬東海郡，平安，一屬千乘郡，一屬廣陵國，平城，一屬北海郡，一屬雁門郡，臨朐，一屬東萊郡，一屬齊郡，新都，一屬南陽郡，一屬廣漢郡，昌陽，一屬東萊郡，一屬臨淮郡，定陵，一屬潁川郡，一屬汝南郡，高平，一屬臨淮郡，一屬安定郡，饒，一屬北海郡，一屬西河郡，高陽，一屬涿郡，一屬琅邪郡，武城，一屬左馮翊，一屬定襄郡，廣平，一屬臨淮郡，一屬廣平國，陰山，一屬西河郡，一屬桂陽郡，樂成，一屬南陽郡，一屬河間國，富平，一屬平原郡，一屬北地郡，成安，一屬陳留郡，一屬潁川郡，復陽，一屬南陽郡（師古音房目反），一屬清河國（應劭音腹），酇，一屬南陽郡（孟康音讚），一屬沛郡（應劭

音嵯），武陽，一屬東海郡，一屬犍爲郡，鄭，一屬京兆尹，一屬山陽郡，成鄉，一屬北海郡，一屬高密國，安陽，一屬汝南郡，一屬漢中郡，陽樂，一屬東萊郡，一屬遼西郡，武都，一屬武都郡，一屬五原郡，歸德，一屬汝南郡，一屬北地郡，東陽，一屬臨淮郡，一屬清河郡，黃，一屬山陽郡，一屬東萊郡，安丘，一屬琅邪郡，一屬北海郡，開陽，一屬東海郡，一屬臨淮郡，樂陵，一屬平原郡，一屬臨淮郡，安成，一屬汝南郡，一屬長沙國，西陽，一屬江夏郡，一屬山陽郡，安平，一屬涿郡，一屬豫章郡，高成，一屬南郡，一屬勃海郡，新昌，一屬涿郡，一屬遼東郡，新成，一屬河南郡，一屬北海郡。

　　秦始皇統一六國，廢封國，設郡、縣爲地方政區，以便集權中央。漢武帝時爲了加強地方統治，在版圖內設有司隸校尉部及十三刺史部，作爲監察機構，其十三部，先生以〈地理志〉、〈百官表〉、師古所引《胡廣記》及杜佑《通典》，考辨得知爲，舊十一州外，添交州與司隸爲十三。如：

卷十四〈十三部〉條：

> 　　冀、兗、青、徐、楊、荊、豫、梁、雍、幽、并、營，此唐、虞之十二州也，漢無營州，其十一州皆有之，但改梁名益，改雍名涼，而又南置交阯，北置朔方之州，凡十三部，部刺史員十三人，此見於地理志、百官表及師古所引胡廣記者也。據文似十一州外添交州、朔方爲十三部矣，但河內、河南二郡注云，屬司隸，而各郡國無屬朔方者，百官表，司隸校尉，武帝征和四年置，察三輔、三河、弘農，三輔是京兆、馮翊、扶風，三河是河內、河南、河東，續郡國志，此六郡與弘農正屬司隸，東漢如此，西漢可知，杜佑通典於西漢十三部亦不數朔方而數司隸，且地理志敘首雖云，置朔方之州，而朔方刺史，果亦在員數之內，則朔方郡宜專屬之矣，今乃注云，屬并州，則知所謂十三部者，實是於舊十一州外，添交州與司隸爲十三，朔方不數，平當傳，當以丞相司直坐法左遷朔方刺史，師古曰，武帝初置朔方郡，別令刺史監之，不在十三州之限，是也。（惟晉書地理志述漢制數朔方爲十三，晉書此段謬誤甚多，不可據）

先生考證得知《晉書・地理志》述漢制，數朔方爲十三，乃誤，當以杜佑《通典》云，西漢十三部亦不數朔方而數司隸。師古所云武帝初置朔方郡，別令刺史監之，不在十三州之限，爲是。又先生於《蛾術編》卷三十八〈省并朔方〉條云：

> 　　司隸校尉自爲一部，其餘豫、冀、兗、徐、青、荊、揚、益、涼、并、幽、交分爲十二州。州各刺史總統之合司隸共爲十三部。

即先生以〈省并朔方〉條申論杜佑之說爲是，又《商榷》卷五十七〈州郡敘首言漢制誤〉條，宋志以司隸在十三州之外，其誤與《晉書》同。

　　秦統一時全國分爲三十六郡，後來隨著疆域的擴大，遂增至四十餘郡，完全以郡縣制代替了封國制。《商榷》卷十七〈故郡〉條，是先生探討秦郡數目問題，並進行考證前人記述是否有誤，進行駁正。如裴駰注《史記·秦始皇本紀》歷舉三十六郡之名，以爲無南海、桂林、象郡三郡，卻以內史充數，又添入鄣郡、黔中是爲三十六。《晉書·地理志》同裴駰說，但先生駁正了此說。如：

卷十七〈故郡〉條：

　　　　但史記秦始皇本紀云，秦初并天下，分以爲三十六郡，裴駰注歷舉三十六郡之名，雖與班志約略相同而無南海、桂林、象郡三郡，卻以內史充數，又添入鄣郡、黔中，是爲三十六，晉書地理志同。愚謂班志，裴注各有誤，何則，始皇本紀又云，三十三年，發諸書逋亡人贅婿賈人，略取陸梁地爲桂林、象郡、南海，南越尉佗傳亦云，秦時已并天下，略定揚越，置桂林、南海、象郡，則三郡爲秦置無疑（史記南越傳於敘畢武帝元鼎六年破南越事之下乃云南越已平矣。遂爲九郡，徐廣注九郡名有南海鬱林日南鬱林即桂林，日南即象郡，此皆秦郡，非武帝始置也），然并天下係二十六年事，其時已定三十六郡，南海等三郡，是三十三年所置，相去已八年，不應入三十六郡之數，班志疑誤。（後書南蠻傳，秦并天下，威服蠻夷，始開領外，置南海、桂林、象郡。詳蔚宗意亦非謂一并天下，即有領外意亦是說後來所置）

依先生言，秦初併天下，係二十六年事，其時已定三十六郡，而南海、桂林、象郡是三十三年所置，相去已八年，故不應入三十六郡之數，以此批駁班志及裴駰說之誤。又論黔中之屬當始皇三十年以後，去二十六年初并天下，亦已久矣，自當不在三十六郡數內，如先生論：

　　　　漢西南夷傳，楚威王時，使將軍莊蹻將兵循江，上略巴、黔中以西，蹻至滇池，方三百里，旁平地肥饒數千里，以兵威定屬楚，欲歸報，會秦擊奪楚，巴、黔中郡道塞不通，因以其眾王滇，秦時嘗破，略通五尺道，諸此國頗置吏焉，十餘歲，秦滅漢興，皆棄此國，巴郡雖在三十六郡數內，而黔中更荒遠，略通置吏，僅十餘歲而秦已滅，則黔中之屬秦，已當始皇三十年以後，去二十六年初并天下，亦已久矣，自不當在三十六郡數內，裴注亦誤。至兩粵傳云，閩粵王無諸及粵東海王搖，其先皆粵王句踐之後，秦并天，廢爲君長，以其地爲閩中郡，此一郡則班志、裴注皆未之及，此

置郡亦必在始皇三十年後，非初并天下事，且秦雖置郡，仍爲諸興搖所據，

秦不得而有之，所以漢擊楚，二人即率兵來，故不當在三十六郡數也。

先生以〈西南夷傳〉論巴郡雖在三十六郡之內，但其道塞不通，故秦滅，漢興時，皆棄此國，況黔中更爲荒遠，則黔中之屬當始皇三十年以後無疑。又先生論閩中郡，以〈兩粵傳〉論云，亦明裴駰所注爲誤。又卷二十七〈閩中郡〉條，亦是先生聞釋閩中郡之設置，已在始皇晚年，故不入三十六郡之數。如：

案，地理志所載秦三十六郡無閩中郡，蓋此郡之置，已在始皇晚年，

且雖屬秦，而無諸與搖君其地如故，屬秦未久，旋率兵從諸侯滅秦矣，故

不入三十六郡之數，説已見前。

先生又論鄣郡不在三十六郡之內，如：

卷十七〈故鄣〉條：

鄣郡、文穎以爲丹陽，文穎是説楚、漢間鄣郡地即漢武帝丹陽郡地，

非説郡治在丹陽縣。蓋武帝時丹陽郡所治自在丹陽，其前則爲鄣郡，治故

鄣，故韋昭曰，鄣郡今故鄣縣也，後郡徙丹陽，轉以爲縣，故謂之故鄣也，

此即今廣德州，春秋以來名桐汭，當鄣郡治此之時，不知何名，後武帝改

郡名爲丹陽郡，其治亦徙丹陽縣（其後直至孫權，方改秣陵），於是鄣郡

所治之縣，即謂之故鄣，而鄣郡實非秦郡。

先生條分縷析，弄清了各史中有關地理的問題，並舉出了史家的缺失。丹陽尹，即秦鄣郡治，今吳興之故鄣縣，此條所論又見卷五十七〈丹陽尹〉條。

卷五十七〈丹陽尹〉條：

丹陽尹、秦鄣郡治，今吳興之故鄣縣，漢初屬吳國，吳王濞反，敗，

屬江都國，武帝元封二年，爲丹陽郡治，今宣城之宛陵縣，晉武帝太康二

年，分丹陽爲宣城郡，治宛陵，而丹陽移治建業，元帝大興元年，改爲尹。

愚謂此今江蘇江淮等處布政司治江寧府治上元縣也，刺史治此，太守亦

治，此，太守而改爲尹者，欲以比漢京兆尹也，晉人稱爲揚都以此，宋因

晉稱尹，齊、梁、陳則復爲丹陽郡矣，餘辨已見前第十七卷。

先生釋丹陽尹自秦設鄣郡始，經漢武帝設爲丹陽郡，晉武帝時分丹陽爲宣城郡，至晉元帝大興元年改爲尹之沿革。遂宋沿晉稱尹，但齊、梁、陳仍稱爲丹陽郡。

在《後漢書》所談地理沿革方面，先生詳考了博陵郡自東漢末年以來的建置變遷，並徵引《三國志》、《水經注》外，尚有趙明誠《金石錄》、洪适《隸釋》及清修《皇輿表》等，加以考證。如：

卷三十三〈博陵郡〉條：

但漢志實無所謂博陵郡，闞駰特借後名以言前事耳，趙明誠金石錄、洪适隸釋有博陵太守孔彪碑，立於靈帝建寧中，而續漢郡國志亦無所謂博陵郡，惟後書桓帝紀，延熹元年六月，分中山置博陵郡，李賢注云，博陵郡故城在今瀛州博野縣，後徙安平，唐博野縣，據皇輿表，乃兩漢蠡吾縣，今之蠡縣與今之博野縣，名同地異（二縣今並屬直隸保定府），博陵郡名，實始於此。

先生參引清修《皇輿表》所言甚是，如：

> 至博陵本治漢蠡吾，唐博野，而李賢云後徙安平者，據皇輿表，安平縣、漢屬涿郡，東漢屬安平國，曹魏仍屬博陵郡，晉爲博陵國治，元魏屬博陵郡，高齊爲博陵郡治，故李賢云云也，桓帝暫立此郡，不久即罷，乃魏、晉以下，則復置之，遂使博陵之名甚著且久，而安平實爲所治，故唐人遂錯互言之，如崔元暐封博陵郡王，其從孫戎，李商隱稱爲安平公，而哭以詩云，丈入博陵王名家，是矣，予始問錢坫，坫善讀書，稍開予，予又自考得其詳。

由《皇輿表》所論，敘其博陵郡自東漢、曹魏、晉、元魏高齊等治，其中名稱更異。桓帝曾立此郡，不久即罷，魏晉以下則復置，遂始博陵郡之名甚著且久，而安平實爲所治。

三吳一詞在《晉書》中多次出現，歷史記載交錯，很難理清，先生考究《晉書》中所論三吳，舉李吉甫《元和郡縣志》、杜佑《通典》、范成大之《吳郡志》等考釋三吳，且舉諸史論三吳之地有頗多差異，但仍以吳郡、吳興、丹陽爲其定論，較爲可信，如：

卷四十五〈三吳〉條：

> 三吳屢見晉書，唐亦有之，然史文回互，頗難詳究，惟李吉甫元和郡縣志第二十五卷，江南道浙西觀察使所管蘇州吳郡，周爲吳國，秦置會稽郡於吳，項羽初起，殺太守殷通，即此，後漢順帝永建四年，分浙江以東爲會稽，西爲吳郡，孫氏創業，亦肇跡於此，歷晉至陳不改，與吳興、丹陽號爲三吳，隋開皇九年，改爲蘇州，杜佑通典第一百八十二卷州郡門，蘇州吳郡理吳、長洲二縣，春秋吳國都也，秦置會稽郡，漢順帝分置吳郡，晉、宋亦爲吳郡，與吳興、丹陽爲三吳，齊因之，陳置吳州，隋改蘇州，愚謂六朝時吳興今湖州府，丹陽今江寧府，據兩書所言三吳，則吳興爲南吳，丹陽爲西吳，蘇州爲東吳也，此爲定論。

《元和郡縣志》以吳郡、吳興、丹陽號爲三吳。杜佑《通典・州郡門》亦以吳郡、

吳興、丹陽爲三吳，爾後，齊因之。吳郡陳置吳州，隋改蘇州，名稱雖異，地實爲吳郡。先生言三吳據李吉甫、杜佑書已爲定論，故吳興爲南吳、丹陽爲西吳、蘇州爲東吳。先生又考史傳言三吳皆渾言無方向，然以意揣之，即：

> 周時吳國之境，北以長江爲限，其西不過至今江寧而止，自此而西，則爲楚地矣，南與越以浙江爲界，故唐人詩亦云，到江吳地盡，隔岸越山多，然吳、越交兵處，如檇李、爲今嘉興縣地，禦兒，爲今石門縣地，吳師未聞直臨浙江，唐以前未有秀州一郡，則言三吳者，其南以吳興言之可矣，晉書第七卷成帝紀，咸和三年，蘇峻反，吳興太守虞潭與庾冰、王舒起義兵於三吳，范氏成大吳郡志第四十八卷考證門明引此而疑之云，時冰爲吳郡太守，舒爲會稽太守，則似吳郡、吳興、會稽爲三吳。又八十四卷劉牢之傳，孫恩攻陷會稽，牢之遣將桓寶率師救三吳，又七十八卷陶回傳，回爲吳興太守時大饑穀貴，三吳尤甚，回割府庫軍資，以救乏絕，一境獲全，詔會稽、吳郡依回賑恤，據此似吳郡與吳興、會稽三郡爲三吳甚明，但第六卷虞潭傳，潭爲吳太守，蘇峻反，加潭督三吳、晉陵、宣城、義興五郡軍事，又第九卷孝武帝紀，寧康二年，皇太后詔三吳奧壤。水旱併臻，宜時拯卹，三吳、義興、晉陵及會稽遭水之縣尤甚者，全除一年租布。案，潭所督三吳、晉陵、宣城、義興，凡有六郡，而言五郡者，蓋彼時潭已自爲吳興太守，則三吳之中，固居其一矣，今加督五郡而言三吳，則疑晉人已主吳興與丹陽、吳郡爲三吳，除去吳興，連晉陵、宣城、義興數之，則五郡也，寧康詔文會稽與義興、晉陵皆在三吳之外，尤爲顯然，義興、晉陵皆吳地，疑晉人既以丹陽與吳郡、吳興爲三吳，恐漏去義興、晉陵，嫌不該悉，故又累重及之，成紀及劉牢之，陶回傳隨便言之，不必泥，第一百卷孫恩傳，叔父泰，見天下兵起，乃扇動百姓，三吳士庶多從之，隋書煬帝紀，伐陳，爲行軍元帥，陳平執陳施文慶等，以其邪佞害民，斬之闕下，以謝三吳，亦是據丹陽、吳郡、吳興數之，惟舊唐哀紀天祐三年制有錢鏐制撫三吳之語，則當連會稽，亦不必泥。

先生以三吳之地，周時吳國之境，北以長江爲限，其西不過至今江寧而止，自此而西，則爲楚地，南與越以浙江爲界，說明三吳之地理範圍。至於諸史論三吳之地頗多差異。如范成大《吳郡志·考證門》以吳郡、吳興、會稽爲三吳。又《晉書》劉牢之傳、陶回傳似以吳郡、吳興、會稽三郡爲三吳，則《晉書》與范成大說法同。又《晉書》虞潭傳有三吳、晉陵、宣城、義興六郡。先生以晉人已主吳興、丹陽、吳郡爲三吳，故劉牢之傳及陶回傳所言三吳，似不必泥之。《隋書·煬帝紀》伐陳，

為行軍元帥，陳平。執陳施文慶等，以其邪佞害民，斬之闕下以謝三吳，亦是據丹陽、吳郡、吳興。

　　蓋三吳一詞名稱紛紜，春秋吳國都蘇州，秦為會稽郡，東漢順帝永建四年以浙江中流為界，東為會稽郡，西為吳郡，齊因之，陳置吳州，隋開皇九年改為蘇州。先生論古者地理沿革不當，分合時有多名稱，以致易於牽混，有一地多名，或名同地異，或異名同地，諸之參差錯互，總須耗費心思，方能加以爬梳，如南朝地理亦同此複雜，讀者為之眩目。如古人之文所以難讀，一人一地而屢易其稱如：
卷五十四〈丹徒京口京城北府京江北京〉條：

　　　　宋書武帝紀敘孫恩寇丹徒，即今鎮江府所治縣也，其下便云京口震動，此下歷敘討桓玄事，每以丹徒與京口相間言之，及敘至與何無忌等斬桓脩之下，乃云，義軍初剋京城，又敘至劉毅搆隙事，則云，毅自謂京城、廣陵功足相抗，京城即京口也，脩乃桓玄之從兄，以撫軍將軍鎮丹徒，帝與無忌等斬脩，故云剋京城，而劉毅斬桓閎於廣陵，故以為與裕斬桓脩之功相抗，但本是京口，忽又變稱京城（後第十五卷禮志中又屬稱京城），觀者能無混目乎，其上文敘桓玄篡位，脩自京口入朝，後還京南史則作還京口，南史即采宋書，乃今宋書於此則直云還京，無口字，此乃鈔胥脫落，誠不足辨，然苟非善讀書人，又未免眩目矣，書經三寫，烏焉成馬，況史文本白多為岐稱乎。

考《宋書・武帝紀》敘討桓玄事，每以丹徒與京口相間言之。即至敘劉毅搆隙事，則又稱京口為京城，故先生言，本是京口，忽又變稱京城，觀者能無混目手。《南史》採《宋書》作京口，如：

　　　　攷樂史太平寰宇記第八十九卷江南東道潤州云，後漢建安十四年，吳孫權自吳徙都於京口，十六年，徙都秣陵，復於京口置京口都督以鎮焉。又吳志云，京都所統蕃會尤要，是為重鎮，後為南徐州置刺史，鎮下邳，而京城有留局，其後徐州或鎮盱眙，或鎮姑熟，皆置留局於京口，至六代常以此地為重鎮，文選顏延年車駕幸京口侍遊蒜山詩李善注云，京口在潤州，京口之名甚著，誰人不知，但變稱京城，則無識者，或誤認作彼時京城之建鄴將奈何，甚矣多其名者之無謂而易惑人也。

先生依《太平寰宇記》、〈吳志〉知京口自吳孫權徙都京口，至六代常以此地為重鎮。與《文選》李善注，知京口之名，誰人不知，故京口變稱京城，令人易誤會於京城之建鄴。又桓玄與劉邁書曰，北府人情云何，則此北府又是京口一別稱。

　　　　世說捷悟篇，郗司空在北府，桓宣武惡其居兵權，注，南徐州記曰，

徐州人多勁悍號精兵，是也。建業在京口之西而稍南，通鑑一百十三卷，桓玄遣吳甫之等相繼北上，胡三省注，自建康趨京口爲北上，故桓玄有北府之稱。

據《世說新語‧捷悟篇》及《通鑑》所述，知北府之稱緣由，且《宋書‧五行志》載，有北府之稱。

宋書三十一卷五行志，晉孝武帝太元四年六月大旱，去歲氏賊圍南中郎將朱序於襄陽，又圍揚威將軍戴遁於彭城，桓嗣以江州之眾次郡援序，北府發三州民配何謙救遁。

京口之別稱，又有京江、北京之稱呼，如：

宋書敘至破盧循事於京口，又別見京江一稱，又文帝紀元嘉二十六年，又別見北京一稱。

從《宋書‧武帝紀》所載，知京口一地有多名，丹徒、京城、北府、京江、北京等諸稱。

先生於卷二〈江西江東〉條，曾考得江西江東皆據大勢約略言之，非有劈分定界，若正言，牛渚以西，皆得稱之，並舉《通鑑》、《南齊書》、《南史》以明江西即江北。如：

卷六十二〈江西即江北〉條：

予前於史記考得江西即江北，若正言，牛渚以西，皆得稱之。今案通鑑第九十五卷晉成帝紀，咸和七年，趙郭敬南掠江西，胡三省注，江西謂邾城以東至歷陽也，邾城今湖北黃州府黃岡縣，歷陽今安徽和州，此以和州泝江而西至黃岡爲江西，對江東而言，是正言西也。若南齊書竟陵王子良之子昭胄傳，建武以來，高武王侯朝不保夕，昭胄與弟昭穎逃奔江西，變形爲道人，崔慧景舉兵，昭胄出投之，時慧景在南兗州，即今揚州，此則以江北爲江西，又柳世隆傳，建元二年，虜寇壽陽，垣崇祖既破虜，上欲罷併二豫，敕世隆曰，江西蕭索，二豫兩辦爲難，此江西即指壽陽一路徐、沛、淮、泗之間而言，亦以江北爲江西也，南史王融傳，晚節習騎馬，招集江西傖楚數百人，特爲謀主，融志在北伐，以功名自期許，其時南北交兵，壽春爲扼要，所稱江西，正指此一路而言，亦以江北爲江西也，古人言北可以西言之，言南可以東言之，二者得通稱，史記，殷通在江南會稽郡，欲言沛郡事，正當言江北，而言江西，烏江亭長欲從江之北岸渡項羽至南岸，正當言江南，而言江東，皆通稱。

江西爲古人西北通稱，《史記‧陳涉世家》二世元年七月，發閭左適戍漁陽九百人，

屯大澤鄉，涉爲屯長，徐廣注大澤鄉在沛郡蘄縣，然則所云江西，乃指江北言。

　　先生釋臺城之地理位置其遺址在今南京市及名稱由來，並爲歷朝都城繫其歷史變遷，其沿革可知。如：

卷六十四〈臺城〉條：

　　　　黃之雋等江南通志第三十卷古蹟門云，臺城在上元縣治北玄武湖側，輿地紀勝云，一曰苑城，本吳後苑地也，晉咸和中作新宮，遂爲宮城，下及梁、陳，宮皆在此，晉、宋時謂朝廷禁省爲臺，故謂宮城爲臺城，愚攷輿地紀勝，宋王象之譔，予從朱兔借閱，嫌殘闕未鈔，此條詮臺城名義甚確（洪邁容續筆第五卷說同），南史及各書臺城數見，不可枚舉，試隨便舉之，則如齊蕭允、梁南郡王大連、綏建王大摯、陳任忠、沈炯、賊臣侯景等傳皆有，蓋有都城，有宮城。臺城者，宮城也，今江寧府治上元、江寧二縣，戰國爲楚金陵邑，秦改秣陵，吳改建業，晉改建康，其都城宮城，則唐許嵩建康實錄第一、第五、第七、第十等卷以爲越滅吳，范蠡始築之，孫權於建安十六年始都之（說見三十二卷），築宮曰太初宮，永嘉之亂，琅邪王睿渡江，因吳舊都城修而居之，即太初宮爲府舍，大興元年，即帝位，成帝咸和五年九月，作新宮，始繕苑城，許嵩自注云，案苑城即建康宮城，又云，咸和七年十一月，新宮成，署曰建康宮，十二月，帝遷於新宮，自注云，案圖經，即今之所謂臺城也，今在縣城東北五里，周八里，有兩重牆，東晉子孫相承四代十一帝，起戊寅，終己末，凡一百二年，並都臺城之建康宮，此言東晉常居之，其實宋張敦頤六朝事跡卷上宮殿門云，晉琅邪王因吳太初宮即位，至成帝繕苑城作新宮，宋、齊而下因之，稱建康宮，合之輿地紀勝云云，則知宋、齊、梁、陳皆居之，蕭子顯於褚淵論云，市期亟革，陵闕雖殊，顧盼如一，是也。李吉甫元和郡縣志卷第二十五云，江南道潤州上元縣，晉故臺城在縣東北五里，成帝時，蘇峻作亂，焚燒宮室都盡，溫嶠已下，咸議遷都，惟王導固爭不許，咸和六年，使王彬營造，七年，帝遷於新宮，即此城也。明一統志第六卷云，臺城在上元縣治東北五里，本吳後苑城，即晉建康宮城，其地據高臨下，東環平岡以爲安，西城石頭以爲重，帶玄武湖以爲險，擁秦淮、青溪以爲阻，今臙脂井南至高陽墓二里，爲軍營及民蔬圃者皆是，江南通志謂今上元縣，署宋建，江寧縣署明建，觀明志，臺城在上元縣治東北五里，與建康實錄、元和郡縣志並合，則今縣署即唐縣署故址，以此求之，古蹟約略可見矣。

先生以《江南通志》第三十卷〈古蹟門〉及《輿地紀勝》、《明一統志》、《元和郡縣

志》敘其臺城地理位置，在上元縣治北玄武湖側，即上元縣治東北五里，亦是本吳後苑地，經晉咸和中作新宮，遂爲宮城，又晉宋時謂朝廷禁省爲臺，故謂宮城爲臺城。又先生引許《建康實錄》、《六朝事跡》及《輿地紀勝》所云，可知臺城歷經東晉、宋、齊、梁、陳皆居之。蓋臺城自戰國爲楚金陵邑，秦改稜陵，吳改建業，晉改建康，其都城宮城，故自戰國至南朝間，臺城之地理位置重要性可知。

先生論述白門爲正南門，以白爲諱，故不云白門，如《建康實錄》備列諸門名，云建康宮城六門，先生參引〈輿地志〉則知白門乃南面正中門。如：

卷六十四〈白門〉條：

> 南史宋明帝紀，末年多忌諱，宣陽門謂之白門，上以不祥諱之，尚書有丞江謐嘗誤犯，上變色曰，白汝家門，愚攷白門正南門也，故以白爲諱，若旁側當不至是，建康實錄卷七自注備列諸門名，今除東西北不數，就南面攷之，彼文先云，建康宮城六門。案，輿地志，都城周二十里一十九步，本吳舊址，晉江左所築，但有宣陽門，至成帝作新宮，始修城，開陵陽等五門，與宣陽爲六，南面三門，最西曰陵陽門，後改名爲廣陽門，次正中宣陽門，對苑城門，世謂之白門，門三道，上起重樓，懸楣，上刻木爲龍虎相對，皆繡栭藻井，南對朱雀門，相去五里餘，名爲御道，開御溝，植槐柳，次最東開陽門云云，據此則知白門乃南面正中門也。但此段所列門名，仍是舊宮之門，祇因舊惟一門，今添其五，故於作新宮下敘述，此卷下文許嵩自注，又列臺城五門名，皆與上文五門名異，而引修宮苑記云，南面正中大司馬門，世所謂章門，拜章者伏於此門待報，南對宣陽門相去二里，夾道開御溝植槐柳，世或名爲闕門云云，此段所列，則新宮之門矣。要白門是發始初建正南門，故後人通稱金陵爲白門，分類補注李太白詩（予所藏係元世祖至元二十八年辛卯刻本），卷十五金陵白下亭留別云，驛亭三楊樹，正當白下門，楊齊賢曰，唐武德九年，更金陵縣曰白下縣，此名疑亦因白門而起。

白門是發始初建正南門，故後人通稱金陵爲白門，先生引李太白詩「驛亭三楊樹，正當白下門」，唐武德元年更金陵縣爲白下縣，當可證明白門爲金陵另一稱。

先生對雞籠山跡之考察，千數百年來，片瓦寸橡雖無存，而臺城接雞鳴山，里巷皆能道之，是爲可據，如：

卷六十四〈雞籠山〉條：

> 臺城古蹟可攷者，以山與湖，江南通志第十一卷由川門云，雞鳴山在府東北覆，舟山西，其北臨玄武湖，本名雞籠山，其東麓爲雞鳴寺，又第

四十三卷寺觀門云，雞鳴寺在府城北雞籠山，與臺城相接，明洪武二十年置，張敦頤六朝事跡卷下山岡門云，雞籠山在城東（吳琯刻誤作四，次意改），北覆舟山之西二百餘步，其狀如雞籠，因以爲名。案，南史，宋文帝元嘉十五年，立儒館於北郊，命雷次宗居之，次宗因開館於雞籠山，又竟陵王子良嘗移居雞籠山下，集學士鈔五經百家，爲四部要略千卷。又元嘉中改爲龍山，以黑龍嘗見眞武湖，此山正臨湖上，因以爲名，千數百年來，片瓦寸椽無存，而臺城接雞鳴山，里巷皆能道之，是爲可據。

先生以《江南通志》第十一卷〈山川門〉釋雞籠山之地理位置，又引《六朝事跡》卷下〈山岡門〉釋雞籠山之狀。又南朝宋文帝，於元嘉中改爲龍山，以黑龍嘗見眞武湖，此山正臨湖上，因以爲名，又臺城接雞鳴山，里巷能言，故可據。

先生釋後湖起名之始及歷經南朝各帝改名，並參引各地志考地理位置所在。如：卷六十四〈後湖〉條：

其尤可據者後湖也，江南通志第十一卷，後湖在江寧府北二里，即玄武湖。一名練湖，晉元帝時爲北湖，宋元嘉改玄武湖，引其水以入宮牆，苑囿山川，掩映如畫，六朝舊蹟，多出其間，愚攷建康實錄卷五，東晉元帝大興三年，創北湖，築長隄以壅北山之水，東自覆舟山，西至宣武城，彼時未作新宮，宮與湖尚異地，至成帝作新宮，湖連後苑，後湖之名，約起於此，南史宋文帝紀，元嘉二十三年，築北隄，立玄武湖於樂遊苑北。又建康實錄卷十二，宋文帝元嘉二十一年七月，甘露降樂遊苑，注，案輿地志，縣東北八里，其地舊是晉北郊，宋元嘉中，移郊壇出外，以其地爲北苑，遂更興造樓觀於覆舟山，乃築隄壅水，號曰後湖，其山北臨湖水，後改曰樂遊苑，山上大設亭觀，大明中，又盛造正陽殿，梁侯景之亂，悉焚毀，至陳天嘉二年更加修茸，陳亡，並廢。又元和郡縣志第二十五卷，玄武湖在上元縣北十里，周回二十五里，又太平寰宇記卷九十江南東道云，玄武湖在上元縣西北七里，周回四十里，東西兩派，下入秦淮，春夏深七尺，秋冬四尺，晉元帝創，宋元嘉築隄，齊武帝理水軍於此，其湖通後苑，又於湖側作大竇，引湖水入宮城內天泉池中，經歷宮殿，縈流迴轉，不舍晝夜，唐、宋人所攷如此，惟湖與宮迴轉，故賊臣侯景傳，景引玄武湖水灌臺城，闕前御街並爲洪波也，諸書言湖周四十里，或二十五里，江南通志載余賓碩文，謂宋熙寧八年，王安石奏廢湖爲田，開十字湖，立四斗門以洩湖水，歲久湮塞，今所存者十分之二，雖湮塞猶存十之二，故王貽上尚有臺城眺後湖詩，古蹟可據者以此。

　　　　張敦頤六朝事跡謂六朝故宮，今行宮東北乃其地，此行宮指趙宋康王
　　　構所駐，無可攷不待言，即明志軍營蔬圃，亦難尋究，惟其倚雞鳴山臨玄
　　　武湖，最爲可據。江左偏安，而宮室侈靡，蓋包絡甚廣，故南史齊武帝裴
　　　皇后傳，宮內深隱，不聞端門鼓漏聲，置鐘景陽樓上，應五鼓及三鼓，宮
　　　人聞鐘聲，早起莊飾，又豫章文獻王嶷傳，時帝後宮萬餘人，即此觀之，宮
　　　室之侈可見。

後湖之名起於晉成帝作新宮，湖連後苑，後湖之名，約起於此，至宋文帝時築北隄
立玄武湖於樂遊苑北。據《江南通志》玄武湖一名練湖，晉元帝時爲北湖，宋文帝
改爲玄武湖，引其水入宮牆，苑囿山川，掩映如畫，六朝事蹟，多出其間。先生又
引《建康實錄》、《元和郡縣志》、《太平寰宇記》等唐宋人攷，於玄武湖地理建置沿
革，敘述曲盡。又雞鳴山臨玄武湖最爲可據，臺城可眺望後湖，其古蹟可據。但玄
武湖於宋熙寧八年，王安石奏廢湖爲田，開十字湖，立四斗門以洩湖水，歲久湮塞，
今所存者十分之二，尚爲可惜。

　　　先生考釋東府舊蹟，以張敦頤《六朝事迹・宮殿門》說，得其提綱挈領，亦攷
得臺城所在，則東府、西川，約略亦可見。如：

卷六十四〈東府〉條：

　　　　張敦頤六朝事跡宮殿門云，有曰臺城，蓋宮省之所寓也，有曰東府，
　　　蓋宰相之所居也，有曰西州，蓋諸王之所宅也，皆不出都城之內，此段提
　　　綱挈領甚佳。

　　　　前第四十九卷論晉時宰相居東，天子在西，因及南朝宰相居東爲仿
　　　晉，是矣，但彼以對天子之西爲東，此則居臺城之東，因西州居臺城之西
　　　而爲東西，微不同。

先生於卷四十九論〈東宮西宮〉，案東宮者爲相府，西宮者爲太子，於此條所云，東
府居臺城之東，因西州居臺城之西而爲東西，故稱東府、西州，必然與卷四十九所
論東宮西宮意不同，如先生云：

　　　　江南道東府城在上元縣東七里，其地西則簡文帝爲會稽王時邸第，東
　　　則丞相王道子府，謝安薨，道子代領揚州，仍先府舍，故稱爲東府，而謂
　　　揚州廨爲西州，此條詮取名之所自似是。

東府、西州之東西方向，乃因居臺城位置東西而來，自與東宮、西宮所論不同。因
此如《江南通志》三十卷〈古蹟門〉云：「東府城在江寧縣舊皇城西安門外青漢橋東，
南臨淮水，是舊蹟猶可見。」先生又論，宰相居此東府，非比尋常，蓋因秉權最重，
乃能居之。如先生論：

第四十九卷攷得宋武帝、齊高帝未即眞皆居此。凡五事。茲又攷得宋書宋武帝之繼母孝懿蕭皇后傳。裕北伐。仍停彭城、壽陽。至元熙二年入朝。因受禪。在外凡五年。后常留東府。南齊書紀。宋順帝昇明二年正月。沈攸之死。齊太祖旋鎭東府。宋武、齊高皆居之。非秉權至重者而何。其餘散見不可枚舉。姑隨舉之。如宋書文九王傳。建平王宏之子景素舉兵。冠軍將軍齊王世子鎭東府城。齊王者齊高帝世子者齊武帝也。南齊書豫章王嶷傳。沈攸之之難。太祖入朝堂。嶷出鎭東府。此皆秉權最重者。

南史宋彭城王義康傳。爲侍中司徒錄尚書事。領揚州刺史。四方獻饋。以上品薦義康，次者供御上冬月噉柑。嘆其味劣義康曰。今年柑殊有佳者，遣還東府取柑大供御者三寸。又宋文帝子江夏文獻王義恭傳。授大將軍南徐州刺史。還鎭東府。宋書始安王休仁傳前。廢帝死。休仁推崇太宗（即明帝）。便執臣禮。明旦。休仁出住東府。南史宋建安王休仁傳。宋明帝疾暴甚。內外皆屬意休仁。主書以下。皆往東府。詣休仁所親信。豫自結納。又王融傳。魏軍動。竟陵王子良於東府募人。凡此皆親王也。而即爲宰輔。是以皆居東府耳。

先生以宋武帝之繼母蕭皇后常留東府、宋武、齊商，亦嘗居之，又五嶷出鎭東府，皆秉權最重者。又宋彭城王義康遣還東府取柑。又宋文帝子江夏文獻王鎭東府等，凡此皆親王，而即爲宰輔，是以皆居東府爲澄。

先生釋清季之上元、江寧二縣，在漢惟秣陵縣，至六朝爲秣陵、建康二縣，故自淮水南爲秣陵，淮水北爲建業，其建置沿革，分合變遷，糾紛參錯，不可爬梳，如：

卷六十四〈秣陵建康二縣分治秦淮南北〉條：

今上元、江寧二縣，在漢惟秣陵縣，在六朝爲秣陵、建康二縣，其建置沿革，分合變遷，糾紛參錯，不可爬梳。惟皇輿表最爲詳晰（康熙十八年修，四十三年增修），學者覽之自明，其縣治之爲古蹟爲後創，未可詳攷，惟因秦淮水常存，故秣陵、建康分治處，猶可想像得之，樂史太平寰宇記卷九十江南東道云，淮水北去江寧縣一里，源從宣州東南溧水縣烏利橋，西流入百五十里，相傳秦始皇巡會稽，鑿斷山阜，此淮即所鑿也，故名秦淮，又未至方山，有直瀆行三十許里，以地形論之，淮發源詰屈，不類人功，則始皇所掘，宜此瀆也，淮水發源於華山，在丹陽湖姑孰之界，西北流經建康、秣陵二縣之間，縈紆京邑之內，至於石頭入江，綿亙三百許里。樂史此段，與李昉等太平御覽第六十五卷地部多同，所敍秦淮原流

甚佳。彼文又云，建康圖經云，西晉太康元年平吳，分地爲二邑，自淮水南爲秣陵，淮水北爲建業，樂史所采建康圖經，自是唐以前古書可信者，據此則二縣分治古蹟，千載可見。

　　陶弘景眞誥卷第十一稽神樞篇注，金陵之號，起自楚時，至秦皇過江厭氣，乃改爲秣陵。漢來縣舊治小丹陽，今猶呼爲故治也，晉太康三年，割淮水之南屬之，義熙九年，移治鬭場，元熙元年，徙還今處，此條以證淮水之南爲秣陵，最爲明切。歐陽忞輿地廣記卷第二十四，江南東路江寧府上元縣，故建康縣。本建業，晉武帝既復改建業秣陵，太康三年，又分秣陵之水北置建鄴縣，後避愍帝名，改曰建康，此條以證淮水之北爲建康，亦最爲明切也。

先生云秣陵、建康建置沿革以《皇輿表》爲最詳。且《太平寰宇記》卷九所云，淮水發源於華山，在丹陽湖姑孰之界，西北流經建康、稜陵二縣之間，縈紆京邑之內，至於石頭入江，綿亙三百許里，李昉《太平御覽》所談與樂史同。故晉太康元年平吳，分地爲二邑，自淮水南爲秣陵，淮水北爲建業，樂史所采自是唐以前古書可信者，據此則二縣分治古蹟，千載可見。先生又以陶宏景《眞誥》言，證得淮水之南爲秣陵，歐陽忞之《輿地廣記》證得秣陵之水北置建鄴縣，後避愍帝名，改曰建康，以證淮水之北爲建康。

　　先生釋北朝建都之地，自北魏則屢遷都，經道武帝天興元年，始定都平城，後孝文帝又遷都洛陽，至西魏都長安，東魏遷鄴，至周則又定都長安。如：

卷六十六〈北都〉條：

　　南北朝建都之地，南惟梁元帝暫居江陵，其餘皆在建康，今江南江寧府，而北魏則屢遷都，蓋魏自黃帝子昌意之子受封北國，有大鮮卑山，因以爲號，統幽都之北廣漠之野，黃帝以土德王，北俗以土爲拓，以后爲跋，故以爲氏，積六十七代而至毛，又傳至推寅，南遷大澤，昏冥沮洳，至詰汾，更南徙歷年，乃出始居匈奴故地，自詰汾以前，其地固不可詳，詰汾所居曰匈奴故地，則漢書可攷，其後國中乍亂乍定，遷徙無恒，直至道武帝天興元年，始定都平城，王應麟通鑑地理通釋第四卷云，平城即雲州定襄縣，陳景雲紀元要略云，平城今山西大同府，至孝文帝改姓元氏，又遷洛陽，則今河南河南府，通典第一百七十一卷州郡門云，後魏起北方，至道武下山東，攻拔慕容寶中山（自注，今博陵郡唐昌縣），遂有河北之地，遷都平城（自注，今雲中郡），孝文太和十九年，遷都洛陽云云，是也，後孝武入關，都長安爲西魏，則今陝西西安府，靜帝遷鄴爲東魏，則今河

南彰德府。

　　任城，王澄傳，孝文帝謂澄曰，國家興自北土，徙居平城，此用武之地，非可興文，崤函帝宅，河洛王里，因茲大舉，光宅中原。

　　高歡始居晉陽，後入洛陽，又遷魏于鄴，而己執其政，洋之篡魏皆在鄴，至周則都長安。

王應麟《通鑑地理通釋》云平城即雲州定襄縣，陳景雲之《紀元要略》云至孝文帝改姓元氏，又遷洛陽，《通典》亦云道武帝遷都平城，孝文遷都洛陽，後孝武入關，都長安為西魏，靜帝遷鄴為東魏，後至北周執政，則都長安。

　　先生論地理之紛更，幾同夢幻之無定，此等不必細求，而大關目則不可不知，如以壽春為例，豫州刺史治所無定，要以壽春為主，蓋此為南北交兵必爭之地，如：
卷五十七〈豫治無定壽春為主〉條：

　　豫州刺史治所無定，要以壽春為主，蓋此為南北交兵必爭之地也，南齊書州郡志上云，齊太祖時，欲省南豫，左僕射王儉啓，江西連接汝潁，土曠民希匈奴越逸，惟以壽春為阻，若使州任得才，虜動要有聲聞，豫設防禦，此則不俟南豫，假令或慮一失，醜羯之來，聲不先聞，胡馬倏至，壽陽嬰城固守，不能斷其路，朝廷遣軍歷陽，已當不得先機，戎車初戒，每事草創，孰與方鎮常居，軍府素正，愚案，宋末雖失淮西，而南齊初淮東尚全南屬，大祖惜費，意欲省置南豫於歷陽，獨置一豫於壽春，王儉雖勸歷陽不可省，然亦可見彼時壽春為要，歷陽特其輔耳，陳書第九卷吳明徹傳，太建五年，詔曰，壽春者，古之都會，襟帶淮、汝，控引河、洛，得之者安，足稱要害，合而觀之，可見以雍較豫，豫尤要，豫諸治，壽春尤要。

壽春地位之重要性，在於兵家必爭之地，如《南齊書・州郡志》上所言，「以壽春為阻」同時亦說明南北朝時豫州治所無定，而壽春為重要的一個。如先生所論：

　　愚謂壽春在漢為揚州刺史治者，約有二三百年，東晉簡文帝鄭太后諱春，改名壽陽，永嘉南渡，以建康為揚都，故予前言晉、宋以後，漢揚州治變為豫州治，乃不意南北兵爭，壽陽時而屬南者，亦時而屬北，於是南朝之豫州治，又或變為北朝之揚州治。(略見通鑑一百四十三卷胡三省注，又文學何之元傳，王琳召為記室參軍，琳敗，北齊主以為揚州別駕，所居即壽春山)

壽春在漢為揚州刺史治，東晉時為避諱鄭太后而改名壽陽，永嘉南渡以建康為揚都，故自晉宋後，漢揚州治變為豫州治，乃不意南北兵爭。因此先生言地理名目紛更幾

同夢幻無定，靡所底止，至唐、宋斷斷不可不盡革古州名，改爲某道某路，不然則稱謂格於口吻紀載，混於簡牘，將無以爲治。

地理名目紛更不定，先生又以揚州刺史治所一例，說明地理建置沿革。如：

卷五十七〈揚州刺史治所〉條：

> 揚州刺史一條下云，前漢刺史未有所治（沈約自注定冊同），後漢治歷陽，魏、晉治壽春，晉平吳，治建業，案，沈約所舉揚州刺史治所尚未備，馬端臨文獻通攷卷首自序云，漢分天下爲十三州，晉分州爲十九（實不止十九），自後爲州罙多，建治之地，亦不一所，姑以揚州言之，自漢以來，或治歷陽，或治典阿，或治合肥，或治建業，而唐始治廣陵，所舉又漏卻壽春。

蓋揚州自漢以來，或治歷陽、或治曲阿、或治合肥、或治建業，唐時治廣陵，南朝時治壽春，又揚州刺史治合肥，乃漢季建安及魏制，又兩漢揚州刺史皆治江北，吳及東晉、南朝皆治江南。

先生又論揚州刺史治壽春，此必西漢已有此制，而東漢特因之。

> 揚州之境，日漸恢拓，東至海，南盡閩越，控制數千里，壽春地在西北，鞭長莫及，故東漢永和以後，徙治歷陽，在壽春之東南約八九百里，且直臨江岸烏江亭下，一葦可杭，於制馭江南爲便矣，漢季大亂，而孫氏勃興，駸駸有進逼中原之勢，魏人相度地利，移治合肥，反退至歷陽之西北三四百里矣，以劉馥、滿寵傳證之，魏時揚州始終治合肥，沈約以爲壽春，非也，吳人所據者揚、荊，揚治自在江南，永嘉南渡沿之，但立國江南者，必跨江而有淮南，方足自立，故晉、宋以後，漢之揚州治，皆變而爲豫州治矣，唐復移揚州於江北，而又以漢之廣陵國，江左稱爲南兗州者當之矣，即一揚州刺史治所，上下千餘年，其變遷無定如此，論古須援據無一語落空，方爲實學，又須以己意融會貫穿，得其大要，方爲通儒，徒執印板死冊子逐槪看去，則何益矣。

先生論東漢永和以後，徙治歷陽、魏時揚州始終治合肥，且吳人所據揚州在江南，永嘉南渡沿之，唐復移揚州於江北。故揚州刺史治所，上下千餘年，其變遷無定如此，因此州名南北互易，最爲糾紛（卷六十七淮南郡〉條）。先生以融會貫通古今之態度來處理地理攷證，得其大要，方爲通儒。

先生敘《宋書・州郡志》於南豫州刺史一條，先述起緣起，下即歷敘晉刺史治所。如：

卷五十七〈歷敘豫州治所〉條：

　　宋州郡志於南豫州刺史一條下，先述其緣起云，晉江左胡寇強盛，豫
　　部殲覆，元帝永昌元年，刺史祖約始自譙城退還壽春，成帝咸和四年，僑
　　立豫州，此言南豫州之所由始，漢豫州刺史本治沛國譙縣，祖約自譙退還
　　壽春，故治陷沒，成帝僑立治壽春也，此下即歷敘晉刺史治所，或治蕪湖，
　　或治邾城，或治武昌，或治牛渚，或治壽春，或治歷陽，或治馬頭，或治
　　譙，或治姑孰。

先生論豫本一治，若以漢制論，唯有譙城一治，方是眞正豫州，東晉以下所立，皆
南豫耳。即永初二年分淮東爲南豫州，治歷陽，淮西爲豫州。及其界址，《南齊書‧
州郡志》敘豫州始末，大意與《宋書‧州郡志》敘南豫州略同。

　　一治，方是眞正豫州，東晉以下所立，皆南豫耳，永初以後，於其中
　　又分爲二，以淮東、西爲別，東爲南豫，治歷陽，西則北豫，不言治所，
　　大約進則治汝南，退則治壽春，而壽春其常也，於是宋、齊二志，並列二
　　豫，而敘法各自不同，宋書先敘南豫州，後敘此豫州，卻將二豫始末，一
　　併敘在南豫篇中，前半篇敘不治譙城而退治各處緣由，此總說無所謂二豫
　　之分也，直敘到永初二年分列淮東西二豫之下，然後再詳辨二豫分合及其
　　界址，而歸於以歷陽爲治，故云去京都水一百六十，其所以如此之近者，
　　此志雖據大明，而於南豫則又以秦始爲斷，秦始已失淮西，退治歷陽，今
　　和州，故去江寧府治如此之近也，至其敘北豫州則甚略，但云，晉江左所
　　治，已列於前，如此而已，志於其屬郡首列汝南，則是刺史治，但此據大
　　明則然，秦始則退治壽陽矣，南齊書先敘北豫州，後敘南豫州，卻暗暗取
　　宋書南豫之前半篇意敘在北豫州，後半篇意敘在南豫州，大低二豫分置，
　　總以壽春爲樞紐，北豫進則治汝南，而退則治壽春，南豫本治壽春，而退
　　則治歷陽也，二豫界址，毋庸細敍，略敍其治所，則當日情事了然矣。

宋、齊二志並列二豫而敘法各自不同，敘其永初二年分列東西二豫之下，又敘其分
合及其界址。故先生論二志所敘，大抵二豫分置，總以壽春爲樞紐，北豫進則治汝
南，退則治壽春，南豫本治壽春，而退則治歷陽。胡三省以爲南豫治歷陽，北豫或
治壽陽，或治汝南。元嘉、泰始，北境日削，然終宋世，二豫並見，故齊承宋，而
王儉議二豫不可并，大約南豫是實土，北豫是虛名，且《宋書‧裴松之傳》元嘉三
年時，誅司徒徐羨之等，分遣大使巡行天下，前尚書右丞孔默使南北二豫州，則由
此知元嘉三年時，已分置南北二豫州，仍以壽陽、歷陽分建南、北二豫。

　　南朝州郡僑治雖多，大約總以南豫州爲最要，南雍州次之。南豫宋治歷陽，齊、
梁治壽春，南雍則宋、齊、梁皆治襄陽，惟陳無此二州。如：

卷五十七〈南豫爲要南雍次之〉條:

> 陳書高宗宣帝本紀云,梁室喪亂,淮南地並入齊,高宗太建初,志復舊境,授律出師,戰勝攻取,獻捷相繼,遂反侵地,功實懋焉,及周滅齊,乘勝略地,還達江際矣,陳書此段雖專指陳將吳明徹取淮南暫得復失,以廣陵爲江際,其實周滅齊後,荊襄亦入於周,綜計陳一代始末,僅畫江爲界,江北固非陳人有,此隋取陳所以易也,大約立國於東南者,西必據襄、樊,北必控淮、汝,進有窺取關、洛之意,然後退而足以自守,守江則危矣,若以進取而論,關公攻樊,曹議徙許都,雍似不在豫下,但南朝既都建康,則豫尤近,通鑑第一百四十四卷,魏車騎大將軍源懷於南齊東昏末上書請南伐云,壽春之去建康,纔七百里,山川水陸,皆彼所諳,彼若乘舟藉水,倏忽而至,源懷言南之易往,則可知北亦易來,若襄陽相距有二三千里矣,故曰,南豫爲要,南雍次之。

《陳書》無南豫、南雍二州,觀《陳書》高宗、宣帝本紀所云,則知陳一代僅畫江爲界。且南朝大約立國於東南,西必據襄、樊,北必控淮、汝,進有窺取關、洛,退足以自守。且南朝皆都建康,則豫尤近。又壽春之去建康纔七百里,因此以地理形勢言之,則南豫爲要,南雍次之。

又論南雍,前言僑治南豫爲要,南雍次之,如《陳書》第九卷吳明徹傳,太建五年,詔曰,壽春者,古之都會,襟帶淮、汝,控引河、洛,得之者安,足稱要害,合而觀之,可見以雍較豫,豫尤要。(卷五十七〈豫治無定壽春爲主〉條,即明豫、雍二州地理形勢之差異。如:

卷五十七〈雍州〉條:

> 宋州郡志敘至雍州刺史,亦追述其緣起云,晉江左立,胡亡氏亂,雍、秦流民,多南出樊、沔,晉孝武始於襄陽僑立雍州,并立僑郡縣云云,通鑑宋高祖永初三年,秦、雍流民南入梁州,遣使漕荊、雍之穀以賑之,胡三省注,秦、雍之雍,古雍州也,關中之地,荊、雍之雍,晉末所置南雍州也,治襄陽,謂此也,此州不加南字,以豫有二,雍惟一,故然,襄陽而被雍名,非南而何,所領有京兆、扶風、馮翊等,蓋除襄陽外,其餘諸郡多空稱。

《宋書·州郡志》敘設雍州刺史之緣起,《通鑑》及胡三省注亦敘,緣起之由及地理位置,蓋爲晉末胡亡氏亂,雍、秦流民多南出樊沔,晉孝武帝始於襄陽僑立雍州,并立僑郡縣。

先生論析南北朝之宋、齊二書有〈州郡志〉,《魏書》有〈地形志〉、梁、陳、齊、

周書等地理無考，其州郡數見《隋書・地理志》且述其之間差異。如：

卷六十七〈罷州置郡〉條：

> 隋書百官志云，煬帝罷州置郡，郡置太守，又地理志云，煬帝并省諸
> 州，尋改州爲郡，置司隸刺史分部巡察，大凡郡一百九十。案，唐、虞時，
> 九州十二州，歷三代、秦、漢、魏、晉、南北朝，其名尚存，至隋始革去
> 州名，事勢古今不同，不可泥古。宋書州郡志有揚州、南徐州、南兗州、
> 兗州、南豫州、豫州、江州、青州、冀州、司州、荊州、郢州、湘州、雍
> 州、梁州、秦州、益州、寧州、廣州、交州、越州，南齊書州郡志略同，
> 惟多一巴州，此名爲從前未有，魏地形志新添之州名甚多，漢、晉每州所
> 管郡甚廣，地形志則每州所管郡有少至二三郡者，并有不領郡之州焉，其
> 州名新製者共有五六十，梁、陳、齊、周地理無攷，而州郡總數見隋地志。
> 蓋承魏，其分析亦多，至隋萬不能更爲沿襲，蓋即名稱紛溷，已極不便，
> 不但十羊九牧如楊尚希所云也。

《宋書・州郡志》有二十二州，《南齊書・州郡志》略同《宋書》，惟多一巴州。論
《魏書・地形志》新添之州名多，論梁、陳、齊、周等書地理無考，而州郡總數見
《隋書・地理志》。先生又論隋地志之缺失，蓋承魏而來，且名稱紛溷。至於隋罷州
置郡，大凡郡有一百九十，勝於漢時郡國一百三之數。且自唐、虞、歷三代、秦、
漢、魏曁南北朝，皆有州，至隋始革去州名，乃古今不同，不可泥古。又先生加以
論述齊、周書無志，端賴隋志所補州郡數，如：

卷六十七〈齊周分界〉條：

> 齊、周亦皆無志，隋書各志兼補齊、周事，獨地理則專於隋，不能旁
> 及，故於齊、周亦皆從略，惟於敘首約舉齊、周地理云，齊天保末洎國滅，
> 州九十有七，郡一百六十，縣三百六十五，周削平東夏，多有省廢，大象
> 二年，計州二百一十一，郡五百八，縣一千一百二十四。愚謂上文歷舉累
> 代疆域，大凡西漢極盛，不過郡國一百三，今周雖并齊，尚未得陳，且既
> 云多有省廢，而州數比西漢極盛乃倍之有餘者，蓋承歷代分析故。

又卷六十七〈梁州郡縣數〉條：

> 梁、陳無志，隋書各志皆補梁、陳事，獨地理志專志隋，不補梁、陳，
> 雖小字夾注中閒一及之，亦不備也，惟於敘首約舉梁地理云，武帝除暴寧
> 亂，奄有舊吳，梁天監十年，有州二十三，郡三百五十，縣千二十二，其
> 後務恢境宇，頻事經略，大同年中，州一百七，郡縣亦稱於此。愚謂南朝
> 梁爲極盛，以饗國久，且當魏亂，故元嘉、永明、太建皆不如，雖其州郡

縣數之多，由析置者繁，然土字亦實恢拓，假令陳慶之殺元顥據洛，勢將
混一，天厭梁德，顥背恩，慶之潰歸梁，事去矣。

梁、陳無志，賴《隋書・地理志》補見州郡數。蓋先生云，歷代疆域，西漢極盛，
郡國不過一百三，今經南北朝至隋，其數目極盛，以此可見歷代疆域之概況。如：
卷六十七〈隋州最繁〉條：

> 西漢極盛，不過郡國一百三，周平齊，州至二百十一，已爲極繁，隋
> 高祖開皇九載，廓定江表，尋以戶口滋多，析置州縣，是於二百十一中又
> 分析，爲最繁矣，故楊尚希傳，隋文帝時，見天下州郡過多，上表以爲今
> 郡縣倍多於古，或地無百里，數縣並置，或戶不滿千，二郡分領，具寮以
> 眾，資費日多，吏卒又倍，租調歲減，動須數萬，如何可充。

周平齊州，郡國已至二百十一，已爲極繁，再經隋高祖開皇九年，析置州縣，是於
二百十一中，又分析郡縣倍多於古。如先生論隋地志承魏分析亦多，故名稱紛淆，
已極不便。

綜合以上各條，先生對南北朝地理沿革之探究辨析，可用卷五十七之〈南北地
理得其大概不必細求〉條所論，方知地理參差，其詳難舉，況古史地理，去千千餘
年，故先生曰，得其大概可耳，不必細求。

> 晉武帝天下一統，爲二十州，司、冀、雝、涼、秦、青、并、兗、豫、
> 幽、平、徐、揚、荊、江、梁、益、寧、交、廣也，後南北分裂，新置之
> 州，更多展轉改易，述其本來，況又有每州各自析爲南北，再加以僑置寄
> 治之名，糾纏舛錯，不可爬梳，其勢然也。宋書志總敘首云，地理參差，
> 事難該辨，魏、晉以來，遷徙百計，一郡分爲四五，一縣割成兩三，或昨
> 屬荊、豫，今隸司、兗，朝爲零、桂之士，夕爲盧、九之民，去來紛擾，
> 無暫止息，版籍爲之渾淆，職方所以不能記，自戎狄內侮，有晉東遷，中
> 土遺氓，播越江外，幽、并、冀、雝、兗、豫、青、徐之境，幽淪寇逆，
> 自扶、莫而裹足奉首免身於荊、越者，百郡千城，流寓比室，人佇鴻鴈之
> 歌，士畜懷本之念，莫不各樹邦邑，思復舊并，既而民單戶納，不可獨建，
> 故魏邦而有韓邑，齊縣而有趙民，且省置交加，日回月徙，寄寓遷流，迄
> 無定託，邦名邑號，難或詳書，大宋受命，重啟邊隙，淮北五州，翦爲寇
> 境，其或奔亡播遷，復立郡縣，斯則元嘉、泰始，同名異實，此段論作志
> 惟地理最難，又州郡志敘首云，地理參差，其詳難舉，寔由名號驟易，境
> 土屢分，或一郡一縣，割成四五，四五之中，亟有離合，千回百改，巧歷
> 不算，尋校推求，未易精悉，此段既總敘意，而言之重複如此，約身居齊、

梁猶如此，況去又千餘年乎，得其大概可耳，不必細求。

先生言地理千餘年來，自晉武帝設二十州，後南北分裂，新置之州，更多展轉改易，每州又析爲南北，再加以僑置寄治之名，更顯舛纏舛錯，不可爬梳。故自魏晉以來寄寓遷流，迄無定託，邦各邑號難或詳書。故先生考察古地理沿革中敘及江西、江東皆據大勢約略言之，非有劈分是界。

先生探討舊地志所云吳城，自周代以來有數個，隋楊素平陳後所築，謂之新郭。如：卷七十九〈故吳城〉條：

> 舊地志，蘇州，隋吳郡，隋末陷賊，武德四年，平李子通，置蘇州，六年，又陷輔公祐，七年，平公祐，復置蘇州都督，督蘇、湖、杭、暨四州治於故吳城，九年，罷都督，天寶元年，改爲吳郡，乾元元年，復爲蘇州，又云，吳、春秋時吳都，闔閭邑，漢爲吳縣，隋平陳，置蘇州，取州西姑蘇山爲名。案，云故吳城，又云春秋時吳都云云者，即今府城也，而吳始都不在此，其始築城亦不在此。

依舊地志所述吳城，自隋武德四年改爲蘇州，七年置蘇州都督、督蘇、湖、杭、暨四州治於吳城，天寶元年改爲吳郡，乾元元年復爲蘇州，說明吳城在隋唐二朝之沿革。先生又舉李吉甫《元和郡縣志》、陸廣微《吳地記》、樂史《太平寰宇記》、范成大《吳郡志》、朱長文《吳郡圖經》等說大同少異，皆謂故吳城有二。如：

> 李吉甫元和郡縣志第二十五卷云，蘇州、吳郡，周時爲吳國，太伯初置城，在今吳縣西北五十里，至闔閭，遷都于此。陸廣微吳地記云，泰伯奔吳爲王，卒葬梅里，至壽夢，別築城於平門西北二里闔閭城，周敬王六年，伍子胥築大城，周回四十二里三十步，小城八里二百六十步，西閶、胥二門，南盤、蛇二門，東婁、匠二門，北齊、平二門。樂史太平寰宇記第九十一卷云，太伯初適吳，自號勾吳，築城在平門外，自太伯至王僚二十六王都之，今無錫縣有吳城是也，至闔廬西破楚人郢，北威齊、晉，興伯名于諸侯，築大小城都之，今州城是也。范成大吳郡志第三卷城郭篇云，太伯城周三里二百步，外郭三百餘步，在西北隅，名曰故吳，又曰吳城，在今梅里，平墟，人耕其中，闔閭城，吳王闔閭自梅里徙都，即今郡城，四說大同小異。朱長文吳郡圖經續記卷上封域篇說亦略同，皆謂故吳城有二。

先生對卷七十九〈瓜洲瓜步〉的地望作了詳細考辨，所涉史事上自春秋下及先生所生活的年代，並引據諸史如《史記》、《三國志》、《宋書》、《南齊書》、《隋書》、新、舊《唐書》、《宋史》等正史記載及《資治通鑑》外，尚有文集、唐代詩詞，清

之《江南通志》等，作爲考證的材料。如：

舉新、舊《唐書》以釋：

> 新唐地志，潤州丹陽郡丹徒注，開元二十二年刺史齊澣以州北隔江舟
> 行遠瓜步，回遠六十里，多風濤，乃於京口埭下直趨渡江二十里，開伊婁
> 河二十五里渡揚子立埭，歲利百億，舟不漂溺，舊唐文苑齊澣傳敘此事云，
> 開元二十五年，遷潤州刺史，充江南東道採訪處置使，潤州北界隔吳江至
> 瓜步，沙尾紆匯六十里，船繞瓜步，多爲風濤之所漂損，澣乃移其漕路於
> 京口塘下直渡江二十里，又開伊婁河二十五里，即達揚子縣，自是免漂損
> 之災，歲減腳錢數十萬，又立伊婁埭，官收其課，迄今利濟焉，案，此與
> 新志略同，而皆不言是瓜洲，其實則瓜洲也。

引《江南通志・城池門》論瓜洲、瓜步：

> 乾隆元年江南通志第二十卷城池門云，瓜洲城在揚州府南四十五里，
> 大江之濱，宋乾道中築。又第二十六卷關津門云，西津渡在鎮江府丹徒縣
> 西北九里，北與瓜洲對岸，舊名蒜山渡，又瓜洲渡在江都縣南四十五里，
> 瓜洲鎮與江南鎮江相對，江面十餘里，此正予輩今日南北往來必由之路，
> 若瓜步則在第二十五卷關津門云，瓜步鎮在六合縣東南二十五里瓜步山下
> 是也，自開邗溝，江、淮已通，而道猶淺狹，六朝皆都建業，南北往來，
> 以瓜步就近爲便，故不取邗溝與京口相對之路。

引《史記・秦始皇本紀》論：

> 史記秦始皇本紀，三十七年，始皇上會稽，還過吳，從江乘渡，並海
> 北至瑯邪，裴駰曰，地理志，丹陽有江乘縣，張守節曰，江乘故縣，在潤
> 州句容縣北六十里，本秦舊縣也，此秦時渡江之路，江乘既在句容，似非
> 瓜步之在六合者，皇輿表第三卷，江南布政使司江寧府六合縣在秦爲堂邑
> 縣，非江乘。

引《三國志・魏志・文帝記》論：

> 三國魏志文帝紀，黃初五年八月，爲水軍，親御龍舟，循蔡、潁浮淮，
> 幸濤春、揚州界，九月，遂至廣陵，六年八月，以周師自譙循渦入淮，從
> 陸道幸徐，十月，行幸廣陵故城，臨江觀兵，是歲大寒，水道冰，舟不得
> 入江乃引還，曹丕之兩至廣陵，不知何意，孫權起事本在吳，故其後建元
> 國號吳，建安十六年，治秣陵，改名建業，二十五年，都鄂，改名武昌，
> 黃龍元年，仍還建業，當黃初五年六年，權正在武昌，丕之兩至廣陵，殆
> 以吳實權之根本重地，欲乘虛襲之邪，若果爾，則當親率舟師，以取潤、

常、蘇一路，計丕愚不至此，況今鎮江江口入吳水道，開于赤烏八年（詳四十卷），黃初未有乎。

引《南齊書志》論：

南齊書志云，廣陵漢故王國，有江都浦水，魏文帝伐吳出此見江濤盛壯，嘆曰，天所以限南北也，愚謂漢志江都渠水，即夫差邗溝，疑亦即今瓜洲，南齊書志所云江都浦水，亦即夫差邗溝，疑亦即今瓜洲，曹丕不過到此耀兵以釁懼吳人耳，若魏志所謂大寒舟不得入江者，必即指瓜步，在今六合者，丕既耀兵，或者從此發想繞瓜步回遠六十里，徑渡江窺建業，或有此事，若謂即欲從刊溝間渡，因水冰始引還，則斷無此理，蓋邗溝自隋始開通深闊，然南北濟渡，仍不取此路，仍行瓜步，直至齊澣方改從瓜洲，則曹魏時必不發從止渡江之想。

引《資治通鑑》論：

通鑑第一百二十五卷宋文帝元嘉二十七年，魏太武帝太平眞君十一年，魏主引兵南下，使尚書李孝伯來謂張暢曰，當自帥眾軍，直造瓜步，胡三省注，瓜步山在秦郡尉氏縣界，尉氏隋改爲六合縣，南北對鏡圖曰，今桃葉山，即瓜步鎮之地，下文又云，魏志，至瓜步，壞民廬舍爲筏，聲言欲渡江，建康震懼，內外戒嚴，命領軍將軍劉遵考等將兵分守津要遊邏，上接丁湖，下至蔡洲，陳艦列營，周互江濱，自采石至於暨陽，魏主鑿瓜步山爲蟠道，於其上設氈屋，元嘉二十八年正月朔，魏主大會群臣於瓜步山上，班爵行賞有差，其後以疾疫乃引歸，考采石磯在今太平府當塗縣江濱，暨陽今常州府江陰縣，魏軍在瓜步，而采石在瓜步之上游，暨陽則瓜步之下流，五六百里間，如此備禦，方爲完密耳，王新城漁洋山人精華錄潤州懷古詩，黃鵠山頭寒雨暝，佛貍帳外暮濤深，黃鵠山在鎮江府城西南三里，出句用此，對句若用隔岸瓜洲事作偶始得，斷無用六合縣境語之理，然佛貍、魏太武小字，設帳實在瓜步，王亦誤認瓜步即瓜洲矣，至瓜步既可設帳大會，必在江濱，非江中，山形亦必廣大，鮑照爲江中眇小山，此言未可泥，鮑託物寓意，借此作感慨，翫全文自明，桃葉山者。

引《隋書・五行志》論：

隋書五行志云，陳時，江南盛歌王獻之桃葉詞曰，桃葉復桃葉，渡江不用　，但渡無所苦，我自迎接汝，及晉王伐陳，始置營桃葉山下，韓擒虎渡江，大將任蠻奴至新林導北軍，晉王營桃葉，與太武駐瓜步，情事正同，然則桃葉山即瓜步山也。

引《宋書·索虜傳》論：

> 劉遵考等分守津要，自采石至暨陽事，沈約宋書索虜傳詳述之，云，遵考與左軍將軍尹宏守橫江，少府劉興祖守白下，建威將軍黃門侍郎蕭元邕守禪洲，羽林左監孟宗嗣守新洲上，建武將軍秦容守新洲下，征北中兵參軍事向柳守貴洲，司馬到元度守蒜山，時魏主在六合瓜步，與南岸采石相對，而橫江即采石也，自橫江以下六地名，皆自采石至今京口幾百里中地名也，如以今瓜洲爲瓜步，則蒜山相對，其上安得更容六地名哉。

引《宋史·虞允文傳》論：

> 宋史第三百八十三卷虞允文傳，紹興三十一年九月，金主亮自將兵號百萬，十月，自渦口渡淮，十一月壬申，率大軍臨采石，而別以兵爭瓜洲，丙子，允文至采石，命諸將列大陣不動，分戈船爲五部分單，亮麾數百艘，絕江來薄宋軍，允文率士殊恐戰，中流官軍亦以海鰌船衝敵舟皆沈，敵遁，尾擊敗之，亮怒，乃趨瓜洲，允文曰，敵敗於采石，將徼幸於瓜洲，今我精兵聚京口，持重待之，可一戰而勝，甲申，至京口，敵屯重兵滁河，造三牐儲水，深數尺，塞瓜洲口，時楊存中、成閔、邵宏淵諸軍皆聚京口，不下二十萬，惟海鰌船不滿百，戈船半之，允文謂少不足用，改修馬船爲戰艦，命張深守滁河口，扼大江之衝，以苗定駐下蜀爲援，庚寅，亮至瓜洲，允文與存中臨江按試，命戰士踏車船中流，上下三周金山，回轉如飛，敵相顧駭愕，一將跪奏南軍有備，願駐揚州，徐圖進取，亮杖之五十，乙未，亮爲其下所殺，丙申，敵退，此事有塞駒所作采石瓜洲斃亮記述之最詳。蓋自隋以前，使命往來，及北軍南征者，皆出瓜步，唐開元後，移之瓜洲，則瓜步之渡廢矣，故亮兵至采石，至瓜洲，無所謂瓜步，時宋高宗在臨安，即今杭州，亮趨瓜洲者，欲直取臨安也。

引詩文以論：

> 庾子山集將命使北始渡瓜步江詩，倪璠注，隋志江都六合有瓜步山。
>
> 鮑照瓜步山楬文，其略曰，鮑子辭吳客楚，指克歸揚，道出關津，升高問途，北眺甗鄉，高曬炎國，分風代川，揆氣閩澤，即此觀之，則南北朝之以瓜步爲通津明矣，隋既大開邗溝，加濬深闊，至唐皆南北混一，無所事於建業，而都在關中，自宜取邗溝路，自江入淮，自淮入汴，以泝河、渭，乃猶因循瓜步之舊，直至齊澣始改。

　　從以上各條彙而觀之，瓜洲、瓜步兩地自明，且先生以當時行旅渡江而論，更詳實地敘述了瓜洲瓜步的沿革變化情形。

今日行旅渡江，又不復取瓜洲道，從揚州而下，至油閘口，即轉而南，別有一小渡口出江，亂流而過，至京口，此路去瓜洲亦不過五六里，然瓜洲渡江，與京口緊相對江面較直截，小渡口反回遠，而人皆取此道者，以瓜洲須穿城過河狹曲，兩岸民居稠，大船難行故也。

先生考證王莽河在唐時，尚有河形，五代時河身更涸，大約僅存洲渚。清代時，只存斷塹荒岡，并塘濼涓流，渺不可見。如：

卷九十四〈東京王莽河〉條：

歐史，同光三年正月，如東京，射雁於王莽河，東京即魏州，今大名，此事薛史亦載，前九十二卷據新、舊唐書攷王莽河在唐代、德閒尚微有河形，至莊宗又一百六七十年，河身更涸，大約僅存洲渚，要與滑縣之河不相通矣，予嘗行大名城外，投宿旅店，一望斷塹荒岡，并塘濼涓流，渺不可見，蓋金、元以降，汲、胙之流已絕，滑且無河，矧此地邪。

先生論山東山西，透露出時人幾個地理概念，如卷三十五〈山東山西〉條

1、以太行山為界分山東、山西，此為東漢至五代的一個概念，如《後漢書‧鄧禹傳》之山東山西，據太行山分東西。

河北之山，莫大於太行，故謂太行以東為山東，後漢鄧禹傳，光武安集河北，在鄴，及王郎起兵，光武自薊至信都，使禹別攻樂陽，從至廣阿，以上所說，皆在今河北之彰德、大名、廣平、眞定等府，而其下文則言，赤眉西入關，光武籌長安必破，欲乘釁并關中，而方自事山東，未知所寄，是謂河北為山東也。

又卷九十五〈山東〉條，此山東以太行山之東，即次河北為山東

義兒李存孝傳，晉已得澤潞，歲出山東，與孟方立爭邢、洺、磁，死事張源德傳，晉已先下全燕，而鎮定皆附於晉，自河以北，山以東，皆歸晉，此山東謂太行山之東，即以河北為山東也。

又卷九十〈唐以河北為山東〉條：

新藩鎮魏博傳首論肅、代以下，瓜分河北地，以付叛將，杜牧以山東王不得不王，霸不得不霸，賊得之，故天下不安，愚謂唐以河北、魏博、鎮冀諸鎮為山東，前於後漢鄧禹傳論山東、山西，與此亦略同，至今之山東，則大不同，潛邱箚記第三冊言，今山東本宋之京東東路、京東西路，全以都不在汴，改京為山，而山字無著矣，愚謂今之山東，若指為陝山以東亦可，未必遂無著，如史記云，山東豪傑，並起亡秦，是，要與河北之山東大異。通鑑第二百七十一卷後梁均王紀下，龍德二年，晉王李存勗率

兵至新城南，候騎白契丹前鋒宿新樂，涉沙河而南，諸將勸擊之，晉王亦自負云，帝王之興，自有天命，契丹如我何，吾以數萬之眾，平定山東云云，胡三省注云，河北之北，在太行、常山之東，此下北字誤當作地，觀此則河北之爲山東自明。

2、以陝山爲界分山東、山西，此乃東漢至唐的一個概念。如《後漢書·鄭興傳》

鄭興傳，更始諸將皆山東人，勸留洛陽，忽遷都長安，興說更始曰，陛下一朝建號，山西雄桀，爭誅王莽，開關郊迎云云，注，山西謂陝山以西也，陝隘也。

先生論鄭興傳之山西，即謂關中今陝西西安等府，是其指陝山以西，而所云山東者，即指陝山以東。又〈陳元傳〉、〈寇恂傳〉所記，亦是指陝山以東。如：

陳元傳，元上疏曰，若先帝所行，而後主必行，則陛下不當都山東也，此謂洛陽爲山東其實亦是指陝山以東。

又寇恂傳，高祖任蕭何於關中，無西顧憂，所以得專精山東，又鄭康成傳，造太學受業，又從東郡張恭祖受諸經，以由東無足問，乃西入關，事扶風馬融，此山東與史記秦本紀太史公引賈生言，秦并兼諸侯，山東三十餘郡，又山東豪俊遂並起而亡秦之山東同，亦皆謂陝山以東。

先生分析了自東漢至唐時，人以陝山爲界分山東，山西之概念，及自東漢至五代，以太行山爲界分山東、山西的另一概念，故據太行山，或陝山以界分山東、山西之區域大概〔註 4〕。先生論歐陽修《五代史·職方攷》雖簡略，然提綱挈領，謂五代疆域爲詳，如：

卷九十六〈五代土地梁最小唐最大〉條：

五代土地，梁爲最小，晉、漢差大，周又大，而唐爲最大，梁只有一片中原，四邊皆屬他人，北有燕、晉，西有岐與蜀，東有吳與吳越及閩，南有荊南與楚及南漢，故爲最小，唐起雁門，鎮河東，至莊宗既滅燕劉守光，天祐十二年，取魏博，據魏臨河，以爲攻取計，自後遂盡取梁河北地，然後滅梁，又并吞岐與蜀，雖後蜀復起，而地尚最大，晉、漢承之，山後十六州入於遼，故又小，周則河東雖爲北漢割據，世宗屢與漢、遼戰，河北、山前州郡恢廓者多，而南唐、江北、淮南，盡爲所取，故小於唐而大於晉、漢也，觀歐職方攷自明，此攷雖簡略，然提綱挈領，洗眉刷目，此

〔註 4〕參見《嘉定文化研究》貢久諒〈王鳴盛對沿革地理學的貢獻一文〉。（西安：三秦出版社，1990 年），頁 261。

則歐公筆力非薛史所能及。

蓋五代土地唐最大，周、晉、漢次之，梁爲最小，以梁只有一片中原，四方爲他國所包籠，故最小。唐則天祐十二年取魏博，據魏臨河，以爲攻取計，自後遂盡取梁河北地，又滅梁，并吞岐與蜀，而地最大。

先生論自漢及唐，爲都之地甚多，著者莫如關中、次洛陽，其次金陵，並論朱梁首都定於開封，而汴本非可都之地。如：

卷九十四〈梁有兩都〉條：

> 歐史梁紀，開平元年四月，升汴州爲開封府，建爲東都，以唐東都爲西都，廢京兆府爲雍州，薛史同，但此下多一句云，以爲佑國軍節度使，于愼行穀山筆塵第十二卷形勢篇云，漢、唐以長安爲西京，洛陽爲東京，五代及宋以洛陽爲西京，汴梁爲東京，宋王存等元豐九域志卷一首列東京開封府，即今府，河南省城，次列西京河南府，即今府，屬河南，古洛陽也。愚謂自漢及唐，爲都之地甚多，著者莫如關中，次洛陽，其次金陵，即僭僞割據，從無都汴者，不意朱梁凶醜，忽創都於此，汴本非可都之地，而晉、漢、周皆因之不改（惟後唐都洛陽，至石晉乃遷於汴），而趙宋且運臻二百，流俗口傳，動輒稱爲汴梁，猶是凶醜之遺，亦可異矣。
>
> 朱溫白以金德代唐土德，於汴起金祥殿，唐六臣傳，天祐四年三月，唐遜位於梁，四月，冊禮使同平章事張文蔚等奉冊寶朝梁於金祥殿，漢臣蘇逢吉傳，逢吉夜宿金祥殿東閣。

先生以汴本非可都之地，而晉漢、周皆因之不改，至趙宋且運臻二百，動輒稱爲汴梁，猶是凶醜之遺，亦可貴矣。

先生對歷史地理的考證，顯示出通識的眼光，尤其是對地理考辨，著眼點在動態考察，因爲歷史地理是遷移變動的，需嚴加觀察其中的曲折變化，故沿革地理正是符合通識的眼光去分析，才能發千年未發之覆，收到左右逢源之效。也才能在「地理參差，其詳難舉，寔由名號驟易，境土屢分，或一郡一縣，割成四五，四五之中，亟有離合，千回百改，巧歷不算，尋校推求。」（《南史‧州郡志敘首》）

杜維運的《史學方法論》中提出，地理學中最能輔助歷史的，是歷史地理，亦即沿革地理，歷史地理又可爲地名溯源及歷史地圖學兩類。地名溯源學爲研究地名（山名、水名皆在其中）的起源與意義，追溯出現的時間，觀察經歷變遷，並確定其今爲何地，今與昔的異同何在，這是中國極爲發達的一門學問，其有助於史事之考釋者甚大。歷史地圖學則表示疆域沿革，邊界變遷，水道移徙，土地墾殖，道路

興築，居室發展，以及戰爭行事路線，根據史事作圖，作爲考證的方法〔註5〕。

　　杜維運提出了地名溯源學及歷史地圖學作爲輔助考證歷史地理的內容，《商榷》並不作圖，但考察地理沿革，杜先生所提的諸項內容，《商榷》中討論歷史地理沿革確已泛覽在內。因此，以今日的眼光來看，不論科學如何發達，儀器設備如何方便，先生在兩百年前能在地理沿革上有此探討，亦屬難能可貴，不愧是《商榷》書中的一項特色。

〔註 5〕參見杜維運《史學方法論》第十一章歷史輔助科學。（台北：三民書局，1991 年），
　　　　頁 182。

第八章 論史實與史書

《商榷》一書，先生著重於文字校正和典制、地理考釋，也有一部分內容是關於歷史事件和人物的評論。如林文錡所言先生〔註1〕：

> 議論史事、人物不下百餘處，其立論往往有自出己見，不落舊套之處，表現了一定史識。如關於唐代王叔文新政的看法，即頗得後人讚賞，號爲通達。對於歷史上不少名君名相名臣直至名文人，史刪翻處，往往議論隨之，褒貶有加。如著名帝王漢高祖、唐太宗等，王氏都有所譏評。對歷史上一些局面、征戰，也常有一些獨到看法。有些命題，隨意而發，然亦不失警策。

先生從史評的角度評價各部正史優劣，因此《商榷》有不少條目是專爲論史而寫的，通過考據對歷史人物評價，及史實的揭露，成爲考史與史論結合，表現出歷史學家的責任感和正義心。考其事跡之實，發明眞象，重視歷史的經驗事實，無不是一位史學家，引以爲要的。

第一節 評論史實

先生在《商榷》序文中說：「學問之道，求于虛不如求於實，議論褒貶皆虛文耳。作史者之所記錄，讀史者之所考核，總期能得其實焉而已矣。」因此，先生從史料探究，無不反復強調史以紀實，故據事直書，詳明整瞻。求實不只是治史的出發點，亦是治史終極目標。先生極力反對褒貶議論，但實際上，對於歷史事件，並不反對

〔註1〕林文錡〈略論《十七史商榷》中的論〉《嘉定文化研究》（西安：三秦出版社，1990年），頁241。

史論，而是反對沒有史實依據的空論。因此先生論史，不以議論求法戒，不以褒貶為與奪，而是史可針砭，因此，評論歷史事件，探究史實原委《商榷》一書中，不可忽視的重要談論內容，亦是表達出先生徵實的史觀。

如卷九〈盡殺諸呂〉條：

> 周勃、陳平、劉章既誅產、祿，悉捕諸呂，無少長男女皆殺之，并樊噲之妻呂嬃及其子伉皆殺之，除惡莫若盡，此之謂矣，惟其能斷，故能定亂，而唐敬暉、桓彥範、袁恕己、張柬之、崔元暐不誅諸武，僅斬二張，遂謂無事，謀疏若此，其及禍宜也。

此為一篇史論性文字，先生並無考證盡殺諸呂有關史實，而是只論述周勃等平定諸呂之亂，及張柬之等恢復李唐社稷鬥爭中的功過是非，並分析其成敗迥異之由，終於得出「除惡莫若盡」的結論。

卷二十四〈漢初人才已盛〉條：

> 曹參攻城野戰，身被七十創。疑其專以摧堅陷陣為能，及其以清淨為治，遂致畫一之歌，申屠嘉材官蹶張，能折辱鄧通，得大臣體，漢初大亂初平，人心甫定，文學未興，風氣猶樸，而人才已盛如此，傳世之遠，所自來矣。

論漢初大亂抵定，文學未興，風氣猶樸，而人才已盛，故傳世久遠，自有其因。

又卷二十五〈亂倫〉條，先生論漢代社會狀況，敘漢代之亂倫事。

> 平陽公主與衛青合葬，猶之可也，館陶公主至與董偃合葬，則已甚矣，見東方朔傳，昭帝之姊蓋主夫亡後私近丁外人，而詔外人侍主。江都王建女細君嫁烏孫昆莫，其孫岑陬欲尚之一主不欲，而武帝詔從其俗，漢之亂倫如此。

先生論漢武帝時「江都王建女細君嫁烏孫昆莫，其孫岑陬欲尚之，主不欲，而武帝詔從其俗。」敘漢之亂倫如此。

卷四十二〈孫氏陰謀〉條，論孫權善於用陰謀周旋於蜀、魏之間。

> 孫權稱臣事魏已久，及黃武元年春，大破蜀，劉備奔走，勢愈強盛，則魏欲與盟而不受，九月，魏兵來征，又卑辭上書，求自改悔，乞寄命交州，乃隨又改年，臨江拒守，彼此互有殺傷，不分勝負，十二月，又通聘於蜀，乃既和於蜀，又不絕魏，且業已改元，而仍稱吳王，五年令曰，北虜縮竄，方外無事，乃益務農畝，稱帝之舉，直隱忍以至魏明帝太和三年而後發，反覆傾危，惟利是視，用柔勝剛，陰謀狡猾，陳壽評以句踐比權，誠非虛語。

先生考辨了孫權「既和於蜀，又不絕魏」的種種陰謀，然後便論道「反覆傾危，惟利是視，用柔勝剛，陰謀狡猾」的評論，陳壽評以句踐比權，誠非虛語。先生論司馬懿取魏，即操取漢，故智也。「目所習睹，還用之，甚便也，操辛苦而僅得者，子六年，孫十二年，一瞬耳，操有靈，悔不終爲漢處士，春夏讀書，秋冬射獵。」（卷四十〈懿取操智〉條）即孫權周旋於蜀、魏，司馬懿取魏，曹操取漢，皆是智謀所用。

先生論用人之方，亮誅馬謖，非誤於誅謖，而是誤於用謖不得其當耳。如：
卷四十一〈亮誅馬謖〉條：

> 謖幼負才名，以荊州從事隨先主入蜀，才器過人，好論軍計，蓋其所長在智謀心戰之說，亮既用之，赦孟獲以服南方，終亮之世，南方不復敢反，此其明證也，祁山之役，令爲先鋒，統大眾在前，以運籌決策之才，而責以陷陣摧堅之事，是使蕭何爲將，而韓信乃轉粟教倉以給軍也，宜其敗矣，此則亮之誤也。

馬謖之才，所長在智謀心戰，以南方事爲例可證。然諸葛亮命祁山之令爲先鋒，統大眾在前，此衝鋒陷陣即非馬謖所長，故先生以運籌決策之才及陷陣摧堅之事爲例，馬謖之才如同蕭何掌決策，豈是陷陣摧堅之人，故祁山之役敗，敗其諸葛亮誤用馬謖。

先生對於《晉書》雖系唐人重修，卻保留了一些曲筆記載，如卷四十四〈曲筆未刪〉條，先生論建興八年魏蜀交鋒，亮安得被魏俘斬萬計，此乃敘事不實所在：

> 魏志明帝紀，太和四年，詔大司馬曹眞、大將軍司馬宣王伐蜀，九月，大雨，伊、洛、河、漢水溢，詔眞等班師。蜀志後主紀，建興八年秋，魏使司馬懿由西城，張郃由子午，曹眞由斜谷，欲攻漢中，丞相亮待之於城固、赤阪。大雨道絕，眞等皆還，如是而已，安得有遁逃破敗之事。彼時亮正大舉北伐，雖馬謖小挫於街亭，而斬王雙，走郭淮，遂平武都、陰平二郡，安得被魏俘斬萬計邪，懿從不敢與亮交鋒，屢次相持，總以案兵不動爲長策，遺之巾幗，猶不知恥。假託辛毗杖節止戰，制中論之甚明，此紀特晉人夸詞，在當日爲國史固應爾爾，今晉書成於唐人，而猶仍其曲筆，不加刪改，何也。

陳壽《三國志》有許多地方替魏晉統治者飾美隱諱，而于司馬氏篡魏，更多祖護之筆。先生以陳壽記事失實原因在「世愈近，言愈隱，作史之良法」（卷四十〈夏侯玄傳附許允五經〉條）況「在當日爲國史，固應爾爾，今晉書成於唐人，而猶仍其曲筆，不加刪改，何也？」提出了當代人寫當代史的曲筆原因所在，但對於後代人寫前代事，卻仍保留了許多而不解。先生於卷四十〈夏侯玄傳附許允王經〉條，析論了《三國志》史書筆法：

> 魏氏之亡，始於曹爽之誅，而終於齊王之廢，及高貴鄉公之弒，爽之
> 驕溢，其敗有由，然爽不死，司馬之篡不成若夏侯玄、李豐之獄，則師、
> 昭相繼，逆節彰著諸公身沈族滅，皆魏室之忠臣也，故於玄傳末以許允、
> 王經終之，以見其皆亡身殉國者，而皆貶其以過滿取禍，則廋詞以避咎耳，
> 世愈近，言愈隱，作史之良法也。

先生以李豐、則師、昭相繼等人皆魏室之忠臣，然諸公身沈族滅，而於夏侯玄傳末
附許允、王經，以見其皆亡身殉國，但陳壽不便直言褒揚魏室忠臣及曹爽驕溢敗之
由，故以廋詞以避咎耳，此乃隱諱之筆法，若欲使史實披露，則須加明白陳壽用曲
筆之由。又陳壽乃蜀人入晉，措詞之際，有難焉者，如：

卷四十一〈姜維志在復蜀〉條：

> 措詞之際，有難焉者，評中於其死事，反置不論，而但譏其玩眾黷旅，
> 以致隕斃，壽豈不知不伐賊王業亦亡，惟坐待亡，孰與伐之，特敵國之詞
> 云爾，若以維之謀殺鍾會而復蜀為非，則壽不肯為此言，此其所以展轉詭
> 說以避咎也。

先生以姜維之於蜀，猶張世傑、陸秀夫之於宋。姜維本志在復蜀，不成被殺，其赤
心則千載如生。而陳壽由蜀入晉，亦未能言姜維欲謀殺鍾會，而復蜀為非，則陳壽
不肯為此言，但措詞之際亦有難焉者。

先生論三國蜀、吳之戰，用火攻前有赤壁之戰，後有陸遜用火攻敗劉備事，如：

卷四十二〈陸遜用火攻〉條：

> 陸遜傳，黃武元年，劉備率大眾來伐。從巫峽、建平連圍至夷陵界，
> 遜乃令人各持一把茅，以火攻之，通率諸軍同時俱攻，破其四十餘營，
> 備大敗走，愚謂遜仍用周瑜火攻之策，此地多山林險阻，待其傍巖依樹
> 結營既密，然後用之，連營愈多，燒毀愈易，遜久有成算，而其上書於
> 權及所以告諸將者，略不宣洩，機事密故能成功也，但此法只可用之赤
> 壁、巫峽耳，平原非所宜，至後世銃炮起，而後火器又為之一變，且并
> 用之以破城矣。

先生敘此一事，明火攻此法只可用之赤壁、巫峽，於平原非所宜。劉備統軍佈署之
地，多山林險阻，且結營既密，陸遜以火攻之，連營愈多，燒毀愈易，以致吳軍同
時俱攻，破其四十餘營，備大敗走。論甘露二年，鎮東大將軍諸葛誕以淮南作亂，
遣子靚為質於吳以請救，是時吳國內亂，孫綝輔政，多行無禮，將士不附，終不得
派外援助諸葛誕，故卒至滅亡。如：

卷四十四〈諸葛誕作亂〉條：

帝表請魏高貴鄉公親征，曰，今諸軍可五十萬，以眾擊寡，蔑不剋矣，愚案，誕乃宿將，非王淩、毌丘儉、文欽之比，故昭不肯從眾議輕遽用師，必挾天子，興重兵，厚集其勢，以過其鋒，然是時吳國內亂，孫綝輔政，多行無禮，將士不附，誕無外援，故卒至滅亡耳，若吳無內釁，則淮南三叛，成敗未可知也。

論肥水之役，賴此一戰東晉偏安江南，但王氏專政忌能，事過三年，方追封謝安、謝石、謝玄、謝瑛等人，而未能及時論功行賞，如：

卷四十五〈謝功賞遲〉條：

太元十年十月丁亥，論淮肥之功。追封謝安廬陵郡公，封謝石南康公、謝玄康樂公，謝琰望蔡公，愚謂大破符堅於肥水，乃太元八年事，更三年之久，直至十年十月始加封賞，何其遲也，江左偏安，賴此一戰，功莫大焉，而賞若是其遲者，王氏專政忌能故也。

先生又論晉少貞臣，王導一門為司馬氏世臣，而桓玄篡位，則導之孫謐為太保，奉璽冊詣玄，封武昌縣開國公，四維絕矣，何以立國。」如：

卷四十九〈晉少貞臣〉條，又

潘岳、石崇附賈謐，望塵而拜，不待言矣，而劉琨、陸機亦皆附謐，在二十四友之數，趙王倫之篡，樂廣素號玄虛，乃奉璽綏勸進，而琨則為倫所信用，晉少貞臣如此。

蕭子顯為其父蕭嶷的生平行事，嘉言懿行，及朝廷之儀禮，名流之褒獎，無一不纖細敘入，故〈蕭嶷傳〉鋪張至七千八百餘字。先生《商榷》卷六十二〈豫章王嶷傳與齊書微異〉條，先生揭露蕭子顯在《南齊書》中為其祖蕭道成作本紀，又為其父蕭嶷立傳之事。

南齊書出蕭子顯，豫章文獻王嶷即其父也。自作史而為父立傳，千古只此一人，故傳中極盡推崇，論至以周公比之，贊則云，堂堂烈考，德邁前蹤云云，嶷固無甚惡。

先生論「自作史而為父立傳，千古只此一人」，雖考嶷固無甚惡，然其為父作長傳，其心叵測，先生以倡導據事直書立場揭發蕭子顯為父立傳，別有用心。

先生對於各史之評論，以李延壽貶斥之辭最多，但其寸長之善，先生亦是肯定的，如南朝宋文帝為太子劭所弒，先生於《商榷》卷五十四〈文帝稱太祖〉條中論云：

元嘉三十年二月甲子，元凶劭構逆，帝崩於合殿，諡景皇帝，廟號中宗，孝武帝踐祚，追改諡曰文帝，廟號太祖，案，合殿、宋書作含章殿，

南史是也，觀通鑑亦作合殿，而小字注李延壽辨證之言於其下，可見，又宋書直書二月甲子上崩於含章殿，時年四十七，與善終者全無分別，雖於論中見之，而紀事失實，亦當以南史爲正。

宋文帝爲太子所弑，《宋書・文帝本紀》僅言「二月甲子，上崩于含章殿，時年四十七」絕無文字述及被弑，《南史・宋文帝本紀》卻直書「元嘉三十年二月甲子，元凶劭搆逆，帝崩于合殿」。兩書相校，《宋書》紀事失實，不如《南史》爲正。又卷六十三〈臨川王宏與梁書大異〉條，先生以《南史》與《梁書》比較，《南史》爲得實。

> 臨川靜惠王宏、梁武帝之嫡弟也，南史於其傳醜言詆斥，不遺餘力，始則武帝使之侵魏，部分乖方，無故自卻，使百萬精兵，一朝奔潰，其平日則藏匿殺人之賊於府內，有司無如之何，又武帝遇之恩甚篤，而宏謀弑武帝，且奢侈無度，恣意聚斂，驅奪民間田宅，又與永興公主私通，公主、武帝之女，於宏爲嫡姪女，遂復與同謀弑逆，以齋日使二僮挾刀入幕下，事覺搜得刀，帝乃殺僮而祕其事，若梁書本傳，則於宏事全篇皆用褒詞，其北伐係因征投久，奉詔班師，且盛稱其孝行及居喪盡禮，又敘其政事之美，在揚州刺史二十餘年，寬和篤厚，生平竟一無玷缺，南史與齊、梁書多異，而此傳尤乖刺之甚者，此則恐南史爲得其實，姚思廉父子或與之有連爲隱諱，未可知也。

梁臨川王宏率兵北伐，挫置乖方，庸怯無能，奔潰喪師。平日且奢侈無度，恣意聚斂，驅奪民間田宅，又與永興公主私通，共謀弑武帝。而《梁書》本傳於宏事，全篇皆用褒詞，稱其北伐喪師，乃其「係因征役久，奉詔班師」完全不敘王宏自卻無方之事；又敘其「孝行及居喪禮盡」，其「政事之美」，在揚州刺史二十餘年任職中「寬和篤厚，生平竟一無玷缺。」《南史》於其傳醜言詆斥不遺餘力，方得使史實轉晦暗爲明朗，欲見姚思廉父子之隱諱爲非。

先生論沈約《宋書》每爲宋諱惡，但對沈約述海鹽公主與人私通事，又當得其實，如：

卷五十九〈海鹽公主〉條：

> 倫之之孫倩，尚文帝第四女海鹽公主初始興王濬以潘妃之寵，故得出入後宮，遂與公主私通，及適倩，倩入宮而怒，肆詈搏擊，引絕帳帶，事上聞，有詔離婚，殺主所生蔣美人，此宋書倫之子伯符附倩傳文濬與公主，嫡兄妹也，事上聞，不殺濬及公主，反殺公主之生母美人，殊不可解，然沈約每爲宋諱惡，而於此直書之，常得實。

又《宋書・武帝紀》載，宋武帝劉裕取代了東晉的統治後，於永初元年封晉恭帝爲

零陵王。第二年九月，零陵王突然死了，此時劉裕一連三日在朝堂上舉哀，喪禮亦極隆重。先生《商榷》卷五十四〈零陵王殂〉條評云：

> 愚謂前代禪位之君，無遇弒者，劉裕首行大逆，既弒安帝，又立恭帝以應讖而於禪後又弒之，其惡大矣，作史者似宜直書，以正其惡。

零陵王晉恭帝之死，本是劉裕安排的，《宋書·褚叔度傳》載劉裕派人送青藥給晉恭帝，令其服毒自殺，但為晉恭帝拒絕，遂為劉裕所派之人給殺了。因此先生以為「今云，宋志也，只避去一個弒字，而其為弒固已顯然，望文可知。」又先生於卷六十四〈昌濟江中流殞之〉條中，敘論衡陽王死之實情，披露無遺。

> 巴陵王蕭沇等表請以昌為湘州牧，封衡陽郡王，沇蓋齊和帝之子孫列於三恪，故假以為名，其下云，丙子，濟江，於中流殞之，使以溺告，此文帝命侯安都殺之，事見安都傳，陳書乃云，中流船壞，以溺薨，於安都傳亦但云，請自迎昌，昌濟漢而薨，以功進爵云云，雖情事宛然，然唐人書陳事，何必作此蘊藉之筆，似有所不敢直書者乎，皆不如南史竟書殺之為得實。

陳武帝之子衡陽王陳昌之死，《陳書·世祖紀》言「衡陽王昌薨」，《陳書·衡陽王昌傳》言衡陽王入境，渡江，「于中流船壞，以溺薨。」陳昌本是西魏俘虜留居長安，陳武帝死後，北周同意放回陳昌，此時陳朝皇帝為陳文帝，乃陳武帝之姪，陳文帝一方面接納大臣們建議，封陳昌為衡陽王，另一方面卻暗中派人乘陳昌由北周渡江南歸時，將其害死。因此《南史·陳本紀》言「衡陽王昌沈于江」，《南史·侯安都傳》中則直言，文帝命侯安都殺之，揭露了事實真象，故先生言「唐人書陳事，何必作此蘊藉之筆，似有所不敢直書者乎，皆不如南史竟書殺之為得實。」

黃巢為唐代農民起義的首領，《舊唐書》載其為部下林言所殺，但《新唐書》認為乃黃巢伏誅。以這二事，先生以《新唐書》所言伏誅，乃是歐陽修「好以筆端為予奪，故多疵病」，無妨「直當據實書賊將林言斬黃巢以降」為是，故先生以比較法比較新、舊《唐書》之異同，記載黃巢之事，當以舊書所載存其真。如：

卷七十五〈黃巢伏誅〉條：

> 新紀中和四年七月壬午，黃巢伏誅，巢之當伏誅，固不待言。論其罪，且寸磔不足以蔽其辜矣。而論其事，則實未明正顯戮，亦并非用兵以擊而於臨陳斬之，直當據實書賊將林言斬黃巢以降，傳首行在。又昭宗紀，乾寧三年五月乙未，董昌伏誅，董昌亦不可云伏誅。但當云錢鏐將顧全武獲董昌斬之，傳首京師，如此方為得實。惟昭紀、龍紀元年二月戊辰，宋全忠俘秦宗權以獻，己丑，宗權伏誅，此則得之。觀宗權書法，愈見黃巢、

董昌之非，專圖文省，而又好以筆端爲予奪，故多疵病。

又先生通過各帝紀的比較，發覺《新唐書》太簡，如昭、哀二紀，《舊唐書》所記甚詳，故先生卷七十六〈昭哀二紀獨詳〉條評論云：

> 凡所貴乎史者，但欲使善惡事跡炳著於天下後世而已，他奚恤焉，今觀此二紀，見亂賊一輩之姦兇狡逆，歷歷如繪，照膽然犀，情狀畢露，使千載下可以攷見，亦何必恨其太詳邪，世間浮華無實文字，災梨禍棗，充棟汗牛，何獨於紀載實事必吝此勞邪，至於詔令制敕備載，幾欲隻字無遺，遙想一時附和小人，欺天負地，掉弄筆墨，誣善醜正之詞，喪心滅良之語，賴史家詳述之，又得聞人詮等搜獲於既亡之後而重刻之，其功大矣，新書於舊紀奮然塗抹，僅存無幾，若哀紀舊約一萬三千字，而新約只千字，自謂簡嚴，實則篡弒惡跡，皆不見矣，使新書存而舊書竟亡，讀史者能無遺憾乎。

新紀太簡，幸賴舊書據得實錄，所言甚詳，故對於昭哀二帝時之「姦兇狡逆」歷歷如繪，情狀畢露，千載下讀之，不失其詳實。或如新紀所載太簡，必然遺漏重要史實，使當時之篡弒惡跡，隱而不見。

又卷九十二〈司空圖不懌而疾卒〉條：

> 哀帝被弒，圖聞，不食而卒，年七十二。近時編唐詩作小傳者皆從之。舊書則云，唐祚亡之明年，聞輝王遇弒於濟陰，不懌而疾，數日卒。不食而卒，不懌而卒，二者相去絕遠，不知新書何據。成人之美，誠君子之心，然史貴紀實，不可飾僞也。

司空徒死因，《舊唐書》作「唐祚亡之明年，聞輝王遇弒於濟陰，不懌而疾，數日卒。」，《新唐書》云「哀帝被弒，圖聞，不食而卒，年七十二。」蓋不懌而疾卒與不食而卒，先生言「二者相去絕遠，不知新書何據，成人之美，誠君子之心，然史貴紀實，不可飾僞也。」又卷七十三〈韓旻斬朱泚〉條，新紀書「朱泚伏誅，伏誅者，固以其有罪而書，要亦是明正其罪與眾棄之之義。」但朱泚實爲其軍士所殺，並非韓旻所斬，此事同安慶緒殺祿山，史思明殺慶緒，故舊書所紀爲實。先生評史家紀事，莫善於得實，舊紀所書爲實，此條勝於新紀。

第二節　評論人物

先生重視歷史人物的作用及在歷史舞台上的演出，得失與否，認爲事業的成敗，取決於人才的有無及用人的得失，如：

卷二〈項氏謬計四〉分析項羽失敗的原因：

> 項氏謬計凡四，方項梁起江東，渡江而西，并諸軍，連戰勝，及陳涉死，召諸別將會薛計，此時天下之望，已繫於項梁，若不立楚懷王孫心，即其後破死於章邯之手，而項羽收其餘燼，大可以制天下，范增首唱議立懷王，其後步步為其掣肘，使沛公入關，羽得負約名，殺之江中，得弒主名，增計最拙，大誤項氏，謬一（酈生勸立大國後，張良惜前者籌其不可，在劉如此，在項何獨不然），章邯破滅項梁，羽之讎也，乃許之盟，與之和好，立之為王，此事秦民已不服，又詐坑降卒二十萬，失秦民心，謬二，棄關中不都而東歸，乃三分關中，王章邯及其長史司馬欣、都尉董翳以距漢，豈知三人詐秦民降諸侯被坑，民怨之刺骨，安肯為守，坐使漢還定三秦如反掌，謬三，漢之敗彭城，諸侯皆與楚背漢，范增勸急圍漢王滎陽，范增諸所為項王計畫，惟此最得，乃又聽漢反間逐增，使軍心懈散，失漢王，謬四。

先生指出項羽四項失謀，立懷王謬一，坑降卒二十萬，失秦民心謬二，關中不都而東歸謬三，使軍心懈散，失漢王謬四，故項王之失，不在粗疏無謀，乃在苛細多猜疑不任人。韓信、陳平皆棄以資漢，至於屢坑降卒，嗜殺失人心，更不待言。又論項羽之敗，不在其能力不足，而是取決於多種背景及因素，而成事者未必可褒，失敗者亦未必該貶。為此，先生評價項羽、劉邦時，則肯定了項羽亡秦的功績，若非羽破秦兵於鉅鹿，虜王離、殺涉閒，使章邯震恐乞降，沛公安能入關，如：

卷二〈劉藉項噬項〉條，故先生論：

> 兩敵相爭，此興彼敗，恆有之事，從無藉彼之力以起事，後又步步資彼，乃反噬之，如劉之於項者，項起吳中，以精兵八千人渡江，并陳嬰數千人，黥布、蒲將軍亦以兵屬，凡六七萬人，又并秦嘉軍，其勢強盛，項梁聞陳王死，召諸別將會薛計事，沛公亦起沛往焉，此時沛公甚弱，未能成軍，項梁益沛公卒五千人，五大夫將十人，始得攻豐，拔之，此後凡所攻伐，史每以沛公、項羽並稱，兩人相倚如左右手，非項藉劉，乃劉依項，項氏之失策，在立楚懷王而聽命焉，羽欲西入關，懷王不許，而以命沛公，乃使羽北救趙，約先入關者王也，其後羽乃得負約名，此項之失策也，然當日若非，羽破秦兵於鉅鹿，虜王離，殺涉閒，使章邯震恐乞降，沛公安能入關乎，羽不救趙破秦兵，秦得舉趙，則關中聲勢轉壯，沛公入秦，何如此之易乎，沛公始終藉項之力以成事，而反噬項者也，故曰，吾能鬥智不鬥力，其自道如此，若使夫子評之，必曰譎而不正。

先生不以成敗論人，故對項羽發出徒嘆不明，鬥智不鬥力，而敗亡者若此。對於劉邦，先生則論：「漢始終惟利是視，頑鈍無恥」且若使「沛公居項羽之地，在鴻門必取人於杯酒之閒，在垓下必渡烏江而王江東矣。」（卷二〈漢惟利是視〉條）今沛公之成事，乃是借項之力，而反噬項者也。

　　論東晉謝安、謝玄、謝石相繼去世之說，如：

卷五十〈諸謝相繼卒〉條：

　　　　孝武帝太元八年破苻堅，總統指授者謝安，而身在行陣則安之弟石、兄子玄及安之子琰也，晉不競矣，賴有些舉爲之一振，乃事平之後，安卒於十年八月，玄卒於十三年正月，石卒於十二月，而玄年僅四十六，尤爲可惜，自此晉無人矣，桓玄篡位，劉裕討玄，而晉亡矣。

先生對於謝安、謝玄、謝石相繼去世，尚覺婉惜，自此晉無人矣，桓元篡位，劉裕討玄，而晉亡，皆因能人不再。

　　論陶侃乃東晉第一純臣，如：

卷五十〈陶侃被誣〉條：

　　　　陶侃乃東晉第一純臣，才德兼備，而爲庾亮所惡，王導亦忌之，即溫嶠亦不能無嫌，曲加誣衊，有大功而掩其功，無過而增飾以成其過，奈天下自有公論，故作史者不得不言其善，而終以無識，多寓貶詞，且晉書愛博，貪收異說，往往一篇中自相矛盾，前云，侃懷止足之分，不與朝權，欲遜位歸國，後云，少夢生翼上天，及都督八州，潛有窺窬之志，不亦刺謬乎，寶應王編修懋竑有論力辨其誣，載白田草堂存稿第四卷，最精確，文多不錄（晉書誣侃，亦見王賢傳）。

陶侃雖爲純臣，才德兼備，然才高終被見嫉，不容於人，而爲庾亮所惡、王導亦忌，即溫嶠亦不能無嫌，而曲加誣衊。《晉書》亦無識而多寓貶詞，幸其王懋竑大力辨其誣，最爲精確。

　　論庾亮「庸鄙惡劣，貪忮猜忍，誠無寸善可取，而罪不勝誅矣」如：

卷五十〈庾亮傳得失參半〉條：

　　　　庾亮之庸鄙惡劣，貪忮猜忍，誠無寸善可取，而罪不勝誅矣。傳文依阿平敘，不明斥其非，殊欠直筆。又亮最忌陶侃，篇中略見而未暢，反多敘欲廢王導事，導本不足惜，況亮忘侃甚於導乎。

　　說王導，《晉書》傳中六千餘字，殊多溢美，如：

卷五十〈王導傳多溢美〉條：

　　　　王導傳一篇凡六千餘字，殊多溢美，要之看似煌煌一代名臣，其實乃

並無一事，徒有門閥顯榮，子孫官秩而已，所謂翼戴中興稱江左夷吾者，
吾不知其何在也，以懼婦爲蔡謨所嘲，乃斥之云，告燕遊洛中，何知有蔡
克兒，導之所以驕人者，不過以門閥耳。

　　蘇峻之亂，庾亮所召，非導之由，然導身爲大臣，當任其危，而本傳
始言入宮衛帝，衛帝者，欲避賊鋒也，終言賊入，導懼禍，攜二子出奔白
石，則不衛帝矣，白石壘乃陶侃所築險固處，故奔此以圖免也，賊平後，
乃入石頭城，令取故節，陶侃笑曰，蘇武節似不如是，導有慚色，郭默反，
導言遵養時晦，侃曰，是乃遵養時賊也，皆見侃傳，導之庸鄙無恥甚矣。

先生言王導之所以驕人者「不過以門閥耳」，蘇峻之亂，導身爲大臣，當任其危，然
劉超傳中亦言蘇峻之亂，成帝被幽，超等繾綣朝夕，卒爲峻所殺，而王導出奔。可
見王導傳多溢美之辭，「看似煌煌一代名臣，其實乃並無一事，徒有門閥顯榮，子孫
官秩而已」又導臨危退縮，貪生畏死，其「庸鄙無恥甚矣」。

　　新紀於順紀不見王叔文名，并憲紀亦不見殺渝州司戶王叔文，至於舊紀亦不載
叔文之死，先生對王叔文之事，頗有個人見地，推翻舊有貶抑之詞。對於王叔文、
王伾、劉禹錫、柳宗元等所進行的永貞革新，有所評價。如：

卷七十四〈順宗紀所書善政〉條：

　　　　王叔文爲人輕躁，又昵，王伾、韋執誼，所親非其人，故敗，其用心
　　則忠，後世惡之太甚，而不加詳察，舊書亦徇衆論，然順宗本紀所書一時
　　善政甚多。

先生詳述了王叔文柄政時所行之善政：

　　　　貶京兆尹李實爲通州長史，甲子，諸道除正敕率稅外，諸色雜稅，
　　宜禁斷，除上供外，不得別有進奉。三月庚午，出宮女三百人於安國寺，
　　又出掖庭教坊女樂六百人於九仙門，召見其親族歸之。五月己巳，以右金
　　吾衛大將軍范希朝爲右神策統軍，充左右神策京西諸城鎮行營兵馬節度
　　使。六月丙申，二十一年十月已前百姓所欠諸色課利租賦錢帛，共五十二
　　萬八千八百四十一貫石匹束，並除免。七月丙子，贈故忠川別駕陸贄兵部
　　尚書，諡曰宣，贈故道州刺史陽城爲左散騎常侍。

先生以上數事，黜聚斂之小人，褒忠賢於已往。改革積弊，加惠窮民。自天寶以至
貞元，少有及此者，而以范希朝領神策行營，尤爲扼要。先生於此，特爲記之詳，
記載善惡事蹟，欲使叔文之美，使後世讀書有識者，得以爲據，順宗一朝美政，亦
能見行於世。先生亦論叔文其意「本欲內抑宦官，外制方鎮，攝天下之財賦兵力而
盡歸之朝廷。」於此，則總計叔文之謬，不過在躁進，若求其眞實罪名，本無可罪。

《舊唐書・王叔文傳》敘叔文謀奪內官兵柄，乃以故將范希朝流京西北諸鎮行營兵馬使，韓泰副之。《新唐書・王叔文傳》云，叔文謀取神策兵制天下之命云云。新、舊唐書皆言王叔文欲謀奪內官兵柄，殊不知，「叔文行政，上利於國，下利於民，獨不利於弄權之閹宦，跋扈之強藩，觀實錄，叔文實以欲奪閹人兵柄，犯其深忌……。」

先生於卷八十九〈王叔文謀奪內官兵柄〉條，再一次稱贊王叔文等「矯革積弊」、「才絕等倫」、「舉賢爲國，可謂忠矣」。

> 叔文所引用者皆賢，無論劉禹錫、柳宗元才絕等倫，即韓華亦有俊才，陳諫警敏一閱簿籍，終身不忘，凌準有史學，韓泰有籌畫，能決大事，程异居鄉稱孝，精吏治，屬已竭節，矯革積弊，沒無留貲，歷歷見新傳，豈小人乎，何又斥其傅匪人規權遂私乎，至於用范希朝，則新書於兵志已表其欲奪宦者權而不克，於希朝本傳更盛稱其治軍整毅，當世比之趙充國，且歷敘其安民禦虜保塞之功，與舊韓遊　傳所云大將范希朝善將兵名聞軍中者正合，然則叔文之用希朝，舉賢爲國，可謂忠矣，斥爲小人，直是自相矛盾，何以服叔文於地下。

永貞革新爲唐順宗時一次重要的政治改革，儘管改革失敗，王叔文被殺害，劉禹錫、柳宗元被貶，遭受歷史上的橫加指責，但先生皆給予了肯定。

先生論人物，有評議、有肯定、有惜才、或有所惡，如論三國時魯肅，肯定其人才不在周瑜之下，如：

卷四十二〈魯肅凡品〉條：

> 趙咨謂孫權納魯肅於凡品。是其聰也，案，張昭毀肅，謂其年少粗疏，是不爲時論所歸，故云凡品，其實肅人才豈出周瑜之下。

又論英雄舉事，貴爭先著，一落人後，便非俊物。先生此舉袁紹、曹操、周瑜、魯肅、孫權諸人，事成爲英雄，事敗便非俊物。如：

卷四十二〈瑜肅異而同〉條：

> 英雄舉事，貴爭先著，一落人後，便非俊物，袁紹欲迎獻帝不果，遂爲曹操所先，及與紹相拒官渡，劉表坐守荊州，不能出一步以襲許救袁，而孫策陰欲襲許迎帝，未發，爲人所殺，若其事成，操敗矣，非爭先著者乎，周瑜方結劉拒曹，曹甫敗，旋欲制劉以取荊而并圖蜀，著著爭先，真俊物也，魯肅與孫權合榻對飲，爲畫大計，與瑜同耳，至破曹之後，仍勸權以荊州借劉，此則與瑜異者，然肅之計，爲孫不爲劉，權雖謂此計爲一短，但荊州新附，其勢吳難獨占，兩雄相爭，徒爲敵利，然則肅計亦未爲短，故瑜病困薦肅自代，二人之計異而同者也，至肅傳載肅與關公單刀俱

會之言，注又引吳書云云，兩人各爲其主，亦復旗鼓相當。

先生肯定人才的作用，但成敗之間，時勢爲致勝與否之關鍵，與人才高下無關，故如劉備、周瑜、魯肅、孫策、曹操等人皆然。

又先生論秦始皇時之范雎，白起雖功勞甚大，白起破趙長平，詐坑其卒四十萬，自謂建不世之功，孰知范雎已伺其後，傾而殺之。白起在秦可謂勞臣，但遭忌下，亦難保一身富貴，如：

卷五〈范雎傾白起殺之〉條：先生論云：

> 天道惡殺而好還，豈不可懼哉，若雎亦小人之尤也。夫起在秦則可謂勞臣矣，雎惡其偏己，必置之死地而後快，自古權臣欲竊人主之威柄，雖有良將在外，務掣其肘，使不得成功，甚且從而翦誅之，其但爲一身富貴計，而不爲人主計，有如此者。

先生評論張耳無德，小人唯利是視，身既善終，在黨人中亦爲下品罷了。如：

卷五〈張耳弒故主〉條：

> 張耳與陳餘共立趙王歇，臣事之，耳初無德於餘，及耳與趙王歇保鉅鹿城，爲王離、章邯所困，責陳餘出死力以救之，陳餘救之不力，其後項羽來救，破秦於鉅鹿，圍得解，而耳遂絀奪陳餘兵，此耳負餘也，項羽立耳爲常山王，餘襲攻耳，耳亡走，乃遂忘羽救鉅鹿及立己爲王之大恩，而背楚歸漢，此又耳之負羽也，餘既定趙，迎歇復爲趙王，其後耳遂與韓信破趙，擊斬餘泜水上，亦已甚矣，乃并趙王歇追殺之，較羽之弒義帝，殆有甚焉，義帝奪羽兵柄，而歇則無怨於耳，特以憾餘并其故主殺之，尚得爲有人心者乎，耳真小人惟利是視，身既善終，子孫封侯五世，乃絕不可解也。

先生敘張耳負陳餘，再負項羽，背楚歸漢之舉，皆是小人惟利是視。其能善終，子孫封侯，乃絕不可解。故如《漢書・功臣表》顏師古注云「張耳及子敖並無大功，蓋以魯元之故，呂后曲升之也，此言甚確。」論平諸呂之亂，於灌嬰功勞最大，如卷五〈灌嬰於平諸呂爲有功〉條，先生論云：

> 諸呂之平，灌嬰有力焉，方高后病甚，令呂祿爲上將軍，軍北軍，呂產居南軍，其計可謂密矣，卒使酈寄紿說呂祿歸將印以兵屬太尉而誅諸呂者，陳平、周勃之功也。

平諸呂，陳平、周勃之功厥偉，但若無灌嬰之助，恐喋血京師，戕千萬之命甚矣。

> 然嬰不以此時亟與齊合，引兵而歸，共誅諸呂，乃案兵無動者，蓋太尉入北軍，呂祿歸將印，此其誅諸呂，如振槁葉耳，若嬰合齊兵而歸，遽

以討呂氏爲名，則呂氏亂謀，發之必驟，將印必不肯解，而太尉不得入北
軍矣，彼必將脅平、勃而拒嬰與齊之兵，幸而勝之，喋血京師，不戕千萬
之命不止，此又嬰計之得也。

先生肯定灌嬰之功勞，在歷史潮流中的正面作用，但對於無功於朝廷社稷，徒是小
人銳面者，如張耳之徒，亦大膽地抵露其面貌，故云顏師古所注之言，張耳並無大
功，此言甚確。對漢之叔孫通，先生亦有所貶，如卷二十四〈叔孫通聖人〉條，言
聖人，如歐陽子五代史述馮道事，有譏貶之意，並未眞誠贊美爲聖人。

　　叔孫通爲秦二世博士，亡去事項梁，梁敗，從懷王，王徙長沙，留事
項羽，羽亡，降漢，面諛親貴，轅固所譏曲學阿世，通之謂矣，及薦諸生
爲郎，賜之五百金，諸生遂稱爲聖人，歐陽子五代史述馮道事，云當時謂
之聖人，正此意。

論漢之司馬相如，如蘇秦、朱買臣等小人得志，如：

卷六〈司馬相如〉條：

　　戰國策敘蘇秦貧賤時困厄之狀，及佩趙國相印歸，而父母郊迎三十
里，妻側目而視，側耳而聽，史記司馬相如，竊妻買酒舍酤酒，令妻當鑪，
身著犢鼻褌，滌器市中，及拜中郎將，建節馳傳使蜀，太守郊迎，縣令負
弩矢前驅，卓王孫喟然嘆，自以使女得尚長卿晚，漢書，朱買臣貧，爲妻
所棄，後拜會稽太守，衣故衣，懷印綬步歸郡邸，守邸與上計掾吏驚駭，
遂乘傳去，見故妻，載之後車，妻自經死，三者正是一副筆墨，史傳中寫
小人得志情形亦多矣，而國策、史、漢尤善描摹，窮秀才誦之，不覺眉飛
色舞，作四書八股文者，每拈孟子舜發　畝一章題，便將此段興會，闌入
毫端，眞堪一噱，然如蘇秦及買臣，終得慘禍，稍有識者，猶知戒之，若
相如之事，輕薄文人，自許風流，千載下猶豔羨不已，自知道者觀之，則
深醜其行，而不屑挂齒牙閒也。

先生寫小人得志，然如蘇秦及朱買臣，終得慘禍，稍有識者，亦當戒之。若相如事，
先生比之爲「輕薄文人，自許風流，千載下猶豔羨不已。自知道者觀之，則深醜其
行，而不屑挂齒牙閒。」先生引韋昭注相如事，言其無恥，昭本通經，此言甚有識。

　　先生痛惡無行之人，如相如事，先生藉韋昭語，評其無恥之輩。但對於賢良之
人，先生稱舉之，如論「李固爲將作大匠，上疏稱侍中杜喬，學深行直，當世良臣。
喬守光祿大夫，徇察兗州，亦表奏太山太守李固政爲天下第一。君子以同道爲朋，
豈不然乎。」（卷三十七〈李杜相薦舉〉條）先生肯定李固、杜喬二人爲君子，爲當
世良臣，當是極高稱譽！論蔡邕，並無論其文才，而只有惋息無子「臣年四十有六，

孤特一身。案，邕無子孫，故云然，列女董祀妻傳，曹操素與邕善，痛其無嗣。（卷三十七〈邕無子〉條）

　　論《三國志》對關公、張飛贊詞不稱，先生敘明關、張二人並有國士之風。

　　　　關張傳贊云，關羽、張飛爲世虎臣，羽報效曹公，飛義釋嚴顏，並有國士之風，夫關公之所以爲國士者，以其乃心漢室耳，若其與張遼策馬刺殺袁紹將顏良於萬眾之中，遂解白馬之圍，公之所以爲國士，豈專在此哉，且其報曹，正爲歸劉地也，若徒以報曹爲公義舉，未爲知公之心，此贊稍嫌不稱，即張桓侯之美，亦不宜但以釋嚴顏一節當之。

先生以關公之所以爲國士者，以其乃心漢室耳，非徒以報曹而已，又張桓侯之美，亦非只是釋嚴顏一事而已（卷四十一〈關張贊稍不稱〉條）。先生論劉裕意在天下，「義熙八年九月，劉裕矯詔數劉毅之罪，帥師討毅，裕參軍王鎮惡陷江陵城，毅自殺，愚謂裕所同事者，無忌與毅皆雄傑，無忌敗死，所憚惟毅，除之則可得志於天下矣。」（卷四十五〈劉裕殺劉毅〉條）盡除雄傑，以消其阻礙力量，亦見劉裕之智謀及野心。又王鎮惡爲劉裕之腹心，而殺鎮惡者即裕，「裕得關中皆鎮惡功，將還，留子義眞與鎮惡及沈田子守之，而又私謂田子曰，鍾會不得遂其亂者，爲有衛瓘等也，卿等十餘人，何懼王鎮惡，未幾田子遂誘鎮惡殺之，裕之梟雄猜忍，亦難與共事哉。」（卷五十九〈王鎮惡〉條）論鄧攸好名而棄其子，不仁可知，如：

卷五十　〈鄧攸〉條：

　　　　鄧攸逃難，棄其子而攜其弟之子，其子朝棄而暮及，攸乃繫之於樹而去，嘻，甚矣，攸意以爲不棄其子，無以顯其保全弟子之名，好名如此，不仁可知，其後敬媚權貴，王敦已反，而猶每月白敦兵數，納妾甚寵之，訊其家屬，方知是甥女，小人哉攸也，斯人也，而可以入良吏乎。

鄧攸逃難棄其子，敬媚權貴，納妾甚寵諸事，先生以斯人爲小人哉，豈可入良吏諸語評之，皆見不屑斯人之行誼，論顏竣殺父妾，乃知母不知父，非人道矣。如：

卷六十一〈顏峻殺父妾〉條：

　　　　顏延之有愛姬，非姬食不飽，寢不安，姬憑寵搵延之墜床致損，延之子竣殺之，延之痛惜甚至，常坐靈上哭曰，貴人殺汝，非我殺汝，愚謂妾罪小，竣竟殺之，非怒其損父，忌其寵於父耳，竣之不孝，宜乎不得其死，嚴武殺父妾，以其奪母寵也，獨不爲父地乎，知母不知父，非人道矣。

嚴武殺父妾，以其奪母寵故，先生論此事，則以顏峻爲非，論其不孝，知母不知父。論唐順宗永貞革新，同王叔文黨者八人，韋執誼、韓泰、陳諫、柳宗元、劉禹錫、韓曄、凌準、程异等八人縱逢恩赦，不在量移之限，諸人雖輕狂，而其中

才士亦多。如：

卷七十四〈程异復用〉條：

> 憲宗讎視其父所任用之人，居心殆不可問，諸人罪亦不過躁進，豈眞
> 醜類比周黨邪害正者哉，攷异傳，异於元和初旋因鹽鐵使李巽薦其曉達錢
> 穀，請棄瑕錄用，遂擢爲侍御史，亦足見帝之好貨矣，异之湔雪尚速，而
> 柳竟死貶所，劉亦久乃牽復，又見才士之多命蹇也。

先生對於此八人是惋惜的，王叔文已賜死，柳宗元亦死於貶所，而劉禹錫亦久乃牽復，
此乃文人才士多命蹇也。論人之交誼，先生對山濤與嵇康交誼之篤，稱其君子「山濤
掌選，舉嵇康自代，康與書絕交，詆斥難堪，而其後康被刑，謂其子紹曰，山巨源在，
汝不孤矣，後濤舉紹爲秘書丞。」（卷四十八〈山濤與嵇紹〉條）先生贊譽山濤之情
誼最爲難得，以嵇康之絕交書中之言辭詭激，而濤能始終念及友誼，並眷顧友人之子，
「何友誼之篤也，君子哉。」先生嘉許山濤照顧昔人之子，其義行乃高。先生亦對郗
愔、王羲之、高士許恂等人，論「並有邁世之風」（卷五十〈許恂〉條）

先生重德行節義，故對於關公、張飛二人，論史書贊不稱。論嵇康、山濤，重
其友誼之篤，且山濤能顧及昔人子弟，其恩義亦有加，誠是君子，並稱許羲之、許
恂、郗愔有邁世之風。而論鄧攸，則唾棄好名如此，不仁可知。論劉裕有志天下，
殺劉毅、王鎮惡，裕之梟雄猜忍，亦難與共事。評顏峻殺其父愛妾，是不知父，非
人道矣。

先生論史實及人物，無非在記其實，透過人物的活動，揭露歷史眞象及史實原委，
以昭炯戒，明勸戒的作用，透過史實及評論，呈現出先生的思維形式及史論特色。

第三節　評論史書

先生對史書得失之評論，主要是以十七史作者爲主，間及爲史作注者及先生所
引用的史書而言。如《史通》、《資治通鑑》、《通鑑紀事本末》、《通鑑胡注》、《補歷
代史表》等書，先生皆給予高度評價。或對於《兩漢刊誤補遺》、《唐律》、《太平寰
宇記》、《後漢書年表》、《建康實錄》等書，亦有評論，表現史評特色。《商榷‧序》
言及「治經斷不敢駁經，而史則雖子長、孟堅苟有所失，無妨箴而砭之」，因此二千
餘條中，先生在檢視史書的同時，亦針對史書優劣得失下斷語，有時亦涉及體例問
題，及對原作者的看法。這其中有對班固、范曄、陳壽、沈約、蕭子顯、姚思廉、
魏收、李延壽、歐陽修及薛居正等人，作了一番評議。先生對《史記》作者司馬遷
評論是較少的，依卷數而言，《史記》只有六卷，若同《漢書》二十卷，新、舊《唐

書》二十八卷相較下，自然可知，先生在《史記》上，所花筆墨較少。

一、《史記》

司馬遷開創了紀傳體的史學方法，這在我國歷史編纂學史上，發凡起例之功是不可低估的。尤其《史記》所開創的紀傳體寫史方法，一百三十篇分成本紀、書、表、世家、列傳五類，條理井然，各篇既自獨立，而又在經緯縱橫聯繫之間，互有貫串。因此，先生首先肯定《史記》的成就，以及對後來史書體裁的深遠影響。如先生論卷一《史記》刱立體例：

司馬遷刱立本紀、表、書、世家、列傳體例，後之作史者，遞相祖述，莫能出其範圍，即班、范稱書，陳壽稱志，李延壽南、北朝稱史，歐陽子五代稱史記，小異其目，書之名，各史皆改稱志，五代又改稱考，世家之名，晉書改稱載記，要皆不過小小立異，大指總在司馬氏牢籠中，司馬取法尚書及春秋內外傳，自言述而非作，其實以述兼作者。

新唐一百九十七卷循吏傳云，李至遠譔周書，起后稷至赧為傳紀，令狐德棻許其良史，周事載於經傳諸子者已詳，何勞復用史記體，強作編次，此為床上安床，德棻稱之，無異兒童之見。

史記先本紀，次表，次書，次世家，次列傳，漢書同，晉書載記，五代史世家附於末尾，蓋以僭偽諸國，自不便居傳之前，非必立意欲與史記別異也，若新唐書改為先志後表，宋、遼、金、元皆然，此則特變史記之例者也，魏收北魏書并改志居傳後，蓋收先著紀傳奏上，以志未成，奏請終業，然後又續十志上之，自云，志之為用，網羅遺逸，晚始譔錄，彌歷炎涼，是以綴於傳末，而五代史亦從之，此變中之變也，史記太史公曰云云者，此其斷語也，而班氏改稱贊，陳壽改稱評，至范蔚宗又改稱論矣，而又系以贊，論為散文，贊為四，言詩，沈約宋書改論稱史臣曰（惟趙倫之等傳一卷無論，校者以為非約原書），蕭子顯南齊書、姚思廉梁陳二書、魏收北魏書、令狐德棻北周書及晉書、隋書、舊唐書並同。五代史論直起，不加標題，而輒以嗚呼二字引其端，此皆其名目之不同者也。有論無贊者，宋書、梁書、陳書、北魏書、北周書、隋書、南北史、新唐書、五代史、宋、遼、金三史也，論贊並用者，晉書、南齊書、舊唐書，而南齊書志亦有贊，宋、遼二史本紀稱贊，列傳稱論，則變之尤者，晉書中間有唐太宗御論，改稱制曰，但如王羲之傳，制專論其善書一節，則知太宗當日特偶然論及，未必欲以此作史論，史臣特援入之以為重耳，梁書本紀末史臣論

後又贅侍中鄭國公魏徵論一段，昭明太子及王茂等傳雜用其父所作論，稱
爲陳吏部尚書姚察曰云云，陳書亦然，此皆思廉之謬，至於李百藥北齊書
本紀之末，於論外又附鄭文貞公魏徵總論一篇矣，而其餘紀傳，有有論無
贊者，有有贊無論者，有論贊俱無者，有論贊俱有者，其論或稱論曰，或
稱史臣曰，參差不一，蓋因北齊書多亡，僅存者十八篇，其餘皆後人取北
史充入，故體例錯亂如此，若前明所修元史，全部皆無論贊，則幾不足以
爲史矣，要總未有能出史記之範圍者。

先生論自《史記》創立體例，各代史書體例雖有改異，仍不出其範圍。先生之史觀，
正史以紀傳體爲主，並以此作爲史學體裁的基本架構，由此展開對《史記》以下的
正史體例認知見解。如：

卷四十二〈三史〉條，先生云：

呂蒙傳注引江表傳曰，權謂蒙曰，讀書但當涉獵，孤統事以來，省三
史諸家兵書，大有益。三史似指戰國策、史記、漢書。孫峻傳注引吳書曰，
留贊好讀兵書及三史，每覽古良將戰攻之勢。三史，元本作三略。愚謂彼
時不但未有范蔚宗書，并謝承（見妃嬪傳）、華嶠（見晉書列傳第十四華
表傳）、司馬彪（見晉書列傳第五十二本傳）之書皆未有，則三史自不得
指爲史記、前、後漢，即晉書傅玄傳云，玄撰論三史故事，評斷得失，各
爲區例，玄卒於晉武帝時，所稱三史，亦未必有後漢。直至唐、宋以來，
學者恆言乃皆曰五經三史，則專指馬、班、范矣。愚竊以爲宜更益以陳壽
稱四史，以配五經，良可無愧，其餘各史，皆出其下。

自唐宋以前，三史未必是指《史記》及《漢書》、《後漢書》，自唐宋以來，學者乃恆
言五經三史，而先生以《史記》、《漢書》、《後漢書》及陳壽《三國志》合稱四史，
足以配五經，即先生以此四史放置極高地位，故其餘各史皆出其下，儼然以四史作
爲正史的指導。先生肯定正史的紀傳體裁，因此《史記》一書之後的班固《漢書》，
正是繼承了《史記》的體裁，同時發揚了司馬遷，構建史學體系上的創造精神，開
創了紀傳體斷代史的體裁。

二、《漢書》

先生對於班固《漢書》的評論，褒貶得失互見，有極高的評價，也有指其疵弊，
以班固取材自《史記》而言，班固《漢書》從高祖到武帝之間的敘述，多半襲用《史

記》之文〔註 2〕，後人頗有微詞，論此抄襲爲不當之舉。其實兩書互有同異，足以並行不悖。如：

卷二十七〈儒林刪史記〉條：

> 儒林傳，仲尼既沒，弟子散遊諸侯，子張居陳，子羽居楚云云。此段皆用史記文，而史記尚有子路居衛一句。裴駰云，子路死時，孔子猶在，班氏覺其非，故刪此句。

又卷八〈高祖非堯後〉條：

> 高祖母與神遇而生高祖，高祖自知非其父太公所生，故項羽置太公高俎上欲烹之。高祖曰，必欲烹吾翁，幸分我一杯羹。即位後，朝太公，家令說太公擁彗迎門，心善家令言，賜黃金五百斤，足見帝之不以太公爲父矣（師古謂善家令發悟己心，因得尊崇父號，非善其令父敬己，非也。後書蔡邕傳李賢注，以司馬遷書此事爲署其不善，是也）。班氏作贊，乃遠引蔡墨、范宣子之言，劉氏出自陶唐，遂謂漢帝系本唐帝，承堯運得大統，是何言邪。司馬遷贊則言三代異尚，周末文敝，漢救以忠爲得統，絕不及堯後之說，此班改馬而遠失之者。

以上二條是班氏刪《史記》文字者，蓋班固認爲《史記》所言有非有是，或是文字殊嫌錯雜所致，故刪之，使其文義，可更明悉。除刪改，班氏亦有所增，如：

卷八〈兩增句〉條：

> 史記高祖紀，秦二世元年秋，陳勝等起蘄，至陳而王，號張楚，下即緊接諸郡縣多殺長吏以應涉。然後繼以沛令欲以沛應涉，以便入高祖事，漢書則於涉爲王下添入遣武臣、張耳、陳餘略趙地，武臣自立爲趙王二句。

班固此條所增文句，先生以爲兩句添入，是爲贅疣，但班固亦有改正《史記》說之誤處，如：

卷二十七〈班正史記誤〉條：

> 匈奴傳上卷之前半截，全用史記元文，敘至天漢四年，貳師將軍李廣利將騎六萬步共七萬出朔方。單于以十萬騎待余吾水南，與貳師接戰，貳師乃解而引歸之下。史記尚有貳師聞其家以巫蠱族滅，因并眾降匈奴，得來還千人一兩人耳云云，漢書刪去，直接游擊亡所得，因扞與左賢王戰不利，引歸。蓋史記原訖於天漢，此段係後人附益，錯謬不可讀，貳師降匈奴，是征和三年事，妄入此，大非，張守節已辨之。

〔註 2〕鄭樵《通志・總序》，批評《漢書》武帝以前，盡竊遷書。

班氏刪去《史記》後人所附之錯謬，此功甚偉，其有助於後人讀此傳者。由此可見，班氏雖承襲《史記》材料，但班氏有作勘正功夫，自有權衡取捨，剪裁鎔鑄。

《漢書》利用《史記》材料，並非原封不動襲用，而是有增補、移動、刪節、訂正及潤色，因而二書所呈現風格亦迥然不同。如《漢書》喜用古字、古詞，因而造成讀者閱讀困難，故早在東漢末年，服虔、應劭已爲《漢書》作注，如《商榷》卷二十八〈史記多俗字漢書多古字〉條，先生就毛版史漢考之，比較《史記》、《漢書》用字風格判然有別，《史記》多俗字，《漢書》多古字。另外卷七〈史漢煩簡〉條，亦足以說明，史漢行文風格各有其特色，如：

> 晉書張輔傳，論著論云，司馬遷敘二千年事，唯五十萬言，班固敘二百年事，乃八十萬言，煩省不同，此固不如遷，愚謂此強作解事。史體至史記而定，班踵馬體，則才似遜，然論古正不必爾，若以煩簡定高下，此何說乎？馬意主行文，不主載事，故簡。班主紀事詳贍，何必以此爲劣。

先生不以史書字數多寡定其高下優劣，乃司馬遷意主行文不主載事，故簡。而班固主紀事詳贍，故文繁。章學誠論「遷書一變而爲班氏之斷代，遷書通變化，而班氏守繩墨，以示包括也」、「遷書體圓用神」、「班氏體方用智」〔註3〕。范曄於《後漢書·班固傳》卷四十評之云：「司馬遷、班固父子，其言史官載籍之作，大義粲然著矣！議者咸稱二子有良史之才，遷文直而事覈，固文贍而事詳。若固之敘事，不激詭、不抑抗，贍而不穢，詳而有體，使讀之者亹亹而不厭，信哉其能成名也。」故先生於卷十〈壬壬辛丑〉條所論，可謂對班固最大的肯定及贊美。

> 或謂史貴詳，或謂史貴簡，二者皆不盡然。必也詳其所當詳，簡其所當簡，乃可謂良史矣。班氏史家之冠冕，然亦未能副此言，豈班氏猶不得爲良史與？曰，非也。班氏體例雖因史記，而斷代爲史，愼覈整齊其文，則雖因實夠，夠者難爲工，縱詳略偶未當，盡美未盡善，何害爲良史乎？

孟堅於張禹孔光直筆詆斥盡醜描摹，洵不愧良史（卷三十六〈刺廣寓於襃頌〉條），即是班固有缺失，但瑕瑜不掩其美體，《漢書》仍有其非凡的價值。如同劉知幾《史通·六家》卷一所評之云：「如漢書者，究西都之首末，窮劉氏之興廢，包舉一代，撰成一書，言皆精鍊，事甚該密，故學者尋討，易爲其功。自爾迄今，無改斯道。」可謂推崇備至〔註4〕。

先生肯定班固爲良史，但《商榷》中亦有對班固指其非處，如論班書體例不一，

〔註3〕章學誠《文史通義》內篇一〈書教〉下（台北：仰哲出版社，1948年），頁49～50。
〔註4〕劉知幾《史通·六家》卷一（台北：里仁書局，1980年），頁22。

有自亂其義例，如：

卷十〈永始二年拜罷〉條：

> 班書本紀於三公之拜罷，或書或否，體例甚亂，摘之不可勝摘。

卷二十五〈薛縣〉條：

> 地理志據最後元始爲定，故薛仍屬魯國，但各列傳每人書某郡縣人，亦當據後定，乃偏據一時稱薛川，薛，予前所論名字郡縣義例不定者，此亦其一也。（東海郡下邳縣，應劭曰，邳在薛，其後徙此。故曰，所云邳在薛者，即魯國之薛也，東海下邳，今邳州）

自司馬遷、班固言名字郡縣皆義例不定，先生尤以班書地理志中有郡與縣俱具者，或郡縣皆具而郡誤書者，或言縣無郡者，或言縣無郡而又著其鄉者，或全無郡縣，因此先生以此義例不晝一而疵謬班氏（卷二十三〈名字郡縣義例不定〉）。又班書地理建置沿革無常，以最後爲定，戶口據元始，疆域亦當據元始。但班書分割雖據元始，又有不拘者，以至例俱不定，如：

卷十五〈建置從略〉條：

> 此皆分割大事，班氏概略之。竊謂史法貴簡，獨建置沿革，乃地理之至要，宜條析而詳書之，詞繁而不殺爲佳。無如志之一體，班氏所刱，風氣初開，義例舒闊，不能詳析也，凡如此類，不可枚舉，舉一以資隅反。

班氏地理建置沿革以元始爲依據，但先生舉其國志中略不載，則是不據元始，以致例俱不定，義例疏闊，不能詳析。除討論建置沿革，亦探究郡之何屬，如：

卷十五〈郡不言何屬〉條：

> 地理志，郡國一百三，言所屬者凡七十九，不言所屬者凡二十四，詳攷之，其不言者，皆疏漏，非有義例也。

又卷十五〈元始戶口〉條：

> 每郡首列戶口之數，而於京兆尹冠以元始二年。師古曰，漢戶口元始最盛，故舉之以爲數。愚謂元始平帝號，是歲壬戌，王莽秉政，戶口之盛，必多增飾，班氏豈不知之，蓋取最後之籍以爲定，不必以其盛也。但有合郡戶口數，每縣下無之，而京兆尹長安縣、左馮翊長陵縣、右扶風茂陵縣、潁川郡陽翟縣、僑陵縣並有戶口，河南郡雒陽縣、南陽郡宛縣、蜀郡成都縣、魯國魯縣、楚國彭城縣有戶無口，其詳略皆無義例，有則書之，無則闕，各縣戶口皆注於其縣之下，獨雒陽注於郡名下，書法參差，亦無義例。

班書於郡戶口數，書法參差，其詳略皆無義例，此又是一失也。對於郡國屬縣之數，其分割之詳，不可攷矣，以致疏失，又爲一失。觀此則知，班書中有些體例甚亂，

以致義例失當。班書除義例不定，亦有編次不當，如：

卷十一〈志次當改〉條：

> 志之次，一律曆、二禮樂、三刑法、四食貨、五郊祀、六天文、七五
> 行、八地理、九溝洫、十藝文。竊謂先後顛例，敘次錯雜，殊屬無理。愚
> 見當改爲一天文、二五行、三律曆、四地理、五溝洫、六食貨、七禮樂、
> 八郊祀、九刑法、十藝文，如此方順，改河渠爲溝洫，名實不相應，亦非，
> 故後世無從者。

卷十一〈刑法志三非〉條：

> 刑法志，大刑用甲兵，其次用斧鉞云云，語出魯語，班氏據此，故以
> 戰守之兵，與墨劓等刑，合爲一志，畢竟刑平時所用，兵征討所用，二者
> 不可合。班氏雖有此作後世諸史無從之者，一非也。於次宜先刑後兵，今
> 先兵後刑，二非也。漢家雖不制禮，而未嘗無兵法，一代之制，豈無足述。
> 今先之以考古，繼之以議論，其下但云，高祖定天下，躡秦而置材官於郡
> 國。京師有南北軍之屯，至武帝平百粵，內增七校，外有樓船，皆歲時講
> 肄，述漢事只此數語，毋乃太簡，三非也。

先生論班書十志之編次先後有顛倒錯雜，且改《史記》河渠爲溝洫，亦名實不相應，故後世史書無從者。且班書刑法志以兵征在前，刑法在後。先生以二者不可合，宜先刑後兵，班書今先兵後刑，爲非。又：

卷十一〈補漢兵志〉條：

> 班氏於刑志中，帶敘兵事，草草數語，全不詳備。文子生千載之下，
> 亦不過從漢書中紬繹而得，假令班氏欲志其詳，何難委曲如繪，惜乎略之。
> 唐兵制之善與漢同，但其後內爲宦官所竊，外爲方鎮所據，初制固不然，
> 惜史亦略也。……

論班書刑志帶敘兵事，草草數語，全不詳備。略而不詳亦見於卷十三〈二志矛盾〉條。先生論班固〈五行志〉上卷末段「以罷郡國廟及太上皇，惠帝寢廟，徙甘泉泰畤，河東后土於長安南北郊，又罷雍、五畤郡國諸舊祀，皆致水災之應」敘，不言其說出於何人。又觀〈郊祀志〉劉向之言有曲說，但班書采輯諸書而成，有未加裁剪者，亦自相矛盾。班氏亦有偶然誤記，遂成行文之謬，如《商榷》卷二十一〈總論有誤〉條，先生言「班氏於志末總論三代、戰國、秦、漢以來列國之星土疆域，建置沿格，分封世系，形勢風俗，甚備。然曰，魏地南有汝南之召陵、 疆、新汲、西華、長平、河南之開封、中牟、陽武、酸棗、卷、燕地南得涿郡之易、客城、范陽、北新成、故安涿縣、良鄉、新昌，攷新汲屬潁川，非汝南，酸棗志屬陳留，非

河南，北新成志屬中山，非涿郡」此皆班氏誤記而成行文之謬者。

　　以上論班書義例不定，自亂其體例，亦敘班書采輯諸書，而未能加以剪裁，或《漢書》十志中編排次序失當，或論其敘事，略而不詳，皆爲班書之缺失。但先生對班固這般的評論，皆針對史學觀點而言，亦不否定班固爲一良史。以下諸條所論，皆是從經學立場出發的，如：

卷二十二〈試學童六體首古文誤〉條：

　　　　蕭何又以六體試學僮之爲史者，課最者以爲尚書御史史書令史。六體者，古文、奇字、篆書、隸書、繆篆，蟲書，皆所以通知古今文字。而許氏說文自序，則謂秦李斯省改史籀大篆作小篆，又有隸書，以趨約易，而蒼頡古文絕矣。自爾秦書有八體，一大篆，二小篆，三刻符，四蟲書，五摹印，六署書，七殳書，八隸書，漢興，尉律學僮十七巳上始試諷籀書九千字，乃得爲史，又以八體試之郡，移太史并課最者以爲尚書，亡新改定六書，一古文，孔子壁中書也，二奇字，即古文而異者，三篆書，即小篆，秦始皇帝使下杜人程邈所作也，四佐書，即秦隸書，五繆篆，所以摹印也，六鳥蟲書，所以書幡信也，若依漢志，則是蕭何所以試學僮者，即亡新所定六體，西漢與王莽無異制也，且古文是孔子壁中書，亦即蒼頡書，在西漢列於功令，人人傳習者矣，若依許氏，則六體乃王莽所定，西漢試學僮者，即秦八體而非六體也，二說大相矛盾，以予攷之，許說是，漢志非也，八體與六體同者四，小篆、蟲書、摹印、隸書也，置勿論，八體有六體無之，刻符、屬書、殳書，其體茫昧，亦置勿論，若大篆亦八體有六體無，據說文以爲史籀所作，與古文異，秦人廢古文，遂以大篆居首，蕭何本秦時刀筆吏，自宜沿襲秦故，王莽雖好古，不應廢大篆，其六體中古文、奇字之下，即當繼以大篆，然後及小篆，乃竟去大篆而不列六體中者，小篆即係省改大篆，舉此該彼，無煩複出，故總名篆書爾，其實六體中兼包大篆，非眞無也，許氏亦舉小篆該大篆耳，唯古文及奇字秦時已絕，直至王莽始復出，西漢無之，故六體有八體無，漢試學僮用八體，非六體，許說是，漢志非也。

西漢試學僮以秦八體非六體，先生以許愼《說文解字》自序言爲是，故漢志以六體之說，必然爲誤。因此先生言「凡論文字，必以許愼爲正，班雖在許之前，且曾讀揚雄訓纂，亦是小學家，不專是史家，但究係史才長，小學短，攷之不審，不如許氏確也。先生肯定班固的史才，但於小學文字上之素養，自然不及許愼。又卷二十五〈終揚〉條，先生言「未通小學，不可說五經、史、漢。」因此能通得小學，是

成為經學家的首務所在。如先生於卷二十七〈孟喜京房之學〉條中所論,「班氏本史才非經師,於諸經皆未能精,而易尤甚。」即是肯定班固為史才,班史紕漏雖多,不害為良史,至於能否為經師,則尚有不足。

三、《後漢書》

　　《商榷》對《後漢書》的考證共有十卷,這其中,先生揭示了范曄的治史旨趣,及論述表彰范曄的史識及志向,如范曄與甥姪書,自序其讀書作文之法甚備「年三十許,政始有向,自爾以來,轉為心化,往往有微解,言乃不能盡,至所通處,皆自得於胸懷耳。又云,文章轉進,但才少思難,每於操筆,恥作文士。又云,文患事盡於形,情急於藻,義牽其旨,韻移其意,雖時有能者,大較多不免此累,政類工巧,圖績竟無得也。常謂情志所託,故當以意為主,以意為主,則旨必見,以文傳意,則其詞不流,觀古今文人,多不全了此處,縱有會此者,不必從根本來。」(卷六十一〈范蔚宗收謀反條〉)

　　先生論述了范曄的著史旨趣,贊賞范曄「以意為主」、「志在根本之學」,並論述云:「今讀其書,貴德義、抑勢利、進處士、黜姦雄。論儒學則深美康成,褒黨錮則推崇李、杜,宰相多無述,而特表逸民,公卿不見采,而惟尊獨行,立言若是,其人可知,犯上作亂,必不為也。」先生所論,已道出了范書的精華所在。且「肆而隱,穢而彰」(卷三十六〈刺廣寓於褒頌〉條),正是范曄著史之旨趣。范曄著史把立意放在首位,也因如此而成就高出於其他人之上,如先生論范史「自古體大而思精,未有此也」又「沈多史才較蔚宗遠遜」。因此,先生對范曄是推崇的,如:

卷二十九〈劉昭李賢注〉條:

> 　　唐劉知幾史通第五卷云,范蔚宗之刪後漢,簡而且周,疏而不漏,蓋云備矣。

先生引劉知幾對范史的贊美,亦是先生對范史的心聲,類此稱譽之辭,亦見於:

卷四十〈董袁等傳〉條:

> 　　董卓、袁紹、袁術、劉表等傳,以范書較之,范之詳幾倍於陳壽,凡裴松之所採以入注者,皆范氏取入正文者也,陳之精簡,固勝於范,然范贍而不穢,銓敘井井,亦不厭其繁。

卷四十〈劉表傳少長子琦後事〉條:

> 　　陳壽總求簡嚴,然如劉表二子琦、琮,若於琦竟一字不提,亦已矣,乃上文既並出琦、琮,而下文但敘琮降曹後事,琦竟不見顛末,不特事蹟不全,行文亦無結束,不如范蔚宗於傳尾兼及琦,云,操後敗於赤壁,劉

備表琦爲荊州刺史，明年卒，較爲完善。

先生以范曄《後漢書》同陳壽《三國志》相比，顯然，先生是肯定范曄的。論范書中之董卓、袁紹、袁術等傳，范書敘事詳贍而不穢，銓敘井然，亦不厭其繁，自然勝於陳壽之精簡。

范曄博涉經史，擅長文章，在劉宋官場中身居顯貴，但其個性有傲骨，當日江左門戶高於蔚宗者多，豈皆連姻帝室者，而蔚宗執意不從，當以此爲怨。又蔚宗善彈琵琶，文帝欲聞，終不肯，其耿介如此。又序香方爲一時朝貴，咸加刺譏，想平日恃才傲物，憎疾者多，共相傾陷。忽坐謀反，與其四子一弟同死於市。故先生云，計蔚宗性輕躁不謹，與妄人孔熙先往還，是其罪耳，決不當有謀反之事。

范氏此等恃才傲物，耿介不屈，出言招怨的性格，亦表現在史書當中，如：

卷三十八〈孔融傳論〉條：

> 孔融傳論，以曹操之不敢及身簒漢爲融之功，至儒林傳論，則又以漢經學世篤，故桓、靈以後，國勢崩離，而群雄不敢遽簒者，皆爲儒學之效。蔚宗之表揚節義，推獎儒術如此。沈約宋書鄭鮮之傳云，後漢亂而不亡，前史猶謂數公之力，前史即范史。

卷三十六〈范矯班失〉條：

> 班彪、固父子傳論云，彪、固譏遷，以爲非是頗謬於聖人。然其論議常排死節，否正直，而不敍殺身成仁之爲美，則輕仁義，賤守節愈矣，此雖華嶠之辭，而蔚宗取之，故蔚宗遂力矯班氏之失，如黨錮、獨行、逸民等傳，正所以表死節，褒正直，而敍殺身成仁之爲美也，而諸列傳中，亦往往見重仁義貴守節之意，善讀書者，當自知之，并可以想見蔚宗之爲人。

先生言范曄表彰節義，褒正直，敍殺身成仁爲美，重仁義、貴守節者，皆是蔚宗爲人眞性情之展現，故讀其《後漢書》亦如見其人。故先生論述范曄史學對後代所產生的積極影響，如卷三十八〈黨錮傳總敍〉中所論「黨錮傳首總敍，說兩漢風俗之變，上卜四百年間，瞭如指掌，下之風俗，成於上之好尚，此可爲百世之龜鏡，蔚宗言之切全如此，讀之能激發人。」而袁宏《後漢紀》中所論相比，說明范曄的史識更高。

至於范書之缺失處，見於卷三十六〈胡廣傳敍次顛倒〉條

> 胡廣傳，自少至老，歷敍事實，及敍至靈帝立，陳蕃被誅，代爲太傅，時年已八十。而心力克壯，其下文則云，繼母在堂，朝夕瞻省，言不稱老，及母卒，居喪盡哀云云，其下文則繼以性溫柔謹素，常遜言恭色，直至陳蕃等朝會避廣，時人榮之，此段乃是總敍廣一生大略，而其下文乃云，年

八十二，熹平元年薨，其下則盛稱死後褒贈之榮，喪儀之美，而結之曰，漢興以來，人臣之盛未嘗有也，以下則又盛陳其著述之富以終之，夫八十而有繼母，人事之常，不足爲怪，然則自居喪盡哀云云以上，俱是案年順敘之文，而性溫柔云云一段，實係總敘，宜在未嘗有也之下，今橫臚其間，敘次顛倒，稍覺失倫，此蔚宗偶不檢處。

先生論范書，以褒譽勝於貶毀，指此一條論蔚宗偶不檢處，其評議之辭，仍是溫和，以見范曄在先生心目中地位。

四、《三國志》

先生對陳壽《三國志》是給予肯定的，並擢置於三史之下，自唐宋以來，學者恆言五經三史，先生則以爲更益以陳壽稱四史，以配五經良可無愧（卷四十二〈三史〉條），故四史之後，各史皆出其下。《晉書》稱陳壽作《三國志》，善敘事有良史之才（卷二十九〈陳壽史皆實錄〉條）。先生亦論陳壽史法之嚴，以致裴松之爲之作注徒勞筆墨，如：

卷四十一〈關傳注多誤〉：

> 裴松之注專務博采，若關雲長傳所採蜀記六條，典略一條，內惟龐德子會滅關氏一家條，或係實錄，其餘盡屬虛浮誣妄，松之雖亦尚知駁正，然徒勞筆墨矣，觀裴注，愈知陳壽史法之嚴。

先生言陳壽《三國志》皆實錄，如壽所書儀廙事皆實，而壽之用心實爲忠厚，故先生對於《晉書‧陳壽傳》說陳壽向丁儀、丁廙借米不與，遂不爲作傳事，有所申辯。又陳壽父爲馬謖參軍，謖爲諸葛亮所誅，壽父亦坐髡，以致壽爲亮傳，謂將略非長，無應敵之才。《晉書》所議論之辭，先生以《晉書》好引雜說，故多蕪穢，實非如此，故有辨明，如：

卷三十九〈陳壽史皆實錄〉條：

> 索米一說，周柳蚪、唐劉允濟、劉知幾皆信之。近朱氏彝尊，杭氏世駿辨其誣，謂壽於魏文士惟爲王粲、衛覬五人立傳，粲取其興造制度，覬取其多識典故，若徐幹、陳琳、阮瑀、應瑒、劉楨僅於粲傳附書，今粲傳附書云，沛國丁儀、丁廙、弘農楊修、河內荀緯等亦有文采，又於劉廙傳附見云，與丁儀共論刑禮，如此亦足矣，何當更立專傳乎，且壽豈特不爲立傳而已，於陳思王傳云，植既以才見異，而丁儀、丁廙、楊修等爲之羽翼，於衛臻傳云，太祖久不立太子，方奇貴臨菑侯，丁儀等爲之羽翼，是奪嫡之罪，儀、廙爲大，又毛玠、徐奕、何夔、桓皆之流，皆鯁臣碩輔，

儀等交構其惡疏斥之，然則二人蓋巧佞之尤，安得立佳傳，然此猶陳壽一人之言也，王沈撰魏書，一則曰奸以事君，一則曰果以凶僞敗，魚豢撰魏略，稱文帝欲儀自裁，儀向夏侯尚叩頭求哀，張騭撰文士傳，稱廙盛譽臨菑侯，欲以勸動太祖，則知壽所書儀、廙事皆實，而壽之用心，實爲忠厚，毛玠、儀所譖也，玠出，見黥面，其妻子沒爲官奴婢者，曰，使天不雨者蓋此也，壽不屬之儀，而第曰，後有白玠者，白者爲誰，非儀則廙，壽爲之諱也，尚得謂因索米不得而有意抑之乎，街亭之敗，壽直書馬謖違亮節度，爲張郃所破，初未嘗以私隙咎亮，至謂亮將略非長，則張儼、袁準之論皆然，非壽一人之私言也，朱、杭所論，最爲平允，壽入晉後，撰次亮集表上之，推許甚至，本傳特附其目錄并上書表，創史家未有之例，尊亮極矣，評中反覆盛稱其刑賞之當，則必不以父坐罪爲嫌，廖立、李平爲亮廢竄，尚能感泣無怨，明達如壽，顧立、平之不若邪，亮六出祁山，終無一勝，則可見爲節制之師，於進取稍鈍，自是實錄。

先生指出索米之說，而加以考辨陳壽受誣的癥結所在，在於《晉書》好引雜說，故多蕪穢，而索米之說乃屬無稽之談，北周柳蚪、唐劉允濟、劉知幾皆信之，以致結果錯訛相傳。先生以朱彝尊，杭世駿的考辨成果，作了深辟論證，謂二人蓋巧佞之尤，安得立傳，但陳壽於〈王粲傳〉中仍提到已屬難得。附書云「沛國丁儀、丁廙、弘農楊修、河內荀緯等，亦有文采。又於劉廙傳附見云，與丁儀共論刑禮，如此亦足矣，何當更立專傳乎？」再對照王沈《魏書》，魚豢《魏略》、張騭《高士傳》對丁氏兄弟的斥責，愈見陳壽做法更顯寬厚。因此索米之說不攻自破。又對於陳壽挾父怨而貶抑諸葛亮的說法，先生也提出反駁，引朱彝尊《曝書亭集》卷五十九〈陳壽論〉已甚明晰。錢大昕《潛研堂集》卷二十八〈跋三國志〉亦謂：「承祚于蜀，所推重者惟諸葛武侯，……其稱頌蓋不遺餘力」趙翼《廿二史劄記》卷六〈陳壽論諸葛亮〉條也舉出許多例證，說明陳壽對諸葛亮推崇備至。因此，所謂私怨而對諸葛亮有貶詞者，乃無識之論。

又陳壽所撰《三國志》歷來受到推崇的同時，亦一直蒙受著曲筆的惡名。趙翼《廿二史劄記》卷六〈三國志多回護〉條，舉出許多例證。陳壽修《三國志》是以魏爲正統，書中對於魏國君主如曹操、曹丕、曹叡等，都列爲武帝、文帝、明帝諸紀，但對於蜀漢、吳的君主，則立爲傳。在〈魏志〉中，對於劉備、孫權稱帝之事皆不書，而在〈蜀志〉、〈吳志〉中，于君主即位，必記魏之年號，以此皆見陳壽以正統在魏。但朱彝尊以爲陳壽雖以魏爲正統，但其意識中，則以三國并峙。當曹丕受禪時，群臣頌功德、上符瑞者先後百餘人，但陳壽不登見，其文見於裴松之注所

引。至於蜀漢先主王漢中即帝位，群臣諸封之辭，勸進之表，告祀之文，大書特書，因此「著昭烈之紹漢統，予蜀以天子之制，足以見良史之用心苦矣。」（《曝書亭集》卷五十九〈陳壽論〉）先生《商榷》對陳壽亦有此論，如：

卷四十〈貢禹兩龔之匹〉條：

> 評以袁渙，邴原等爲貢禹、兩龔之匹，意指顯然，其待魏室之輕重亦有在矣。蓋借禪讓以爲篡竊。始於莽、操，莽敗操成，其開後世以巧奪之門一也。陳壽目睹兩朝，故尤謹之，而寓其意於諸賢出處之間，示進退於列傳先後之際，其用心良苦矣。

所謂「寓意於諸賢出處之間」正是隱而微，微而臧的筆法，陳壽目睹蜀、魏兩朝，處世言談間自是謹慎。又如：

卷四十〈夏侯玄傳附許允王經〉條：

> 魏氏之亡，使於曹爽之誅，而終於齊王之廢，及高貴鄉公之弑。爽之驕溢，其敗有由，然爽不死，司馬之篡不成若夏侯玄、李豐之獄，則師、昭相繼，逆節彰著諸公身沉族滅，皆魏室之忠臣也，故於玄傳未以許允、王經終之，以見其皆亡身殉國者，而皆貶其以過滿取禍，則廋詞以避咎耳。
> 世愈近，言愈隱，作史之良法也。

先生言作史之良法，在於以廋詞避咎耳，況世愈近，言愈隱，正是史家用心良苦之處。

朱彝尊闡發陳壽尊蜀爲正統之微意，先生以明陳壽目睹兩朝，故尤謹之，以廋詞避咎，乃用心良苦。蓋古人著書，常有不便明言者，而用巧妙的筆法以寄託其深意。陳壽身爲晉臣，撰修史書，自然不便批評司馬氏，也不便揭發司馬氏史實眞象，甚至要爲其粉飾〔註 5〕，因此《三國志》中，陳壽時有曲筆，爲西晉統治者隱惡溢美，多所回護，這不免是《三國志》的一大缺點。

五、南北二史

先生對於李延壽的褒貶，是貶多於譽的，從《南史》十二卷，《北史》四卷歸納出，先生認爲南、北二史，凡八代合二書一百八十篇，有鳩聚鈔撮之功，但其書疵病百出，不可勝言，《新唐書》云有條理，而先生以爲甚少條理；且刪落處不當而欠

〔註 5〕見《中國史學家評傳》（中州古籍出版社，1985 年），頁 113，陳壽記述魏晉之際的政事，多是沿用王沈《魏書》，而王沈是司馬氏之黨，其書多爲時諱，殊非實錄，而陳壽也難以多作改動。

妥者十之七八。因此先生否定《新唐書》對南、北二史的稱譽之詞（卷五十三〈新唐書過譽南北史〉條）。

李延壽的南、北二史，是以沈約《宋書》、蕭子顯《齊書》、姚思廉《梁書》、《陳書》、魏收《魏書》、李百藥《北齊書》、令狐德棻《周書》、魏徵《隋書》等八書為基礎，又參考雜史一千餘卷，刪繁就簡，補充訂正，並改其父原籌劃之編年史體例，以紀傳體裁，撰寫南北朝二史〔註 6〕。南、北二史是在對南北八書作刪繁、增補、訂正的基礎上撰成的，如先生論：

卷五十三〈新唐書過譽南北史〉條：

> 南北史增改無多，而其所以自表異者，則有兩法，一曰刪削，二曰遷移，夫合八史以成二史，不患其不備，惟患其太繁，故延壽一意刪削。每立一傳，不論其事之有無關係，應存應去，總之極力刊除，使所存無幾，以見其功。然使刪削雖多，仍其位置，則面目猶未換也，於是大加遷移，分合顛倒，割截搭配，使之盡易其故處，觀者耳目一新，以此顯其更革之驗，試一一核實而攷之，刪削遷移皆不當。功安在乎，其書聊可附八書以行，幸得無廢足矣，不料耳食者反以為勝本書也。

先生以南、北二史比較八書，首要差異在於刪削以及遷移的方法上，促使南北史增改無多。也因刪削而使存者無幾，先生於此所談甚多，皆站在批駁的論點上。又論李延壽善於遷移，而使得史書分合顛倒、割裁搭配，使之盡易其故處。如：

卷六十八〈都督總管書法〉條：

> 大約北史各傳所書官銜，惟儉傳為最得，而尚有此二失。史家敘事貴簡潔，獨官銜之必不可削者，任意削之則失實，欲刪支詞，何處不可刪。

刪削之要，在於不害史實，而先生論延壽，善於刪削，故其弊端不在少數，如論《南史·宋武帝紀》同《宋書》比較，知《南史》所刪宋有「城上火石」四字，反使句意全晦（卷五十四〈刪改皆非〉條）。《南史》省《宋書·文帝紀》「皇太后」三字，而使文義全不分明（卷五十四〈追尊章皇太后〉條）。《南史》刪去《宋書》「建學於後卻書罷學，李延壽之粗疏如此」（卷五十四〈立國子學〉條）。「凡沈約所書皆一字不可移易，一經李延壽刪改，疵謬叢生」（卷五十四〈顧命五人書法〉條）。「南史於各本書最喜以刪節見長，乃於此前一條刪尚書令三字，亦屬謬妄，而後一條則仍之，竟不能削正」（卷五十五〈褚淵進司徒重出〉條）。《南史》省略《梁書》中「若各書

〔註 6〕同註 4，頁 304，論李延壽對前四書並不太滿意，對早已流行的魏收《魏書》、沈約《宋書》、蕭子顯《齊書》，認為有改修的必要。

中都督某某幾州諸軍事某州刺史，南史一概改爲都督某州刺史，爲欲省此幾字，生出種種語病，使讀者不明」（卷五十五〈百僚致敬〉條）。論后妃傳敘首自晉武帝采漢魏之制「沈約宋書舊文，自及齊高帝建元元年云云，至位在九嬪焉一段，本之蕭子顯南齊書，而法稍參差，自梁武云云，至不建椒闈一段，本姚思廉梁書，而略有增益，自陳武云云以下，本陳書而刪節之，延壽才太短」（卷五十九〈后妃傳敘首〉條）。其帝王年數必應見於紀，《梁書》有帝王年數，《南史》反削，「李延壽刪削不當，往往如此」（卷五十九〈阮太后與金樓子互異〉條）。《宋書》有關民事語多爲《南史》刪去，《南史》意在以刪削見長，「乃所刪者往往皆有關民生疾苦，國計利害，偶有增添，多諧謔猥瑣或鬼佛誕蔓，李延壽胸中，本不知有經國養民遠圖，故去取如此」（卷六十〈宋書有關民事語多為南史刪去〉條）。范蔚宗謀反事，「宋書全據當時鍛鍊之詞書之而猶詳，載其自辨語，南史并此刪之，則蔚宗冤竟不白矣」（卷六十一〈范蔚宗以謀反誅〉條）。《南齊書·子良傳》凡奏請有關國計民生，《南史》刪削所存不及十之一二（卷六十二〈子良傳所刪不當〉條）。《梁書·王茂傳》王茂歷官，《南史》節去「沈字妄字」，幾不成句（卷六十三〈王茂歷官刪削不當〉條）。《梁書》「劉秉爲丹陽尹，辟淹爲主簿，故其後云，王儉領丹陽尹，復引爲主簿。南史刪前爲主簿，後文不去復字非」（卷六十二〈復為主簿〉條）。「太平眞君四年九月，以輕繼襲蠕蠕，魏書於此下，尚有事，具蠕蠕傳，分軍爲四道，北史刪此五字，則其語未完」（卷六十六〈兩處語皆未完〉條）。《周書》載符瑞，《南史》多刪去，「其刪亦無定見，隨手剟去而已」（卷六十六〈周初符瑞多刪〉條）。《北史》刪慕容紹宗傳，使傳與論不相應（卷六十八〈慕容紹宗傳刪非〉條）。周宗室諸王名，《北史》於某王之子某等名，往往刪去不載，謬甚（卷六十八〈周宗室諸王名〉條）。

以上諸條文論李延壽南、北二史刪削之例，先生云史家敘事貴簡潔，但若任意削之，則失實，若欲刪支詞，何處不可刪（卷六十八〈都督總管書法〉條），豈須爲省幾句，而使文句不全，或語意不詳，因此先生論此刪削情況，南、北二史不可勝摘。大體上而言，李延壽在撰寫的過程中，首先對八書刪削，並對《宋書》、《魏書》刪削最多，對南、北《齊書》、《梁書》、《陳書》則刪少增多，對《隋書》則刪增皆少〔註7〕。李延壽刪削的原則，如趙翼《廿二史箚記》卷十二〈南北史兩國交兵不詳載〉條：

> 每代革易之際，以禪讓爲簒奪者，必有九錫文、三讓表、禪位詔冊，
> 陳陳相因，遂成一定格式，南、北史則刪之，而僅存一、二詔策。其他列

〔註7〕同註4，頁307，李延壽並非對八書平均削減。

傳內文辭，無關輕重者，亦多裁汰。……其于南北交兵事，尤多刪削。

南、北史以刪削本紀中的詔冊、讓表等官樣文章，對其他的詔書、令制也在刪削之內，因此李延壽以存其精而省其繁文為主。另外亦多刪去詞章作品，但意義較大的名篇，則又全文保留〔註8〕。

先生論李延壽另一缺點，在於以遷移見長（卷六十八〈隋宗室諸王〉條），讀之雖有令人耳目一新之感，但於割裁搭配，亦顯分合顛倒。如卷六十三〈沈璞不襲父爵〉條「考約自序則襲林子爵者，乃長子邵非璞也。邵卒子侃嗣，侃卒，子整應襲爵，齊受禪國除」，此事《南史》任意更移，不顧其實。又《宋書》徐爰本儒者，長於禮學，沈約乃入之恩倖傳，與阮佃、夫壽寂之李道兒輩同列，此必沈約一人之私。「李延壽最喜改舊，乃於此種大乖謬處，則仍而不改，惟於所載爰諸奏議，痛加刊削而已」（卷六十四〈徐爰不當入恩倖傳〉條）。

李延壽除了刪削、遷移八書，亦作增補的功夫，但先生亦評其所增補的《南齊書‧高帝紀》增添皆非。如：

卷五十五〈齊高帝紀增添皆非〉條：

> 齊高帝紀建元三年，烏程令吳郡顧昌元坐父法秀宋泰始中北征死亡，屍骸不反，而昌元宴樂嬉游，與常人無異，有司請加以清議。此條南齊書所無，李延壽添入者，雖其事他無可附，但入之本紀，語覺不倫，至紀末附益甚多，皆言符瑞，疑神見鬼，巫蠱不經之談，嘵嘵不休，共約一千一百餘字，皆南齊書所無，此因增添而失者，即如其中一條云，天雨石墜地，石開，中有玉璽。文曰，戊丁之人與道俱，肅然入草應天符，掃平河洛清魏都，試問道成能掃河洛清魏都否，即此一句之妄說，其餘可知。

先生論李延壽之增補者亦多誤，而任意竄改亦是一誤，如《宋書》敘「倫之子伯符附倩傳文瀟與公主，嫡兄妹也，事上聞，不殺瀟及公主，反殺公主之生母美人，殊不可解，然沈約每為宋諱惡，而於此直書之，常得實。南史乃云，倩尚公主，甚愛重，倩嘗因言戲以手擊之，事上聞，文帝怒，離婚，李延壽任意竄改必不可信」（卷五十九〈海鹽公主〉條）。除此，李延壽論贊，全是抄襲，故先生論延壽「論贊皆抄襲舊文」（卷六十〈王宏傳自相違反〉條）而不以為恥。

《南史》最喜言符瑞，巫不經之怪談，故先生於此亦諸多批評，如：

〔註8〕同註4，頁307中論：「史傳中載詞章作品，史記、漢書已開先例，但後世史家卻有不同的看法，如劉知幾就說：『若馬卿之子虛、上林，揚雄之甘泉、羽獵，班固兩都，馬融廣成，喻過其體，詞沒其義，繁華而失實，流宕而忘返，無裨勸獎，有長奸詐，而前後史、漢皆書諸列傳，不其謬乎。』」。

卷五十四〈宋武帝微時符瑞〉條：

> 南史最喜言符瑞，詭誕不經，疑神見鬼，層見疊出。宋武帝紀歷敘其微時竹林寺僧見其臥有五色龍章，孔恭占其墓曰，非常地，行止見二小龍附翼，伐荻新洲，射大蛇，見青衣童子擣藥，下邳會一沙門，贈以黃藥傅創。沈約亦好言符瑞者，故此諸事雖不采入紀，而別作符瑞志述之。射蛇事則符瑞志亦無，卻見於任昉述異記上卷。但述異記未必出任昉，恐後人假託，予直疑是李延壽附會漢高祖斬蛇事自撰出，而後人反勤以入述異記。

李延壽好言符瑞、怪誕，先生舉例出，如《南史》記梁武帝皇后郗氏死化爲龍，但《梁書》本傳並無，可知此乃李延壽所加，並見許嵩《建康實錄》、張敦頤《六朝事跡》皆述其妄也（卷五十九〈郗后化為龍〉條）。又如《南史》敘豫章王嶷傳與齊書微異，其異之處在於「子顯多隱諱，故南史往往有微異者，傳末言其死後見形，自言爲文惠太子所藥死，已訴先帝，皆南齊書所無。」，先生言李延壽善說鬼長技，卻不足取，「大約豫章與文惠固有夙嫌，豫章死於永明十年，而文惠即以明年正月死，故延壽因而附會之。」（卷六十二〈豫章王嶷傳與齊書微異〉條）大抵先生論《南史》多襲取各書，無所增益，偶或一有所增，則成疵累。如《梁書》處士陶宏景傳，此傳所增頗多，往往冗誕似虞初小說，此乃李延壽慣態（卷六十四〈陶宏景年〉條）。

先生論李延壽南、北二史另一重大缺點，在於作史無定例，「記事信手妄載，毫不敷實」（卷五十四〈後廢帝殺孝武帝子〉條），又「書法不嚴」（卷六十四〈都督刺史〉條），「史法粗疏」（卷六十六〈乙未朔〉條），以致作史忽刪忽存，義例參差不定，如卷六十六〈弒崩書法〉條，先生論《北史》「李延壽書法全亂，信手塗抹，體例無定，草率成書而已」。因體例無定，故在列傳立家傳，卷五十九〈以家爲限斷不以代爲限斷〉、卷六十八〈并合各代每一家聚爲一傳〉、卷五十九〈皇子概作合傳爲非〉、卷六十〈諸到傳位置皆非〉、卷六十〈茹瞻〉、卷六十八〈北史例異於南史不可解〉諸條，先生斥責甚深。「南史則總以一家爲斷，不以事類爲敘，徐湛之入徐羨之傳，江湛入江表傳，王僧綽入王曇首傳，袁顗入袁湛傳，孔覬入孔琳之傳，宋書類敘之法，被伊一齊大敗，此國史也，豈家譜乎？」（卷六十〈王華等傳分散非是〉條）趙翼亦持相同見解，斥責李延壽之失誤〔註9〕。

以上總合言之，南北二史被先生批評最多的，在於南北八書的刪削、改編不當上，尤其是刪去許多重要的議論，如卷六十〈宋書有關民事語多爲南北史刪去〉條中所論，

〔註9〕趙翼亦指責李延壽在列傳中立家傳之不當，見《廿二史箚記》卷十〈南北史子孫附傳之例〉條。

刪《宋書・孔靈符傳》中山陰湖田議，羊玄保的吏民亡叛罪同伍議，羊希傳中的占山澤以盜議論，又刪削了一些關鍵性字句，致使語意欠詳〔註10〕。在列傳的改編上有些安排不當，如卷六十〈諸到傳位置皆非〉條〔註11〕。另外南、北二史好載神鬼怪誕之事，亦是許多學者所加以攻擊的〔註12〕。先生對李延壽的批評是嚴苛的，論其才短（卷五十九〈后妃傳敘首〉條），附會傳說（卷六十三〈王楙張彪梁書無傳〉條），論其不識字（卷六十四〈文字淆訛〉條），又論其學淺識陋，全不知經（卷五十九〈臧燾等傳論南史刪棄〉條），又無學識而強操史筆，故其言如此（卷六十二〈劉瓛陸澄傳論〉條），因此先生斷言，考史者，知南北朝事斷不可獨倚李延壽也。

六、新、舊唐書

　　對於新、舊《唐書》，先生幾次以比較法來作為探討，並考校其中的異同及得失，論歐陽修等所撰的《新唐書》，先生是給予肯定的。後晉劉昫、張昭遠所修的《舊唐書》，紀次無法，詳略失中，文采不明，事實零落。而《新唐書》一問世，正足以闡幽發昧，補闕輯亡，黜偽正謬。

　　先生論舊紀于諸臣之卒，或書卒或書薨，隨便書之無義例（卷七十〈諸臣或卒或薨〉條），又改元書法有直書之或混入散文之內，故一書中體例參錯有得有失（卷七十六〈昭紀改元書法〉條）。或舊書於各傳中無字者多，「史家列傳之體，每人輒名字並舉，此常例也。舊書各傳亦舉其字，而其無字者，則甚多」（卷八十四〈舊書各傳無字者多〉條）。蓋書字為其常例，先生則以新書考之，補其舊書所無，此乃舊不如新。又論唐代制度糾紛，史家本難措筆，而舊志疵謬百出，實覺不可枚舉（卷七十九〈天寶十一載地理〉條），又作史者「美惡必宜別卷，所以類族辨物使薰蕕異器閱者，一覽可知」，《舊唐書》不然，姚璹邪佞乃與狄仁傑同傳，王及善、杜景儉、朱敬皆屬清正，而以楊再思小人與之同卷，亦非其類。《新唐書》則及善、景儉自與

〔註10〕錢大昕《諸史拾遺》卷二（台北：廣文書局，1978 年），頁 54，中論《梁書・呂僧珍傳》五羊與旋軍之間，還『有夏侯命僧珍率羽林勁勇出梁城其年冬十六字，李氏誤刪，其文則旋軍字無者。」

〔註11〕趙翼《陔餘叢考》卷九〈南北史複傳甚多〉條論，南北史複傳甚多，如蠻貊諸國，在南者宜載之《南史》，間有與北朝通使之事，卻附見于本傳，而《北史》不必立傳，在北者，也應依此原則處理。而林邑、蠕蠕、宕昌、高麗等等，南北史均各立傳，又劉昶、薛安都、蕭寶寅、蕭綜、蕭大圜、蕭祇、蕭泰，南北史亦各立傳，殊屬繁複。

〔註12〕同註4，頁 315，對於好載鬼神怪誕之事，《中國史學家評傳》上言：「司馬光早就說南、北史，于讖祥詼嘲小事，無所不載。陳振孫也說南、北史好述妖異兆祥謠讖，特多繁猥。趙翼、王鳴盛、李慈銘等也有同樣的批評。」

王綝同卷，朱敬則與狄仁傑、郝處俊同卷，再思改爲與宗楚客、祝欽明等同卷，欽明鄙劣小人，舊書乃入儒學傳，新書改之極當（卷八十四〈美惡宜別卷〉條）。

《舊唐書》疵謬尚有，但亦有可圈之處，如先生論前代沿革，舊志太詳，新志惟舉唐之建置，於前代盡去之又似太略（卷七十九〈前代沿革〉條），又韓旻斬朱泚，新紀書朱泚伏誅，伏誅者固以其有罪，而書，要亦是明正其罪與眾棄之之義。史家紀事，莫善於得實，今泚實爲其軍士所殺，與安慶緒殺祿山，史思明殺慶緒何異？乃與書伏誅，則與親加顯戮者何別乎，不如舊紀得實（卷七十三〈韓旻斬朱泚〉條），又舊書多采實錄，若無實錄，「其事蹟易致遺失」且「求而得其詳，惟恐泯沒，故遂不憚多載之，與此所載皆是實事，凡所貴乎史者，但欲使善惡事跡炳著於天下，後世而已」（卷七十六〈昭哀二紀獨詳〉條）。舊書敘事較詳，新書敘事文筆力求簡淨，以致敘事不及舊書詳贍，故「書官必書其全銜，元修宋史亦如此，於史法誠覺非宜，然今日觀之，正可以考唐宋官制，亦不恨其太詳。」（卷七十六〈昭哀二紀獨詳〉條）先生於此肯定舊書之成就。

《新唐書》勝於《舊唐書》處，在於：

（一）、由《舊唐書》的缺失，益見《新唐書》的成就，尤以在紀、志、表方面，都有卓越貢獻，「新書最佳者，志、表，列傳次之，本紀最下」（卷六十九〈二書不分優劣〉條）。新志的內容比《舊唐書》豐富，補正了舊志缺失，如在地理志方面，先生就言，新地志勝於舊地志，如：

卷七十九〈唐地分十五道採訪爲正〉條，先生論：

> 志唐地理，自當如新書，以十五道採訪使爲綱，排列各州郡，方爲得宜，知者，十五道係開元全盛時所置，採訪使正是統轄州郡至要之官，前此武德、貞觀，制尚未定，不可爲據，固不待言，若肅、代以下疆域之分割，職官之變更，朝三暮四，棼如亂絲，不可爬梳，馴致懿、僖，天下大亂，冰碎瓦裂，若必欲取最後所定者以爲定，則如何紀載，恐愈覺煩瑣，不成文義矣，不得已而析其中，故以開元全盛所分爲定，實覺斟酌盡善，此其中有三說，以全盛之制爲標目，則可包括前後事，一說也，天寶後既以採訪節度合爲一，則言採訪即可該節度，二說也，每一道中分爲數個節度，節度雖分，而未嘗不可以十五道名之，則新地志所分自屬精當，三說也，李吉甫所分列與新志同，但於每道中又分各鎮耳。

志唐地理，敘各道疆域，當如新書，以開元全盛時的十五道採訪使爲綱，排列各州郡，方爲得宜。且以全盛之制爲標目，則可包括前後事。若敘州郡建置沿革，則以唐末天祐時所定爲據，如：

卷七十九〈天祐〉條：

> 新志則戶口據天寶，建置據天祐爲異，大約昭宗之世，分離乖隔，戶口版籍，都無足據，史家於此亦有不得已者，然則新志之例，敍各道疆域，則以開元十五道爲正，敍戶口，則以天寶爲正，敍州郡建置沿革，則以天祐爲正，三者似屬多歧，其實乃苦心參酌所宜而定，大約新書諸志表多能補舊之缺，而新地志尤遠勝於舊地志。

先生以新地志所據者爲三，各道疆域以開元十五道爲正，敍戶口則以天寶爲正，敍建置沿革則以天祐爲正，三者似屬多歧，其實乃苦心參酌而定，較舊地志敍首，既知貞觀分十道，開元分十五道，所列採訪名目治所，皆與新志同，乃其排列各州郡處，則又以十道爲主，以致進退無據，如：

卷七十九〈唐地分十五道採訪爲正〉條：

> 舊地志敍首既知貞觀分十道，開元分十五道，所列採訪名目治所，皆與新志同，乃其排列各州郡處，則又以十道爲主，何也，且既標十道矣，而其中山南、江南仍分東西，劍南則又不分東西，進退無據，皆非是，若隴右之後添出河西，注云，此又從隴右道分出，不在十道之內，此蓋宣宗大中年間收復，不得不如此附入，又嶺南道分爲五管，故其前標明南海節度使領十七州，以下分標四管云，桂管十五州，在廣州西，邕管十州，在桂府西南，容管十州，在桂管西南，安南府在邕管之西，與各道不同，此乃不得不如此變通，此二條不可以自亂其例議之。

先生陳述舊地志之缺失，大約新書諸志多能補舊書之缺，因此，先生在卷八十〈新舊地理雜校誤〉條中，考校其中得失，雖言新地理尚有疵累，然而以地理而言，舊不如新。又新地志內容較舊地志內容豐富，如：

卷七十九〈蘇州華亭縣新有舊無〉條：

> 舊志，蘇州舊領縣四，天寶領縣六，一吳、二嘉興、三崑山、四常熟、五長洲、六海鹽，新則縣七以長洲居嘉興之前，舊以置之先後爲次，新以地之遠近爲次，皆可通，但新則末多一華亭，注云，天寶十載，析嘉興置，舊志據天寶十一載地理，而不及此縣，舊志訛脫舛謬甚多，當從新，楊潛紹熙雲間志卷上封域篇云（潛官奉議郎，特差知秀州華亭縣主管勸農公事，此書爲華亭一縣作。）建安二十四年，封陸遜爲華亭侯，華亭之名，始見吳志，隋始置蘇州，唐天寶十年以華亭爲縣，屬蘇州，按新史寰宇記，以爲本嘉興縣地，輿地廣志以爲本崑山縣地，元和郡國圖志云，吳郡太守趙居貞奏割崑山、嘉興、海鹽三縣爲之，今邑四境與三縣接，郡國圖志爲

不誣矣，楊潛所考頗確，新志云析嘉興者，猶未備，而舊志之闕漏顯然（楊
氏所引輿地廣志文，今在歐陽忞輿地廣記第二十三卷，廣志及廣記）。

先生言蘇州華亭縣，新有舊無，並參引楊潛《紹熙雲間志》卷上封域篇、《輿地廣志》、
《元和郡縣圖志》等考證華亭之名，始見《吳志》。然而舊地志不及，乃是訛脫舛謬
所致，新地志末則多一華亭，顯然新地志可補舊地志所闕。

　　與舊志相比，《新唐書・食貨志》篇幅較《舊唐書》得幾倍有餘。「新食貨志較
舊志加詳，約幾倍之有餘，似勝於舊」（卷八十二〈新食貨加詳〉條）。《新唐書・藝
文志》所添輯的圖書，唐人文集亦比《舊唐書・經籍志》增加了四、五倍，「舊志載
唐人文集只百餘家，新志約六百餘家」（卷八十二〈唐人文集〉條）。舊書無兵志，
新書補之（卷八十二〈總論新書兵志〉條），除此，《新唐書・天文志》、〈曆志〉、〈五
行志〉等篇幅，均超過《舊唐書》三倍以上〔註13〕。

　　《新唐書》立表，多達十五卷，尤其是〈方鎮表〉的設置，敘述了唐代方鎮之
建置、分割、移徙等變化。如：

卷八十三〈論方鎮表〉條：

　　　　方鎮之建置分割移徙，最為糾紛，以唐一代變更不一，竟無定制，所
　　以覽史者苦於眯目，舊書無表，新書特補方鎮表，開卷瞭然，此新書之最
　　善者，但舊地志於節度使亦曾分作兩番敘述，前面先列十節度，開元二十
　　一年所置，每道用小字注其治所及所管，後面又列四十七使，係至德以後
　　所置，亦每道用小字注其治所及所管，十節度易於明了，如舊志所列已足
　　矣，其四十七使分合更易，繁若亂絲，此非表不能整理，而舊志但累歷而
　　舉之，豈能條析乎，且兵自宜別為志，方鎮自宜別為表，盡入地理，一何
　　喧混，此新書體裁所以為善也。

先生肯定了《新唐書・方鎮表》的價值，蓋方鎮之建置分割移徙，最為糾紛，加上
唐代變更不一，毫無定制，而《舊唐書》無表，徒使讀者苦於眯目。而新書有方鎮
表，正是助人開卷瞭然，此乃新書最善。又四十七使，分合更易，繁若亂絲，《舊唐
書》將其混在〈地理志〉中，雜舉累列，益令讀者目眩。

（二）、新書體例遠勝舊書

〔註13〕同註4，頁487，趙翼《廿二史劄記》卷二十一〈歐史書法謹嚴〉論「不閱舊唐書，
　　　不知新唐書之綜核也」，《四庫未收書目提要》卷四〈漢唐事箋〉評「新書詳贍，舊
　　　書太略」。

在體例上傳記之安排，先生以為「凡作史者，善惡必宜別卷，所以類族辨物，使薰蕕異器閱者，一覽可知。」，然而《舊唐書》在傳記上的安排卻不然，以致清正人物與邪佞輩同卷，凡此皆以新書所改為允（卷八十四〈美惡宜別卷〉條）。先生又論舊書患「美惡不別卷」，或「可以無傳而有傳」，或「當有傳而無傳」此三弊，皆是舊書疏漏之甚者，賴新書補之（卷八十四〈當有傳而無傳〉條），因此新書所刱之體例遠勝舊書，如：

卷八十五〈新書刱立體例遠勝舊書〉條：

> 循吏、儒林、酷吏、游俠、佞幸、滑稽，子長所立品目也，各列傳中，固已忠佞並著，愚智兼載矣，而偏美偏惡，抽出別題之，後之作者，或因或革，隨事為名，亦無不可，新唐書又特變前例而別為一體，凡方鎮之守臣節者，既入列傳矣，其餘桀驁自擅，而猶羈縻為臣者，則自名藩鎮傳，而聚於酷吏以下，蓋此輩皆未至於叛而近於叛者也，故其位置如此，至於惡之甚者為姦臣，敢為悖亂者為叛臣，稱兵犯上僭竊位號者為逆臣，此皆刱前史之所未有，舊惟逆臣中人總附于末，不與眾傳相混，猶少一李希烈，其餘直與希烈一概列各傳中，愚謂新唐書固遠勝舊書，何則，新書於希烈傳中以希烈與梁崇義、李納、朱滔、田悅謂之五賊，舊書於史憲誠等傳論中說河北凶橫之狀，謂之魏、鎮、燕三鎮，謂魏博、鎮冀、幽州也，即李寶臣、李懷仙輩，皆跋扈無君，舊書乃與諸傳平列，毫無分別，可乎，故知新書所改是也。

新書各列傳沿襲前史，但又特變前例而別為一體，設藩鎮、姦臣、叛臣、逆臣等傳，皆刱前史之所未有。且《新唐書》固遠勝《舊唐書》，在於新書以希烈傳中之希烈、梁崇義、李納、朱滔、田悅謂之五賊，較舊書所列毫無分別為善。

（三）、新書文筆簡淨流暢

歐陽修文筆簡淨流暢，表現在文章風格上，亦表現在所撰寫的史書上。《舊唐書》二百卷，文字約有一百九十萬字，經過《新唐書》的篇幅裁斷，文字刪減，不僅豐富了史書內容，亦將篇幅縮減了，文字約為一百七十五萬餘字。顧炎武《日知錄》上言：「新唐書志，歐陽永叔所作，頗為裁斷，文亦明達。而列傳出宋子京之手，則簡而不明。二手高下，迥為不侔矣。」（卷二十六〈新唐書〉）。新書的文字簡約、潔淨，如新書自稱為文省於舊（卷八十四〈一事並載各傳文複宜併〉條），「新書於實事尚多割棄，況此類虛言，其不載宜也」（卷七十四〈與杜黃裳論政〉條），「新書一意從簡」（卷七十一〈太子誅武三思不克〉條），「新書務多改舊書以為功」（卷七十

〈擒竇建德降王世充〉條），「新書之以簡勝，全部皆然，本紀尤甚」（卷七十〈新紀
太簡〉條）。

新書亦好采小說，作為參考史料來源，先生評「好采小說，尚稍有裁斷，未至
極濫也」（卷九十一〈盧攜無拒王景崇事〉條）。先生對於新書之成就，贊譽稱詞，
歷歷清晰，然亦指其有疵累處，尚待商榷。如新書力求簡淨，必務多改舊以為功「武
德四年擒竇建德降王世充，斬建德赦世充而流之，所書曰，新舊兩紀多參差不合，
大約書中如此者甚多。……如此類今亦不能定其孰為是非，惟舊云斬竇建德於市，
流王世充於蜀，未發，為讎人所害，書法極是，宜仍之。」而新書改為「竇建德伏
誅，而世充之死略去不書，建德但當云斬于市，不必云伏誅，世充之死，何以不見
於紀，舊是新非也。」（卷七十〈擒竇建德降王世充〉條），先生論，新書務多改舊
書，而使其中有舊是而新非，或舊非而新是，是非難以裁斷。歐陽修新書改易就己
意以見其能不沿襲前人，因此，新書黜舊書論贊，如：

卷七十〈新書盡黜舊書論贊〉條：

> 司馬氏於紀傳世家每篇綴以評斷，此論體也，班氏因之，乃不稱論稱
> 贊，范氏則每篇並用兩體，論無韻，贊有韻，而且整比其句，概作四言，
> 范氏是也，以後史家多遵之，而舊唐書亦然，宋人復班氏，以散文呼贊舊
> 論不過文法排儷，稍嫌板實，然評斷精確，自足傳之久遠，新贊盡黜舊文，
> 駕空凌虛，自成偉議，欲以高情遠識，舍跨前人，於高祖不說高祖美惡，
> 而統言三百年大勢，此脫題文章也，太宗亦不甚著題，轉尚論三代諸君，
> 高宗則借周幽王為波瀾，此題外生枝也，中宗、睿宗舊雖作一卷，然仍各
> 論，新乃并中宗於武后，睿宗於玄宗，方共為一贊，武后中宗則先泛說武
> 后之入紀合春秋書法，而中宗直以駕空了之，睿宗玄宗則但說玄宗，而直
> 略過睿宗，置之不議，其行文多入語助，好用嗚呼，故為紆回頓挫俯仰揖
> 讓之態，其末輒作複句云，可謂難哉，可不慎哉，層見疊出，一唱三嘆，
> 欲使讀者咀之有餘味，悠然自得其意於言外，此皆宋人所以求勝舊書者
> 也，窺其意，恨不得盡改舊書為快，但紀傳實事有不能盡改者耳，一遇論
> 贊，遂奮筆全易之，幸舊書未致泯滅，今日平心觀之，舊書何可廢邪。

先生論歐陽修新書論贊盡黜舊文，「駕空凌虛，自成偉議，欲以高情遠識，含跨前人」
然而其中行文「多入語助，好用嗚呼，故為紆回頓挫，俯仰揖讓之態，其末輒作複句，
云可謂難哉，可不慎哉。」此乃新書欲求勝舊書所致，但舊文紀傳實事有不能盡改，
一遇論贊亦不能奮筆全易，先生故論「舊贊雖於本事無益，然衍釋其義，諧之以韻，
讀之覺文意顯暢，要自可存，毅然廢之，亦為鹵莽。」。新改舊有是有非，非改易全

然皆是，如「新於舊書不但增損改易其正文已也，即是標目名號位置先後，分合編類，亦移動十之七八，平心而論，有是有非。」（卷八十五〈新改舊有是有非〉條）

歐陽修所著二史的義例，主要是倣效《春秋》筆法，顯現褒貶精神，然此春秋筆法，正是爲先生所攻詰之處，如：

卷七十一〈李昭德來俊臣書法〉條：

> 春秋書法，去聖久遠，難以揣測，學者但當闕疑，不必強解，惟攷其事實可耳，況乃欲擬其筆削，不已僭乎，究之是非，千載炳著，原無須書生筆底予奪，若因弄筆反令事實不明，豈不兩失之。

又卷七十五〈朱全忠陷滑州〉條：

> 突書曰陷曰寇，亦覺無根，此欲効春秋筆削，而有妨文義者，如此者多矣，聊舉此以見意。

義例體制問題，包括史料取捨、敘事用語、人物歸類等，具有特定含義詞語，新書言「曰陷」、「曰寇」正是此類，先生言此者多矣，然覺無根。不據事直書，乃有所隱喻，如新書殺某之例，「不據事直書以著其實，而舞文出入，強立多例，高下其手，故多所抵捂。」（卷七十六〈新書殺某之例〉條）據事直書乃先生作史之基本態度，如今歐陽修新書於此多春秋筆削，正是違反作史直書精神，況春秋書法去聖久遠，難以揣測，學者但當闕疑，「大抵作史者，宜直敘其事，不必弄文法，寓予奪。讀史者宜詳考其實，不必憑意見發議論。」（卷九十二〈唐史論斷〉條）歐陽修新書成就之大，無可諱焉，然「欲摹仿聖經筆法」正是歐公之病（卷九十四〈一歲兩祀南郊正祀又在正月〉條）。故先生論「宋人略通文義，便想著作傳世，一涉史事，便欲法聖人筆削，此一時習氣，有名公大儒者之渠帥，而此風益聖，名公大儒，予不敢議，聊借甫以發之。」（卷九十二〈唐史論斷〉條）先生此論，恐是對歐公最大的評議。

七、新舊五代史

歐陽修的《新五代史》是唐代以後唯一的私修正史〔註14〕，亦是歐公修《新唐書》時，凡唐末交涉五代之事，皆羅之爲考訂《新五代史》〔註15〕。先生考證新、舊《五代史》是採比較法進行的，以二書互爲對比、考校其異同，並見優劣得失。先生對於二書褒貶互爲參半，如同論新、舊《唐書》不分優劣，瑕瑜不掩，互有短

〔註14〕同註4，頁478論「中國古代有私家修史的傳統，自開皇十三年，隋文帝禁絕民間修史詔頒布以後，此風衰靡，正史統爲官修。」
〔註15〕同註4，引《蟲勺編》卷十三《五代史記》。

長（卷六十九〈二書不分優劣〉條）。

（一）、歐史喜采小說薛史多本實錄

薛居正監修的《舊五代史》始纂於開寶六年，成書于開寶七年，共一百七十五卷，全史據各朝實錄，不復參考事之眞僞，所以溢美、虛飾、失實之處頗多，如先生論「實錄中必多虛美，而各實錄亦多係五代之人所修，粉飾附會必多。今薛史以溫爲舜司徒虎之後，令人失笑，又言生時廬舍有赤龍熟寐化爲赤蛇，居然以劉季等話頭作爲裝綴，他所載機祥圖讖頗繁，非得之實錄者乎。」（卷九十三〈歐史喜采小說薛史多本實錄〉條）歐陽修作《新五代史》於此盡削去。先生論「大約實錄與小說，互有短長，去取之際，貴考核斟酌，不可偏執。」如歐書《新五代史》於溫兄全昱傳，載其飲博以骰子擊盆呼曰，朱三爾碭山一百姓，滅唐三百年，社稷將見汝赤族云云。此段歐公采小說補入，實情面貌較薛史全昱傳，不載博戲詆斥之語，自然爲妙。因此，「宋小說未必皆非，依實錄未必皆是」藉此說明采小說入史書，自有其價值，而實錄雖眞，然其多虛美之詞，未必見得史實眞貌。又僭僞諸國，薛據實錄，實錄所無，不復搜采增補，故薛史敘僭僞諸國爲略。歐史則旁采小說以益之，南漢世家載劉銀信任閹人龔澄樞，澄樞託左道蠱銀亂政致亡，其事甚備，此乃薛史據實錄不及所致（卷九十七〈南漢事歐詳薛略〉條）。

（二）、薛係官書歐係私撰，識見斷制薛不及歐

《新五代史》所獲得的成就，是在考辨資料的基礎上，訂正了《舊五代史》及其他史著的失誤，並補充了舊史所缺漏的珍貴資料〔註16〕。先生論「薛所監修者係官書，歐則私撰也，不料其後私書獨行，官書遂廢。」（卷九十三〈薛係官書歐係私撰〉條）薛史殘闕從《永樂大典》中抄出，乃具其面貌。今抄本存，觀其事跡頗爲詳備，但識見斷制則薛不及歐。如敘北漢事，歐詳薛略。先生云：「薛史能敘降王終事，歐無。然北漢劉氏事則歐史爲詳而薛史反略，不但因薛史成時，劉氏未亡之故也，即其敘劉崇不過六七百字，歐史則一千五百餘字，詳略已懸殊。」又「朱宣傳敘宣救梁太祖，破秦宗權，後太祖欲并吞諸鎭，即馳檄言宣誘其軍卒亡以東，因攻滅之，此所謂欲加之罪何患無詞，以德爲怨而反噬之者也。薛史則竟實敘宣誘汴卒，

〔註16〕同註4，頁482，《新五代史》編纂所依據的資料，除了《實錄》、宣底等故籍之外，還有宋初學者補正《舊五代史》的各種著述；如范質《通鑑》、王溥《五代會要》、陶岳《五代史補》、王禹偁《五代史闕》、龔穎《運歷圖》等，至少參閱了二十種以上。

以爲果有其事。」由此事見薛史不如歐史遠甚，蓋薛史稱梁爲我，又爲王師，皆本實錄，故多曲筆。（卷九十五〈朱宣誘汴亡卒〉條）

又「薛居正但就史官已錄者，抄撮成書，其餘概不添補」（卷九十七〈北漢劉氏歐詳薛略〉條），「其各國事蹟，都疏漏之至，反不如歐史之詳」（卷九十七〈後事具皇家日歷〉條）。歐陽修作《新五代史》所參閱資料不下二十種，因此《新五代史》一出，其總卷數，減去舊史之半，如事蹟添數倍〔註17〕。趙翼亦論「歐史博采群言，旁參互證，則眞僞見而是非得眞，故所書事實，所紀月日，多有與舊史不合者，卷帙雖不及薛史之半，而訂正之功倍之。文直事核，所以稱良史也。」（《廿二史劄記》卷二十一〈歐史不專據薛史舊本〉條）歐陽修《新五代史》發揚了古史設表的優良傳統〔註18〕，用表格譜列人物、國家和事件，如先生言：「觀歐職方考自明，此考雖簡略，然提綱挈領，洗眉刷目，此則歐公筆力，非薛史所能及。」（卷九十六〈五代土地梁最小唐最大〉）

（三）、歐公文筆簡淨，非薛史所能及

《新五代史》文筆簡淨生動，自有歐陽修散文具有的波瀾起伏特點。《舊五代史》本紀部分，因鈔撮五代人所修實錄，所以頗多粉飾附會之事和虛美推譽之語。《新五代史》則考核斟酌，盡力將其刪削。論薛史「用筆呆鈍，全無作意，誠爲不及歐公」（卷九十四〈追尊四代〉條），趙翼稱道：「不閱薛史，不知歐公之簡嚴也……文筆潔淨，直追史記」（《廿二史劄記》卷二十一〈歐史書法謹嚴〉條）。歐陽修是宋代著名的大文學家，古文運動的領導人物，其以文豪之筆修史，其文采自非一般史家所能匹敵。

先生以歐陽修所修《新五代史》，其弊如同《新唐書》中的春秋筆法問題，「歐公才筆誠高，學春秋正是一病。春秋出聖人手，義例精深，後人去聖久遠，莫能窺測，豈可妄效，且意主褒貶，將事實壹意刪削，豈非舊史復出，幾嘆無徵。」（卷九十三〈歐法春秋〉條）又「歐欲摹仿聖經筆法，故特改薛史舊文，此正歐公之病。」（卷九十四〈一歲兩祀南郊正祀又在正月〉條）歐史學春秋義例，吳縝之《新唐書糾謬》、《五代史記纂誤》對歐史大加詆斥。呂夏卿與歐陽修同修《新唐書》，但關於義例卻表示不同意見，特另著《唐書直筆》、《新例須知》以申己志。《新五代史》亦

〔註17〕同註4，頁483，引《歐陽文忠公集·附錄》卷五〈事跡〉。
〔註18〕同註4，頁489，用表格論列人物，自司馬遷《史記》、《漢書》做其例，顧炎武亦強調，作史體裁，莫大于是。漢曄《後漢書》起，年表止在所略。

講義例，使得該書結構、行文、剪裁都別具特色，而這褒貶筆削反使史事極爲複雜，稍不留心，便會自亂其例。因此，在體例上亦患有缺失，「歐史既爲愍帝作紀，而體獨不備，敍事不了，不詳年數，特異於他紀，殊爲自亂其例」（卷九十四〈各帝年數〉條）又「歐公以薛史爲平鈍，欲法史記，意在別立體裁，決破藩籬，致此紛紛，聊於紀論之，餘不具。」（卷九十四〈新史意在別立體裁〉條）先生亦評歐史善於簡淨，但在尊號上乃加刪削，何以傳信乎，大約歐史此類非一，不能枚舉。」（卷九十四〈尊號刪削〉條）先生以《新五代史》將舊史頗爲詳備的事實，一意刪削，若非舊史復出，幾嘆無徵。又「歐史不志地理，但爲職方攷既簡極，紀又略去，則建置沿革幾于無徵，況此乃都邑，非他州縣，比歐公平生閑文浪語亦多矣，於典實何吝惜筆墨如此。」（卷九十四〈唐有四都〉條）

先生對於十七史之評論，主要歸納有四：

一、對史書體裁的評論，先生以紀傳體正史作爲正統的史學形式，編年體史書則爲正史輔助，從而反映出，先生在史學以正史爲本位的思想。即先生以《史記》、《漢書》、《後漢書》、《三國志》推崇至極高的地位，並充分肯定司馬遷對紀傳體的獨創貢獻，而對於李延壽的《南史》、《北史》有著極犀利的評斷。李延壽在修南、北史時，突破了前代修史書以各個皇朝興亡作爲史書斷限的格局，　　，是采用了通史體例，將南、北朝各代歷史貫穿起來，依時間順序連綴各史本紀爲一體。　　，用類傳法記載人物傳記，各類中所記人物，不限於同一朝代，而是聚列各朝的人類人物。　　，采用家傳形式，不同於正史中所用的附傳法。以上三種體例上的變更，先生未作變更體例分析，而是一概否定南、北史的體例，將前修八史的內容「大加遷移，分合顛倒，割截搭配，使之盡易其故處」（卷五十三〈新唐書過譽南北史〉條）於體例「南史併合宋、齊、梁、陳似成一代爲非」，又言「以家爲限斷，不以國爲限斷，一家之人必聚於一篇，以一人提綱，而昆弟子姓後裔咸穿連之，使國史變作家譜，最爲謬妄」，「延壽之爲此，不但欲使南史體例畫一，亦借以略顯所長耳，而於史法則謬矣，方敍魏人，忽入隋事，欲觀周傳，偏涉齊朝，使讀者左顧右盼，顛倒迷惑」（卷六十八〈併合各代每一家爲每一傳〉條）先生對李延壽南、北二史的評議，反映出他對史書體裁的見解。

二、反對曲筆隱諱，先生對於史家記事，在於據筆直書。因此，對於十七史中有所保留、隱飾、避諱者，皆有所評論。批評《晉書》爲唐人重修，卻保留了一些曲筆記載。論《三國志》中陳壽有很多地方，替魏晉統治者做飾美隱諱，而予司馬氏篡魏，更多袒護之筆。故先生指出陳壽失實原因在於，輾轉詭說避咎也。論李延壽合八書作南、北二史，以北爲正統觀，遂於其中曲筆亦見。先生反對曲筆，不苟

同言隱，基此原則下，對於春秋筆法，寓褒貶，別善惡之微言，先生是否定的，其因在於春秋筆法乃聖人所作，而特別推崇，但卻反對後代史書妄效所謂的春秋筆法。「春秋出聖人手，義例精深，後人去聖久遠，莫能窺測，豈可妄效。」（卷九十三〈歐法春秋〉條）又「春秋書法，去聖久遠，難以揣測，學者但當闕疑，不必強解，惟考其事實可耳，況乃欲擬其筆削，不已僭乎？究之是非，千載炳著，原無須書生筆底予奪，若因弄筆，反令事實不明，豈不兩失之」（卷七十一〈李昭德來俊臣書法〉條）先生爲歐陽修的《新唐書》、《新五代史》評議最多的，就在於此，「學春秋正是一病」，「且意主褒貶，將事實一意刪削，若非文復出，幾嘆無徵」（卷九十三〈歐法春秋〉條）。

　　三、評價史書不以文字煩簡，作爲衡量史書優劣的標準，先生倡言史書敘事賅詳，不以文字煩簡作爲衡量史書優劣爲標準，而以「夫文日趨繁，勢也，作者當隨時變通，不可泥古。記唐以班、陳、范之筆行之，於情事必有所不盡」（卷七十〈新紀太簡〉條），又「元修宋史觀者每恨其官銜繁重，然世間一切閑文浪費煙墨多矣，紀載實事何嫌太繁，鄙見以爲宜概從全書爲是」（卷五十四〈徐傅兩人官名連書互異〉條）先生以史書文字多寡，當從全書衡量爲是，隨時變通，不可泥古。因此，先生對《史記》、《漢書》文字多寡上的差異，不作爲評定優劣的依據。「史體至史記而定，班踵馬體，則才似遜，然論古正不必爾。若以煩簡定高下，此何說乎？馬意主行文，不主載事，故簡。班主紀事詳贍，何必以此爲劣。」（卷七〈史漢煩簡〉條）對於《後漢書》、《三國志》中，論董卓、袁紹、袁術、劉表等傳，先生亦取范書、陳書互校「范之詳幾倍于陳壽，凡裴松之所採以入注者，皆范氏取之正文者也。陳之精簡，固勝于范，然范贍而不穢，銓敘井井，亦不厭其煩。」（卷四十〈董袁等傳〉條）

　　四、對正文內容取捨，注意史書中的刪削問題。先生考證十七史，是從校勘入手，故對於史書內容取捨及刪削增減情況，亦作了細緻考察。先生對於史書中的刪削問題，作爲考量評定史家高下的依據，故對於李延壽所修之南、北二史，歐陽修所編修之《新唐書》、《新五代史》，論裁取、論刪削、論增補皆與八書、《舊唐書》、《舊五代史》作了一番比對。李延壽撰《南史》與《北史》對前修八書的內容作了大量刪削，尤其是詔表文冊，刪除殆盡。先生乃痛加責罵，認爲李史合八書爲二史，乃刻意求簡，「信手摜捨，忽刪忽存，都無義例，史法大亂，尚可以稱史邪？」（卷六十六〈慕容垂遣使朝貢〉條）先生爲歐陽修的《新唐書》、《新五代史》刪削前史作法，也大加鞭責，「盡削詔令不登，獨不思班紀猶多全載詔令，而唐紀反無詔令，惡乎可。且左史記言，右史記動，全削詔令，是記動不記言也」（卷七十〈新紀太簡〉條）。先生對於《史記》與《漢書》、《晉書》與《三國志》也作了一番比照，觀察了

各部史書內容材料的取捨及文字的刪削增補，以爲文字詳贍，簡淨各有所長，更重要的是敘事要賅詳，不在刪削多寡。

　　以上四項是先生評論正史的基本內容，反映出先生的史學思想及思維形態，作爲一位歷史考據學家，先生所勾勒出來的史學研究內涵，必然對於後學者，有實際的啓發意義。

第九章 結論：《商榷》之特色及其評價

　　西莊先生是一位好學不倦，勤於筆耕，精研經史的學者。早年治經，《尙書後案》為其經學代表，歸田之後轉向考史。西莊考史以補前代學術未校十七史之空白，為後人治史開闢一條道路，經過二十多年的勤奮努力，終於寫成一部一百卷的考史巨著《十七史商榷》。甚至在晚年、去世之前還整理編訂了論證經義、史地、小學、人物、制度、名物等內容為主的學術筆記《蛾術編》九十五卷。

　　梁啓超言：「考證本為清代樸學家專門之業，初則僅用以治經，繼乃并用以治史。」〔註 1〕先生以治經之法考史，決定了他的史學面貌，《商榷》著重於文字校正，反映了十九部史書的校勘成果。提出版本文字錯誤和脫文一千餘條，為以後的二十四史校正工作奠下基礎。另外在典章制度、輿地沿革、音韻訓詁、職官演變、經史目錄、歷史事件、人物評論等，也是《商榷》考證史實的一項成績。全書一百卷，先生雖以札記體著作，把同類的條文集中在一起，但全書貫串了審事蹟之虛實，辨紀傳之異同的考證功夫，澄清了一些史實，頗具有參考價值。

　　《商榷》一書可算是一部研究史學的入門書，先生在序文中曾言及「讀書校書之所得，標舉之以詒後人」，自己做鋪路的工作，以裨嘉惠後舉，「學者每苦正史繁塞難讀，或遇典制茫昧，事蹟輵葛，地理職官眼眯心瞀，試以予書為孤竹之老馬，置于其旁而參閱之，疏通而證明之，不覺如關開節解，筋轉脈搖，殆或不無小助也與。夫以予任其勞，而使後人受其逸。予居其難，而使後人樂其易，不亦善乎。以予之識暗才懦，碌碌無可自見，猥以校訂之役，穿穴故紙堆中，實事求是，庶幾啓導後人，則予懷其亦可以稍自慰矣。」此段話說明先生著書之目的，亦是先生在史學考證上，可提供給後學者治史的參考書。因此先生《商榷》是一部內容廣博，具

〔註 1〕梁啓超《中國歷史研究法》（台北：里仁書局，1984 年），頁 70 第二章，論述過去之中國史學界。

有學術水準的史學著作，是無庸置疑的。本文試總結先生《商榷》一書之特色，及其評價於次：

一、重視史書之資料來源

先生讀書講求得要領，明目錄、求版本、重校勘，三者並重，因此對史書的資料來源相當重視。比如《商榷》每一史之首卷，是以探討史書資料來源開場的，如卷一〈史記所本〉條中論到：「本傳云，孔子因魯史記作春秋，左丘明論輯其本事為之傳，又纂異同為國語。又有世本錄黃帝以來至春秋時帝王公侯卿大夫祖世所出，春秋之後，七國並爭，秦兼諸侯有戰國策，漢興伐秦，定天下有楚漢春秋，故司馬遷據左氏、國語、采世本、戰國策，述楚漢春秋接其後事，迄於天漢。」先生這段文字把《史記》資料來源說得很清楚。又關於《史記》的卷數〈史記集解分八十卷〉條云：「漢志史記百三十篇無卷數，裴駰集解則分八十卷，見司馬貞史記索隱序，隋志始以一篇為一卷，又別列裴注八十卷，新舊唐志亦然。不知何人刻集解，亦以一篇為一卷，疑始于宋人。今予所據常熟毛晉刻正如此，裴氏八十卷之舊不可復見，不知其分卷若何。」《史記》卷數，據《漢志》所載有一百三十篇，無卷數，《隋書‧經籍志》始以一篇為一卷，則分為一百三十卷。但據司馬貞的《史記索隱序》及《隋志》別列裴駰《集解》則分為八十卷，而後世先生所見，則已分為一百三十卷，故先生云「不知其分卷若何？」

《商榷》卷七〈漢書敘例〉對《漢書》顏師古注的源流，析論得清晰：「今人家漢書，多常熟毛氏汲古閣刻本，字密行多，篇帙縮減，誠簡便可喜，余亦用之。但前明南監版有顏師古敘例，此削去不存，則來歷不明。凡讀書最切要者目錄之學，目錄明方可讀書，不明，終是亂讀。據敘例注漢書者，師古以前凡五種，一服虔、二應劭、三晉灼、四臣瓚、五蔡謨。師古據此五種，折衷而潤色之，又敘例臚列諸家姓名爵里出處，凡二十三人。」先生注重《漢書》的來歷及後世注家情況與其中的聯繫關係，因此，顏師古的《敘例》是一份重要的目錄學資料。

先生除了探討《史記》與《漢書》的資料來源概況，對於范曄《後漢書》採用了司馬彪志補，論《三國志》陳壽史皆實錄，《晉書》作者最多，但經唐人改修諸家盡廢，論《南》、《北》二史與八書之間的增補改刪差異情況，論《舊唐書》各種本不同，宜擇善而從，論《五代史》薛史多取實錄，歐史多採小說等，皆可以推斷先生極為重視學術的源流及發展脈絡。故此勘異同、注其錯訛、正文字是校勘學要求。考鏡源流、辨章學術、部次甲乙、條別異同，是目錄學所注重。廣羅異本、審勘異

同、考鏡源流、求其祖本、明其是非、鑒別優劣,是版本學須知入門〔註2〕,先生於此三種文獻學功用,用於史學治理,因此有關於史書的編纂,史料來源去取,刊刻經過,流布情況及各本之間的源流、異同優劣等,都是先生用心專注考察的。

二、對十七史的編纂體例、書法義例作整體性探究

　　《商榷》一書議論史書的體例,敘史的繁簡和史書的敘述方法篇幅很多。在史學體例評論上,以紀傳體的正史爲主,自《史記》始,下迄新、舊《五代史》均逐一有所評論,肯定《史記》首創本紀、表、書、世家、列傳體例,歷代遞相沿襲演變,遂成爲一個史學系統,莫能出其範圍。因此,先生特別推崇前四史的史學傳統,在於史書的體例,對於後人研究歷史編纂,具有可參考的價值。

　　先生把紀傳體作爲正統的史學形式,編年體史書則是正史的輔助,故在〈綴言〉兩卷,對於編年類史書亦提出議論,卷九十九〈正史編年二體〉條,對紀傳體及編年體史書的演變,敘述頗詳。對於編年體史書,卷一白〈資治通鑑〉條,肯定該書的重要性,「此天地間必不可無之書,亦學者必不可不讀之書也。」卷一百〈通鑑紀事本末〉條,對紀事本末體大加讚賞,是讀《通鑑》之戶牖,「讀通鑑者如登高山,泛巨海,未易遽窺其津屮,得本末而閱之,則根幹枝葉,繩繩相生,不待反復它卷,而瞭然在目,故本末者通鑑之戶牖也。」卷一百〈補歷代史表〉條,先生對史表大加推重,「補歷代史表亦萬斯同季野譔,十七史無表者咸爲補之。……季野生千數百年下,追考千數百年上事,臚而列之,誠爲快舉,此種史學,唐宋亦不多得,明人所未有也。竊謂史之無表者,固宜補矣。有有表而尤不可以不補者。」先生以季野擇其無表者補之,餘則置之不無遺恨,比如唐代的翰林學士、左右神策中尉亦當列宰相表,三公三師、宰相、大將軍、雜號將軍、司隸京尹總爲將相大臣表,刺史、牧尹、都督、節度使總爲方鎮表。

　　先生在諸史體例觀察中,對於史書的義例、書法亦進行討論,強調修史應以明勸戒爲宗旨,「史家之例,原無一定,要足以載事實,明勸戒,足矣」(卷五十一〈奸臣叛臣逆臣〉條)故著史最高原則在於「凡作史者能紀實,是亦可矣。」(卷七十一〈太子誅武三思不克〉條),「史家紀事莫善於得實」(卷七十三〈韓昱斬朱泚〉條)。先生以史書應當發揮社會功用,使人讀其書,即能從中得到啓示,知宜法宜戒,故就實錄直書,反對曲筆,「作史貴據事直書」(卷四十〈許鄴洛三都〉條)的務實精神。因此先生在觀察十七史時,針對史書中的義例不一,史法大亂、書法錯謬、敘

〔註2〕王繼祥〈古籍目錄〉《古籍知識手冊》(山東教育出版社,1988年),頁137。

事無序等，糾出史書的缺陷〔註3〕。

三、對於官制演變論述甚爲詳細

先生在官制上繼承了《漢書》的〈百官公卿表〉、《後漢書》、《宋書》、《南齊書》、《隋書》、新、舊《唐書》的〈百官志〉，《晉書》、《舊五代史》的〈職官志〉及《魏書》的〈官氏志〉等傳統，對官制的建立與變更極爲重視，尤其是官制的變化，往往條分縷析，考證細密。卷十〈三公九卿〉條，考證了宗周至秦漢三公九卿的官位與職掌的變化。卷十四〈漢制依秦而變〉、〈郡國官簡〉、卷十〈三公九卿〉、〈將軍〉諸條，說明漢代官制依秦遞變。卷十四從〈十三部〉、〈刺史察藩國〉、〈刺史權重秩卑〉、〈刺史隸御史中丞〉、〈郡國官簡〉、〈刺史太守屢更〉、〈太守別稱〉、〈守尉改名〉等諸條，先生著重考述漢代十三部刺史制度，對其建置、職掌、權限、官秩、隸屬與演變等問題，均一一有所辨證。尤其先生把《漢書》、《後漢書》、《續漢志》有關篇章的記載聯繫起來，論證部刺史有項重要職掌，即督察藩國的任務。進而論述刺史一級官職，具有權重而秩甚輕的特點。卷十五〈令長守相有高下〉條，論述分析漢代官制細節。卷十五〈監刺史從事〉條，是先生對監刺史從事做了詳盡說明。卷十四〈太守別稱〉條，論漢代太守官職名稱有郡吏、將、新將等稱呼。卷十四〈守尉改名〉條，論守尉改名，秦稱郡守，漢改爲太守，掌治其郡。卷十五〈郡國兵權〉條，論諸侯王國中兵權，相與內史、中尉兼掌之，互相牽制。卷二十三〈二府三府四府五府〉條，論二府權重，丞相、御史爲政本，有大事必下二府治之。卷十七〈三輔〉條，論右扶風、左馮翊、京兆尹三輔各有一都尉。卷二十五〈選郎〉條，論漢制選郎有六途。卷三十七〈臺閣〉條，先生敏銳地探討漢代公卿大臣與宮廷中秘尚書、中書的權力矛盾。西漢宣、元以後宦官掌管機要，致使政治腐敗的原委。卷八十九〈南衙北司〉條，對唐朝代、德兩帝後，宦官掌兵權，以致宦豎挾君以制群臣，天下豈有不亂。卷五十五〈開府儀同三司〉條，論述開府儀同三司的官制來歷，並對梁代官名改易，有所批評。卷五十八〈南朝官錄尚書權最重〉條，論漢代三公、總統文武，至南朝大權轉移至尚書、侍中、中書，以尚書權最重。卷八十一〈總論新官志〉條，進一步考辨漢唐之際宰相之職與名稱的變易概況。

先生對於官吏的選舉、任用，皆細心考辨，尤其是漢代的察舉，魏晉的九品中正制度，唐代的科舉取士等，先生也多有考辨。卷九十六〈附論趙宋官制〉條，是先生對宋季的官制演變，做系統式的論述，並以數百字短文，勾勒出唐宋官制的異

〔註3〕參閱林文錡〈十七史商榷內容結構的特點及其評價〉《史學史研究》1988年1月。

同，及宋代官制的梗概。因此先生對於歷代官制論述，甚爲詳細，如自論「予前論歷代官制亦詳矣」（卷九十六〈附論趙宋官制〉條），毫無虛言。

四、對典章制度的探討具有參考價值

先生對於典章制度，重視對歷代重要制度的探究，舉凡禮制、刑律、田賦、幣制、兵制、科舉、學校等制度，皆有探討分析，尤其注重其中的發展變遷，沿革影響等狀況，頗具參考價值。

論漢代制度，卷十一〈漢無禮樂〉條，先生析論漢代經過秦漢之際社會板蕩不安，舊的禮儀制度幾乎廢壞殆盡，禮樂志乃禮略樂詳，故論漢代實無所爲禮樂。卷九〈天子冠期〉條，古者天子諸侯皆年十二而冠，漢初經典殘闕，天子冠禮，已無明文，故無定期。卷九〈出宮人〉條，論漢代文景之制出宮人歸其家，信可以爲後世法。卷十二〈錢制〉條論漢代行五銖錢之概況，及漢以前的鑄造發行貨幣辦法做一概述，並指出「明初鑄錢猶不用紀年，自永樂以後專用紀年，始爲常制。」卷十二〈常平倉〉條，論漢代常平倉之設置，雖有利民之名，而內實侵刻百姓。卷二十六〈口錢〉條論漢代施行人頭稅（口錢）實始於漢，至武帝時增加稅錢，人民愈顯困頓。卷十一〈肉刑〉條，論漢代刑法，漢初沿襲秦之酷法，後雖除肉刑而增加笞刑，本興仁惻而死更眾。卷三十四〈官奉〉條，論東漢百官受奉之情況。卷二十一〈聽行三年喪〉條，論東漢葬制，刺史二千石行三年喪，依舊制，公卿二千石刺史不得行三年喪，故東漢元初至延熹年間反覆乃爾。

論魏晉南北朝制度，卷四十八〈既葬還職〉條，先生論析大約兩漢、魏、晉不行三年喪者甚多。卷六十一〈久喪而不葬〉條，論南朝丹楊溧陽丁況等久喪乃葬，竟不用棺櫬，直舉父母埋之土中，當時行此者甚多，不止丁固等。卷五十六〈魏人七廟〉條，論魏初唯立親廟四，祀四室而已，至景初元年。欲仿周，始定七廟之制。卷四十七〈九品中正〉條，論魏晉南北朝施行九品中正制，或爲主要選才用人制度。卷四十〈太學課試〉條，論黃初五年立太學，制五經課試之法。卷四十七〈追尊景皇后〉條，論晉朝武帝追諡景皇后。

論唐代制度，卷八十一〈取士大要有三〉條，論唐制取士之概況，以明經、進士兩科爲最盛。卷八十一〈制舉科目〉條，論唐代制舉名目甚多，多至八十有六，凡七十六科。卷八十一〈登第未即釋褐〉條，說明唐時士子登第後得官之艱難情況。卷七十六〈尊號諡法廟號陵名〉條，論唐代帝王之尊號諡法及廟號之探討。卷四十九〈部曲督〉條，對兩晉兵制做了說明。卷八十二〈總論新書兵志〉、〈曠騎〉條，說明唐代由府兵制至募兵制的社會內在問題及缺失，並批評《新唐書・兵制》空發

議論多，記載實制少。卷八十一〈舊官志敘首〉條，總論唐朝官品、爵位、勳級、俸祿，皆有明細規定。卷八十一〈臚列品秩非板法〉條，論唐制勳級最無定，所臚列者，卻非板法，勳官最濫。卷八十七〈勳格〉、八十一〈官階勳爵中晚日漸糾紛〉條，論唐制官階勳爵對五代官制所產生之負面影響。卷八十五〈諸倉〉條，對隋、唐時洛陽官方糧倉記敘甚詳。卷八十二〈唐律〉條，明先生對唐代法律很重視，其言「獨唐律之僅存者，乃爲希世之寶。」

正史繁塞難讀，或遇典制茫昧，事迹輟輮，先生《商榷》中論典制者，可置于旁參閱。梁啓超亦指出：「王書對於頭緒紛繁之事蹟及制度爲吾儕絕好的顧問。」〔註4〕由梁氏此話評語，可以肯定《商榷》的價值和作用。

五、對歷代行政區劃沿革和山川江河位置極爲重視

先生對於疆域政區的變遷，都邑的興衰，地名的更易等，都十分重視，尤其是對地理的考察，著眼點於動態的遷移變動，及細較當中的曲折變化。加上人所處的地理環境變更頻繁，致使史籍語焉不詳，先生爲了文字校勘，將在此亦下了不少苦心，「建置沿革，事之大者」、「地理沿革，不可無考」（卷四十二〈三國疆域〉條）、「獨建置沿革，乃地理之主要，宜條析而詳書之，詞繁而不殺爲佳」（卷十五〈建置從略〉條）先生主張史法貴簡，但對於建置沿革、輿地的考證，卻強調以詳爲貴，因此，在《商榷》中佔有大量的篇幅。

《商榷》卷十八、十九、二十、二十一對《漢書》進行地理辨證。卷三十三對《後漢書》做郡國辨證。卷五十七《南史》合《宋》、《齊》、《梁》、《陳》四書，對南朝地理沿革進行考證，卷六十七《北史》合《魏》、《齊》、《周》、《隋》書對北朝地理沿革進行考證。卷七十八、七十九、八十、新、舊《唐書》對唐代地理亦做了一番考察。以上各卷均爲敘述歷史地理，其中大部分爲歷史政治地理，亦有小部分論述河道山川的歷史自然地理。

在歷史地理沿革上的探討，先生著墨考釋不少，《商榷》卷十七〈縣名相同〉條，對漢代縣名相同的情形做了全面考證，先生依《漢書‧地理志》中郡國縣邑名同者，則加東西南北上下或新字，以示區別。並據錢大昭考得同名者亦多，有一縣兩見者，一縣三見者。卷十七〈故郡〉條，論秦并天下以爲三十六郡，其黔中、閩中、鄣郡之設置已在始皇晚年並不在三十六郡之內。卷三十三〈博陵郡〉條，先生詳考了博陵郡自東漢末年以來的建置變遷。卷四十五〈三吳〉條，考釋三吳之地頗有差異，

〔註4〕梁啓超《中國近三百年學術史》（台灣中華書局，1978 年），頁 292。

但仍以吳郡、吳興、丹陽爲其定論，較爲可信。卷五十四〈丹徒京口京城北府京江北京〉條，論釋古者地名多稱，有一地多名，或名同地異，或異名同地，諸參差錯互，故南朝地理因此複雜。卷六十四〈臺城〉條，先生考釋臺城地理位置，敘其歷朝都城之歷史變遷及名稱由來。卷六十四〈白門〉條，先生考釋白門爲正南門，亦爲金陵另一名稱。卷六十四〈雞籠山〉條，先生考釋雞籠山之地理位置，南朝宋元嘉中改爲龍山，以黑龍嘗見眞武湖，此山正臨湖上，因以爲名，且千數百年來，牛瓦寸椽無存。卷六十四〈後湖〉條，論釋後湖起名之始及歷經南朝各帝改名，並引各地理志書考釋地理位置所在。卷六十四〈東府〉條，先生考釋東府舊蹟，並釋東宮爲相府，西宮爲太子，而東府、西州乃指居臺城位置東西而來。卷六十四〈秣陵建康二縣分治秦淮南北〉條，論釋自淮水南爲秣陵，淮水北爲建業，自漢至六朝間之建置沿革及分合變遷。卷六十六〈北都〉條，敘北朝屢遷都之過程。卷五十七〈豫治無定壽春爲主〉條，敘豫州刺史治所無定，但皆以壽春爲主，蓋此爲南北交兵必爭之地。卷五十七〈揚州刺史治所〉條，論揚州名稱紛更不定，以揚州刺史治壽春，西漢已有此制。晉宋以後，漢之揚州治，皆變爲豫州治，唐時又移揚州於江北，故即揚州刺史治所，上下千餘年，其變遷無定。卷五十七〈南北地理得其大概不必細求〉條，對於南北朝地理沿革做一探究辨析，論古史地理參差其詳難舉，得其大概不必細求。卷七十九〈赤畿望緊上中下輔雄〉條，先生對歷史地理中的一個冷僻典制進行考證。

　　史地問題錯綜複雜，含混難解，先生以探究沿革爲務，一一紬繹，自然諸多現象，能探得原委而撥雲開霧。並且先生學識淵深，牢籠百家，縱貫古今，旁徵博采，因此對史地問題多能博證詳考。如《商榷》序文，先生自言所涉及文獻遍及經史子集，且偏霸雜史、稗官野乘、山經地志、譜牒簿錄、諸子百家、小說筆記、詩文別集、釋老異教，旁及鐘鼎尊彝、山林家墓祠廟伽藍碑碣斷闕之文，因此，先生在探究輿地沿革時，必然取之以供佐證，互相檢照，方能對含混難解的輿地沿革，有所結果。另外，先生不從單靠文獻所采，亦重視親身經歷所見與文獻結合印證。如卷七十九〈故吳城〉條，先生考得，自周代以來，吳城名稱有數說，其中有一稱爲新郭的吳城，先生言：「新郭距予居近，嘗至其地。」卷九十四〈東京王莽河〉條，唐時王莽河，尚微有河形，五代時，河身更涸，僅存洲渚，至清代，先生言：「余嘗行大名城外，投宿旅店，一望斷塹荒岡并塘濼，涓流渺不可見。」卷九十五〈守魏固揚劉自鄆襲汴〉條，說明黃河在五代時，由河南至山東間的情形，至清代時，先生述說：「今則桑麻遍野，一望皆成平地，曾無涓滴河流。」說明黃河在五代時在今山東境內入海，至清代時黃河已經改道向南，故當日浩湯洶湧之狀，今日已成桑麻平原。

六、治史方法講究了貫串與會通的原則

先生的治史特色，在於講究博徵詳考，探究原委，並體規貫串與會通的治史原則。司馬遷撰《史記》，「貫穿經傳，馳騁古今」（裴駰《史記集解序》），劉知幾著《史通》，「上窮王道，下挨人倫，總括萬殊，包呑萬有。」（《史通‧自序》）鄭樵作《通志》，更以會通爲宗旨，「天下之理，不可以不會，古今之道，不可以不通，會通之義大矣哉。」（《通志‧總序》）先生作《商榷》，亦是繼承此會通思想，貫串此史學傳統精神。「讀書貴貫串，今人慣眊善忘，顧此失彼，又性畏考核，宜乎史學之無人也。」（卷二十四〈淮陽郡〉條），「大約學問之道，當觀其會通，知今不知古，俗儒之陋也。知古不知今，迂儒之癖也。」（卷八十二〈唐以前音學諸書〉條）

先生貫串、會通的治學方法，尤體現在論制度、考釋地理上，如卷五十七〈南北地理得其大概不必細求〉條，先生縱論南北朝行政區劃變遷的複雜情況，「晉武帝天下一統爲二十州，司、冀、洛、涼、秦、青、并、兗、豫、幽、平、徐、荊、江、梁、益、寧、交、廣也，後南北分裂，新置之州，更多輾轉改易，迷其本來。況有各自析爲南北，再加以僑置寄治之名，糾纏舛錯，不可爬梳，其勢然也。」其地理複雜情況，先生參引《宋書‧志總序》及《宋書‧州郡志敘》來說明當時政區變遷的紛亂現象，因此，先生得其結論云：「地理參差，其詳難舉，實由各號驟易，境土屢分，或一郡一縣割成四五，四五之中亟有離合，千回百改，巧歷不算，尋校推求未易精悉。此段論述地理變遷分合，難以推求，沈約身居齊梁猶如此，況去之又千餘年乎，故得其大概可耳，不必細求。

考察制度，是體現貫串、會通的治學功力，卷九十六〈附論趙宋官制〉條，先生對唐、五代、宋代官制進行縱向的對比。卷十四幾以整卷來進行探討，漢代的刺史制度，其建置、職掌、權限、官秩、隸屬與演變等問題。卷十二〈錢制〉條，論及漢以前鑄造發行貸幣辦法，並指出明初鑄錢不明紀年，自永樂以後專用紀年，始爲常制。卷十一〈肉刑〉條，說明漢代刑法沿承秦而來。因此，《商榷》貫通十七史，實爲十九史。上自五帝至五代十國約三、四千年的歷史，在此浩繁的史籍，逐一研討，悉心考辨，除了正史，並博極群籍，貫串了其他著作，如《左傳》、《國語》、《竹書紀年》、《漢紀》、《後漢紀》、《十六國春秋》、《貞觀政要》、《史通》、《通典》、《六獻通考》、《通志》等，甚至《商榷》卷一百〈綴言〉，還系統地敘述了《資治通鑑》、《通鑑前例》、《通鑑目錄》、《通鑑考異》、《通鑑釋文》等史學著作。因此，《商榷》一書，不僅校正文字，考訂史實，更且融合了考據、史論、史評於一書，構成一整體性的史學著作。

七、以金石碑文校勘史實，輔助文獻資料之不足

先生以金石文字校史，是對校勘上所使用之材料擴大，以及校勘方法之延伸。大體上而言，先生以碑校史甚爲多見，所呈現之內容大致有四面：

（一）、碑是史非：碑文所記載多爲人名、地名、官名、世系、年代、爵里、諡號等內容，而史書中，於此內容最易產生訛誤，故以此碑文記載同史書互校，必見成效，如卷十九《漢書》地理雜辨，論說阿陽縣，據《金石錄》載〈李翁碑〉校地名，以碑爲當時所作，必不誤。又卷八十四〈舊書各傳無字者多〉條，孔穎達，新、舊唐書皆作字仲達，而本碑云，字沖遠，此史文顯然是字相似而誤。又卷九十七〈吳越改元〉條，先生以蘇州虎邱千人石畔有大佛頂陀羅尼石幢銘文，糾正薛史所言吳越未嘗改元之誤。又卷九十一〈李光進戰功〉條，先生以三碑糾正了歷史記載的錯誤。舊書李光進傳言唐肅宗時，李光進跟著郭子儀討伐河北安慶緒及史思明，元和十年卒，年六十五。先生據〈李光進碑〉拓本「安定郡王光進節制靈武之三年，歲在乙未季夏六月，寢疾于理所，旬有八日，考終厥命，享年五十七」乙未年即憲宗元和十年，上推李光進生於肅宗乾元二年，當郭子儀破安祿山收復兩京時，光進尚未出生，上元初亦尚在襁褓中，如何有戰功可言。又根據李光進父〈李良臣碑〉拓本，證明了舊書把李良臣之戰功附會於李光進之戰功，如此糾正了《舊唐書》之錯誤。

（二）、史文互歧，有賴碑校：先生曾以新、舊《唐書》中之人物作對校，凡舊傳於人名無字者多，而新傳則多有字，如卷八十四〈舊書各傳無字者多〉條，舊傳無字，新傳有字，遂以碑文互證，皆與新傳同。又卷八十七〈裴光庭書名錯誤〉條，舊書名爲光庭，傳中凡二十見，而新書作光廷，傳中凡十三見，〈宰相世系表〉作光庭凡四見，此種互歧，先生以張九齡所撰之〈光庭神道碑〉作爲考校，當以庭爲是。又卷八十七〈楊再思宣敕令璟出〉條，先生以〈宋璟神道碑〉校舊傳作內史楊再思爲是，而新傳作姚璹爲非。又卷九十五〈李存進互異〉條，歐史、薛史所敘互異，先生以〈李存進墓碑〉搨本，可知薛史於此敘事較爲詳明。又卷九十五〈史匡翰尚高祖女〉條，藉著〈匡翰神道碑〉拓本，薛史云長公主，高祖之妹與碑合。又卷九十一〈牛僧孺新舊互異〉條，藉著〈牛僧孺神道碑〉所記僧孺之父爲幼聞非幼簡，舊傳所記誤。

（三）、碑史互歧，而碑與碑又互歧，因而此種校勘情況較爲複雜：如卷八十七〈光庭傳異同〉條，舊書史文作「行儉父定高馮翊郡守」，張九齡所作〈光庭神道碑〉爲「定周大將軍馮翊太守」，張說撰〈行儉神道碑〉作「定高」，先生以九齡所撰碑石本，雖文已剝落，但宋版甚明，似爲可據。

（四）、碑亦多誤，不可盡信：如卷八十八〈王忠嗣兩傳異同〉條，先生以〈王忠嗣碑〉，指出錯綜之詞，不可據，當以史爲正。又卷九十二〈高力士爲高延福假子〉條，先生以〈高力士碑〉碑文同史對校，知其「碑乃文人代力士附會此說，其間當更有增飾入宮緣由。由石缺文滅，故不見耳銘，云公本南海家傳擁旄有馮之後，遂育于高，要爲不可信。」新書據碑添入，甚謬。又卷九十〈李寶臣傳異同〉條，先生以歷史之史實，糾正了寶臣紀功碑中之錯誤。李寶臣本安祿山、史思明逆黨，其後降歸唐朝，唐代宗任命他爲成德節度使，統恆、定、易、趙、梁、冀等六州，形成了他的割據力量，但碑文卻勗揚聲起，對他大事頌揚「惟君配天，惟臣配君，蟜蟜我公，爲君武臣，翼贊皇家，奄有世勳。」其誇美如此，乃因碑文爲其幕僚王佑文，王士則書，故所言多飾詞。先生云安祿山、慶緒、思明、朝義爲四凶，寶臣於玄宗時爲射生子弟，叛從祿山，降而復叛，叛而再降，罪不勝誅，何翼贊之有，故碑文所載乃欲欺天下後世，然是非千載炳然。又卷八十九〈李晟大功舊傳爲詳〉條，舊李晟傳敘李晟大功如破朱泚，收復兩京，共七千餘字，而新書無所增，而多所刪，只四千二百餘字。但裴度所撰之〈李晟神道碑〉，柳公權書，其文簡略之至，晟純忠大功，多所遺漏，如破朱泚，收京城功尤大，亦甚略，殊不可解。而舊書之詳贍正好補此碑文缺漏。又卷八十九〈李愬平蔡功居其半〉條，李晟之子李愬在平淮西戰役中立下大功，但韓愈作〈平淮西碑〉中敘愬之功，實爲太略，舊書作「平賊之功聽，愬居其半，父子昆弟皆以功名，始終道家所忌，李氏以善勝矣。又贊云……謂愬于擒吳元濟，平淮蔡之後，又平淄青李師道也，舊書此論甚允。」幸有《舊唐書》補其疏略。

以金石刻辭從事校書的輔助，並非人人可爲，先生以豐富的學識，從其中比對校勘發現問題，以碑證史、校史，並不拘泥於史文，亦不過信於石刻碑文，正是用了碑史互糾互補方法，因此，先生以金史刻辭訂正史傳，豐富了校勘的內容，亦對歷史研究有了啓發作用〔註5〕，對於二重證據法必有更深的啓示意義〔註6〕。

《商榷》的成就是有目共睹，無庸置疑的，然而一部涉及十九部正史，引用不少典籍名著及眾多的碑傳拓本，共考證二千餘條的著作，難免在涉及面太大，以致失誤不少。先生在綴言二〈史通〉條，申述孔子述而不作之意，認爲夫子之聖，言

〔註5〕張舜徽《中國古代史籍校讀法》（台北：里仁書局，1988年），頁10又中談到，衣趙明誠以前，歐陽修寫《集古錄》，便以金石刻辭訂正史傳，替學術界開了一條研究的新途徑，清代學者在這方面所做的工夫，更切實而專精。

〔註6〕王培華〈王鳴盛的史學思想和治史方法〉《嘉定文化研究》（三秦出版社，1990年），頁202。

猶如此，後學豈可妄作乎。因此，先生以不敢作史自居，「以不著爲著，且雖著而仍歸于不著者也」（《商榷》序文）。不馳騁議論，不橫生意見，然而先生在《商榷》中頗多議論之發抒，亦常謾罵前人，指責陸德明、張守節、顏師古、李延壽、沈約、歐陽修等人。如余嘉錫曾云：「西莊之爲人，好詆訶前輩，高自標置」〔註7〕。又如陳垣言〔註8〕，先生謾罵古人。

　　陳垣先生在書十七史商榷第一條後抨擊王氏謾罵古人，並申明人誰無錯，對待前人學術方面的錯應事事求是進行討論，不應以驕橫的態度攻擊前人。

　　先生除了譏評學者，在考證上亦顯疏失，如「實則其平生著作，考證疏略者，往往而有。」又「西莊非今文家，以康成之好圖讖也，亦從而附會之。」〔註9〕陳垣又指出商榷第一條就有四處錯誤：

> 　　把漢書‧藝文志、太史公百三十篇誤爲漢志史記百三十篇，把裴駰史記‧集解乃合百三十篇八十卷誤爲裴駰集解則分八十卷，把李沂公誤爲「李沂公」，把桐孫誤爲「桐絲」。

這些錯誤由於版本錯誤或讀書粗疏所致。其他錯處還有一些。陳垣又在〈書十七史商榷齊高帝紀增添皆非條〉後駁斥王氏對南史‧齊高紀批評之失當〔註10〕。

> 　　十七史商榷五五，言南史‧齊高紀增添二事：一爲建元三年烏程令吳郡顧玄不孝，有司請商以清議；二爲紀末附言符瑞，凡一千一百餘言。第一事，商榷以爲入之本紀，語覺不倫。……第二事，商榷以爲巫媼不經之談，皆南齊書所無，此因增添而失者……。

倉修良又論《商榷》一書鉤稽史實方法的局限性，是另一缺失〔註11〕：

> 　　所謂鉤稽法大致上是只掌握某問題的部分史料或大部分史料，從中考證史實並發表議論。商榷卷一史記所本條作者據漢書‧司馬遷傳贊文字指出史記的資料來源，並對楚漢春秋做了考證。就史記所本這個題目來說，史記所反映的許多材料王氏均未採用，如司馬遷根據秦紀和六國史書、漢

〔註7〕〈王西莊先生窺園圖記卷子跋〉《余嘉錫論學雜著》（台北：河洛圖書出版社，1976年），頁640。

〔註8〕見倉修良《中國史學名著評介》第二卷（台北：里仁書局，1994年），頁1255引陳垣《書〈十七史商榷〉第一條後》及《書〈十七史商榷〉齊高帝增添皆非條後》文，論西莊對《史記》篇數之誤解及對《南史‧齊高紀》批評失當。陳垣《史學論著選》有《書〈十七史商榷〉齊高帝紀增添皆非條後》文，（台北：木鐸出版社，1982年），頁549。

〔註9〕同註7。

〔註10〕《陳垣史學論著選》（台北：木鐸出版社，1982年），頁549。

〔註11〕同註8，頁1255～1256。

朝政府檔案、實地訪問資料寫史記的記載散見秦本紀、六國世家、高帝本紀、項羽本紀、曹丞相世家等篇章，王氏均未注意。由於王氏掌握的史料不夠全面，因而容易出錯，所發議論有時說服力是不夠的。

從掌握資料來看，《商榷》書中所運用的，有時不足，因此在內容上，資料上顯得不夠充分。因此單遠慕〈十七史商榷糾誤〉一文，舉出《商榷》之誤有十二點，將無作有、將有作無、張冠李戴、注文誤作正文、年月搞錯、盲從前人之誤而不能覺察、因讀書不細而誤懷疑誤判斷、行文語義不明、引文錯了脫了、將史實弄錯了、文題不符、因對史書斷句錯誤而引起的失誤〔註12〕，試舉數例，說明《商榷》失檢之處：

1、卷二二〈試學童六體首古文誤〉條，說明晉代衛恆在其所作《書勢》中認為古文絕于秦的說法，亦見《三國志·魏志·衛覬傳》注。今查《三國志》卷二十一〈魏志·衛覬傳〉，其注並無衛恆作《書勢》認為古文絕於秦的文字。

2、卷六十三〈南史無傳岐〉條云，說明《梁書》並無〈傳岐傳〉。今查《梁書》卷四十三有〈傳岐傳〉。

3、卷二十三〈二府三府四府五府〉條云，說明〈于定國傳〉，宣帝即位時，數引見丞相、御史。今查《漢書》卷七十一〈于定國傳〉中所談，即位後數引見丞相、御史的是漢元帝，並非漢宣帝。

4、卷三十三〈郡國雜辨證〉條云，「蘄高祖擊黥布於會甄當作甀」，說明甄當作甀。今查《後漢書志》第二十〈郡國志〉二，高祖擊黥布是劉昭注文，並非《後漢書志》的正文。

5、卷三十一〈己酉〉條云，「永壽八年，先書春正月云云。」考永壽只有三年，到第四年的六月，改元延熹。又查《後漢書》卷七〈孝桓帝紀〉，此永壽八年當是延熹八年之誤。

由以上例子來看，《商榷》一書在考證上未得精細。在史書體例上，先生以正史紀傳為主，因此對李延壽在傳記上體例，多所批評，然而劉連凱在〈王鳴盛前代正史的評論〉一文中，指出先生並未真正了解史學的內容與形式，不知史書體例是為了適應記載內容的充分表現，而一昧把紀傳體作為一種程式〔註13〕。在標題上，亦有不夠具體明顯〔註14〕，如：

王守澄傳新舊互異條係述王守澄傳新書較舊書為得實；黃巢傳二書詳略甚遠條係述黃巢傳新書遠較舊書為詳備；舊周利貞傳太略條係述周利貞

〔註12〕單遠慕〈十七史商榷糾誤〉《嘉定文化研究》（三秦出版社，1990 年），頁 276。
〔註13〕同註 12，見於《嘉定文化研究》頁 174。
〔註14〕杜維運《清乾嘉時代之史學與史家》（台灣學生書局，1989 年），頁 31。

傳新書甚詳備，曲盡情實；魚朝恩傳新舊互異條係述魚朝恩傳新書詳於舊書，魚朝恩恣橫之狀，新書描摹曲盡；范蔚宗以謀反誅條則辨范蔚宗未曾謀反也。如以王守澄傳新書較舊書為得實、黃巢傳新書遠較舊書詳備、周利貞傳新書詳備舊書太略、魚朝恩傳新書詳於舊書、范蔚宗未曾謀反標題，則具體而明顯矣。即以武陵王紀南梁互異條而論，如云武陵王紀南史梁書互異豈不更佳？大抵王氏於商榷中每條標題，具體詳確，明顯醒目，遠不逮趙翼於廿二史箚記中所標者。此又其微可疵議處。

　　先生以個人之精力，用了二十餘年光陰，校正十九史，在內容上因資料典籍及個人見識，而呈現出諸項紕漏及不足，這恐是先生始料未及的，加上先生是重點校，而非全面校，以致造成所探討的問題，未能全面。對《商榷》而言，它所涉及範圍廣博、內容豐富，是一部研究史學的入門書，如清李慈銘對《商榷》一書極為推崇，論其：「乾嘉間經儒蔚興，跨唐躋漢而兼精史學者，惟錢氏大昕及王氏鳴盛，皆嘉定人也。」又此書為「史事之薈萃，所論兼及舊唐書、舊五代史……援引之博、覈訂之精、議論之名通，皆卓絕今古，尤詳于新、舊唐書〔註15〕。」且先生將此書視作治史之嚮導，讀書之門徑，治學方法，因此，本書雖有缺失，但究其根柢還是瑕不掩瑜的，是一部有學術價值的史學名著。

〔註15〕李慈銘《越縵堂讀書紀》三歷史（台北：世界書局，1975年），頁418。

參考書目

一、王鳴盛專著

1 :《十七史商榷》一百卷，景印乾隆丁未洞涇草堂刻本，（台北：廣文書局，1980年）。

2 :《十七史商榷》一百卷點校本，（大化書局，1984年）。

3 :《尚書後案》三十卷附〈尚書後辨〉三卷，在重編本皇清經解第4冊。

4 :《周禮軍賦說》四卷，在重編本皇清經解第114冊。

5 :《蛾術編》八十二卷，江蘇廣陵古籍刻印社據世楷堂藏版。

6 :《西莊始存稿》三十卷，乾隆三十一年精刻本。

7 :《西沚居士詩文集》四十卷，詩有李氏嘉定刻本。

8 :《練川雜詠》一卷，在先澤殘存。

9 :《謝橋詞》一卷，在先澤殘存。

二、相關專書

1 :《史記》，（藝文印書館）。

2 :《漢書》，（藝文印書館）。

3 :《後漢書》，（藝文印書館）。

4 :《三國志集解》，（藝文印書館）。

5 :《晉書斠注》，（藝文印書館）。

6 :《宋書》，（藝文印書館）。

7 :《南齊書》，（藝文印書館）。

8 :《梁書》，（藝文印書館）。

9 :《陳書》，（藝文印書館）。

10：《魏書》，（藝文印書館）。

11：《北齊書》，（藝文印書館）。

12：《周書》，（藝文印書館）。

13：《隋書》，（藝文印書館）。

14：《南史》，（藝文印書館）。

15：《北史》，（藝文印書館）。

16：《新唐書》，（藝文印書館）。

17：《舊唐書》，（藝文印書館）。

18：《五代史記注》，（藝文印書館）。

19：《舊五代史》，（藝文印書館）。

20：鄭樵《通志》，（台灣商務印書館，1987 年 9 月）。

21：杜佑《通典》，（台灣商務印書館，1987 年 9 月）。

22：馬端臨，《文獻通考》，（台灣商務印書館，1987 年 9 月）。

23：吳縝，《新唐書糾謬》，四部叢刊三編史部，（台灣商務印書館，1967 年 9 月）。

24：劉知幾撰，蒲起龍譯，《史通通釋》，（台北：里仁書局，1980 年 9 月）。

25：崔述，《考信錄》，（台北：世界書局，1989 年 4 月）。

26：錢大昕，《廿二史考異》，（台北：樂天出版社，1971 年 10 月）。

27：錢大昕，《諸史拾遺》，（台北：廣文書局，1978 年 3 月）。

28：趙翼，《廿二史箚記》，（台北：廣文書局，1992 年 8 月）。

29：趙翼，《昭代名人尺牘小傳正續編》，（台北：立德出版社，1967 年 2 月）。

30：徐世昌等編，〈西莊學案〉，《清儒學案》卷七十七，（燕京文化事業有限公司，1976 年 6 月）。

31：周駿富輯，〈清儒學案小傳〉，《清代傳記叢刊》卷八，（台北：明文書局，1986 年 1 月）。

31：趙爾巽等撰，《清史稿》，列傳二百六十八·儒林二，（北京：中華書局，1991 年 1 月）。

32：梁啓超，《清代學術概論》，（台灣商務印書館，1977 年 2 月）。

33：梁啓超，《中國近三百年學術史》，（台灣中華書局，1978 年 9 月）。

34：梁啓超，《中國歷史研究法》，（台北：里仁書局，1984 年 10 月）。

35：胡楚生，《清代學術史研究》，（台灣學生書局，1993 年 3 月）。

36：杜維運，《清乾嘉時代之史學與史家》，（台灣學生書局，1989 年 4 月）。

37：杜維運，《清代史學與史家》，（台北：東大圖書公司，1991 年）。

38：杜維運，《與西方史家論中國史學》，（台北：史學出版社，1974 年 3 月）。

39：杜維運，《史學方法論》，（台北：三民書局，1991 年 4 月）。

40：杜維運，《中西古代史學比較》，（台北：東大圖書公司，1988 年 8 月）。

41：周佳榮，《中國史學名著概說》，（香港教育圖書公司，1990 年）。

42：金靜庵，《中國史學史》，（台北：鼎文書局，1986 年 3 月）。

43：李宗侗，《史學概要》，（台北：正中書局，1986 年 12 月）。

44：李宗侗，《中國史學史》，（台北：中國文化大學出版部印行，1986 年 2 月）。

45：錢穆，《中國歷史研究法》，（台北：東大圖書公司，1991 年 4 月）。

46：宋衍申主編，《中國史學史綱要》，（東北師範大學出版社，1992 年 12 月）。

47：甲凱，《史學通論》，（台灣學生書局，1985 年 9 月）。

48：劉節，《中國史學史稿》，（台北：弘文館出版社，1986 年 6 月）。

49：許凌雲，《讀史入門》（修訂本）》，（北京出版社，1989 年 9 月）。

50：鄭天挺、周谷城，《學史入門》，（台北：國文天地雜誌社，1989 年 10 月）。

51：賈東海、郭卿友主編，《史學概論》，（中央民族大學出版社，1994 年 4 月）。

52：倉修良，《中國史學名著評介》第二卷，（台北：里仁書局，1994 年）。

53：邢義田，《秦漢史論稿》，（台北：東大圖書公司，1987 年 6 月）。

54：潘國基，《秦漢史話》，（北京出版社，1992 年 7 月）。

55：羅世烈，《秦漢史話》，（貫雅出版社，1990 年 2 月）。

56：烏廷玉，《隋唐史話》，（北京出版社，1992 年 8 月）。

57：傅樂成，《漢唐史論集》，（台北：聯經出版事業公司，1995 年 6 月）。

58：李樹桐，《唐史新論》，（台灣中華書局，1985 年 9 月）。

59：李樹桐，《隋唐史別裁》，（台灣商務印書館，1995 年 6 月）。

60：李樹桐，《唐史研究》，（台灣中華書局，1979 年 6 月）。

61：陳寅恪，《唐代政治史述論稿》，（台灣商務印書館，1994 年 8 月）。

62：陳寅恪，《隋唐制度淵源略論稿》，（台灣商務印書館，1994 年 9 月）。

63：劉海峰，《唐代教育與選舉制度綜論》，（台北：文津出版社，1991 年 7 月）。

64：劉海峰，《中國史常識》（歷史地理部份），（台北：弘文館出版社，1987 年 9 月）。

65：劉海峰，《中國史常識》（隋唐五代宋元），（台北：弘文館出版社，1987 年 9 月）。

66：胡欣、江小群，《中國地理學史》，（台北：文津出版社，1995 年 12 月）。

67：孫文良，《中國官制史》，（台北：文津出版社，1993 年 7 月）。

68：王貴民，《中國禮俗史》，（台北：文津出版社，1993 年 7 月）。

69：李新達，《中國科舉制度史》，（台北：文津出版社，1995 年 9 月）。

70：沈兼士，《中國考試制度史》，（台灣商務印書館，1995 年 10 月）。

71：鄒昌林，《中國古禮研究》，（台北：文津出版社，1992 年 9 月）。

72：何聯奎，《中國禮俗研究》，（台灣中華書局，1983 年 9 月）。

73：周何，《古禮今談》，（台北：國文天地雜誌社，1992 年 5 月）。

74：陰法魯等著，《古代禮制風俗漫談》，（台北：國文天地雜誌社，1990 年 2 月）。

75：文史知識編輯部，《古代禮制風俗漫談》，（北京中華書局，1992 年 5 月）。

76：吳福助，《史記解題》，（台北：國家出版社，1982 年 1 月）。

77：柳詒徵，《國史要義》，（台灣中華書局，1984 年 10 月）。

78：顏之推，《顏氏家訓》，（台北：錦繡出版社，1992 年 8 月）。

79：王充，《論衡》，（台灣中華書局，1966 年 3 月）。

80：葛洪，《抱朴子》，（台灣中華書局，1980 年 1 月）。

81：洪邁，《容齋隨筆》，（上海古籍出版社，1995 年 3 月）。

82：王應麟，《翁注困學紀聞》，（台灣商務印書館，1978 年 4 月）。

83：晁公武，《郡齋讀書志》，（台灣商務印書館，1978 年 1 月）。

84：顧炎武，《日知錄》，（台灣商務印書館，1978 年 6 月）。

85：顧炎武，《音學五書》，（台灣商務印書館，1968 年 6 月）。

86：朱一新，《無邪堂答問》，（台北：廣文書局，1969 年 1 月）。

87：錢大昕，《十駕齋養新錄》，（台灣中華書局，1982 年 10 月）。

88：章學誠，《文史通義》，（台北：仰哲出版社，1948 年）。

89：李慈銘，《越縵堂讀書記》，（台北：世界書局印行，1975 年 7 月）。

90：陳夢雷編，《古今圖書集成》，（台北：鼎文書局，1985 年 4 月）。

91：江藩，《漢學師承記》卷三，（台北：廣文書局，1977 年 7 月）。

92：黃文相，《清王西莊先生鳴盛年譜》，（台灣商務印書館，1986 年 6 月）。

93：張之洞，《書目答問補正》，（台北：新興書局，1963 年 8 月）。

94：沈錫倫，《語言文字的避諱、禁忌與委婉表現》，（台灣商務印書館，1996 年 6 月）。

95：姚名達，《中國目錄學史》，（台灣商務印書館，1988 年 2 月）。

96：許世瑛，《中國目錄學史》，（台北：中國文化大學出版部，1982 年）。

97：昌彼得，《中國目錄學講義》，（台北：文史哲出版社，1973 年）。

98：汪辟疆，《目錄學研究》，（台北：文史哲出版社，1990 年 12 月）。

99：李曰剛，《中國目錄學》，（台北：明文書局，1983 年 8 月）。

100：劉紀澤，《目錄學概論》，（台灣中華書局，1984 年 7 月）。

101：黃信捷，《目錄學題解精要》，（台北：緯揚文化事業有限公司，1990 年 5 月）。

102：蔣伯潛，《校讎目錄學纂要》，（台北：正中書局，1982 年 9 月）。

103：屈萬里、昌彼得，《圖書板本學要略》，（台北：中國文化大學出版部，1986 年 10 月）。

104：管錫華，《校勘學》，（安徽教育出版社，1991 年 7 月）。

105：章學誠，《校讎通義》，（台灣中華書局，1975 年 11 月）。

106：曹之，《中國古籍版本學》，（台北：洪葉文化事業有限公司，1994 年）。

107：張舜徽，《中國古代史籍校讀法》，（台北：里仁書局，1988 年 10 月）。

108：張舜徽，《中國文獻學》，（台北：木鐸出版社，1988 年 9 月）。

109：焦樹安，《中國古代藏書史話》，（台灣商務印書館，1994 年）。

110：嚴文郁，《中國書籍簡史》，（台灣商務印書館，1995 年 6 月）。

111：葉德輝，《書林清話》，（台北：文史哲出版社，1988 年 4 月）。

112：王國良、王秋桂合編，《中國圖書文獻學論集》，（台北：明文書局，1986 年 11 月）。

113：高振鐸編，《古籍知識手冊》，（山東教育出版社，1988 年 12 月，

114：高振鐸編，《琉璃廠小志》，（北京古籍出版社，1962 年）。

115：趙翼，《甌北詩鈔》，（台灣商務印書館，1968 年 12 月）。

116：錢大昕，《潛研堂文集》，（上海古籍出版社，1989 年 11 月）。

117：阮元，《揅經室集》，（台灣商務印書館，1967 年 3 月）。

118：朱彝尊，《曝書亭集》，四部叢刊初編，（台灣商務印書館，1967 年 9 月）。

119：王昶，《春融堂集》，嘉慶十二、十三年（丁卯、戊辰）塾南書舍刊本。

120：張舜徽，《清人文集別錄》，（台北：明文書局，1982 年 2 月）。

三、期刊論文

1 ：余嘉錫，〈王西莊先生窺園圖記卷子跋〉，《余嘉錫論學雜著（下）》，（北京：中華書局，1963 年），頁 640～641。

2 ：陳垣，〈書十七史商榷齊高帝紀增添皆非條後〉，《陳垣史學論著選》，（上海：上海人民出版社，1981 年），頁 549～550。

3 ：柴德賡，〈王鳴盛和他的十七史商榷〉，《史學叢考》，（北京中華書局，1982 年 6 月），頁 280～286。

4 ：柴德賡，〈王西莊與錢竹汀〉，《史學叢考》，（北京：中華書局，1982 年 6 月），頁 255～279。

5 ：來新夏，〈王鳴盛學術述評〉，《南開史學》，第 2 期，1982 年，

6 ：穆益斌，〈王鳴盛的史學思想〉，《蘇州大學學報》（哲社版 1984 年第 1 期），（1984 年），頁 115～119。

7 ：黃愛平，〈十七史商榷〉，《文史知識》，1984 年第 6 期（總第 36 期），1984 年 6 月，頁 42～45。

8 ：林文錡，〈王鳴盛目錄學思想簡論〉，《江蘇圖書館學報》，1987 年第 4、5 期（總第 32、33 期），1987 年 9 月，頁 45～48。

9 ：林文錡，〈十七史商榷內容結構的特點及其特質〉，《史學史研究》，1988 年第 1 期，1988 年，頁 54～60。

10：林文錡，複印報刊資料〈歷史學〉，1988 年第 4 期，1988 年 4 月，頁 98～104。

11：林文錡，〈王鳴盛「目錄之學」探微——兼議乾嘉之際「目錄」、「校讎」之爭社〉《會科學戰線》，1988 年第 2 期（總第 42 期，1988 年 4 月），頁 328～332。

12：施丁，〈王鳴盛──考證歷代典制、商榷史家書法〉，《中國古代史學人物》
（下），（台北，國文天地雜誌社，1989 年 12 月）頁 133～138。

13：陳其泰，〈樸學家的理性探求──論王鳴盛史學〉，《歷史研究》，1990 年第 1 期
（總第 203 期），1990 年 2 月，頁 86～99。

14：鄒賢俊，〈論十七史商榷的史學價值〉，《嘉定文化研究》，（西安：三秦出版社，
1990 年 5 月），頁 224～238。

15：林文錡，〈略論十七史商榷中的「論」〉，《嘉定文化研究》，（西安：三秦出版社，
1990 年 5 月），頁 239～249，。

16：陳慶江，〈從十七史商榷看王鳴盛的歷史地理考證〉，《嘉定文化研究》，（西安：
三秦出版社，1990 年 5 月），頁 250～259。

17：張新民，〈王鳴盛史學的實證特徵及其價值觀〉，《嘉定文化研究》，（西安：三秦
出版社，1990 年 5 月），頁 186～201。

18：張承宗，〈王鳴盛對南北朝史的校勘〉，《嘉定文化研究》，（西安：三秦出版社，
1990 年 5 月），頁 269～275，。

19：劉連凱，〈王鳴盛對前代正史的評論〉，《嘉定文化研究》，（西安：三秦出版社，
1990 年 5 月），頁 174～185。

20：王培華，〈王鳴盛的史學思想和治史方法〉，《嘉定文化研究》，（西安：三秦出版
社，1990 年 5 月），頁 202～215。

21：貢久諒，〈王鳴盛對沿革地理學的貢獻〉，《嘉定文化研究》，（西安：三秦出版社，
1990 年 5 月），頁 260～268。

22：單遠慕，〈十七史商榷糾誤〉，《嘉定文化研究》，（西安：三秦出版社，1990 年 5
月），頁 276～284。

23：顧志華，〈試論王鳴盛的目錄學〉，《嘉定文化研究》，（西安：三秦出版社，1990
年 5 月），頁 216～223。

24：顧吉辰，〈嘉定經學述論〉，《嘉定文化研究》，（西安：三秦出版社，1990 年 5
月），頁 59～67。

25：王義耀，〈蛾術編與十駕齋養新錄〉，《嘉定文化研究》，（西安：三秦出版社，1990
年 5 月），頁 448～459。

26：林文錡，〈十七史商榷校勘方法闡微〉，《古籍整理與研究》第七期，（1992 年 8
月），頁 243～251。

27：陳祖武，〈乾嘉學派吳皖分野說商榷〉，《清代經學國際研討會論文》，（1992 年
12 月）。

28：陳祖武，〈清初學術探析〉，《中國歷史博物館館刊》，（1992 年），頁 140～147。

29：陳博，〈從史料來源看《三國志‧魏志》多迴護的原因〉，《歷史學月刊》，（1994
年 1 月），頁 49～51。

30：金家詩，〈《南史》、《北史》價值研究（對李延壽修史宗旨之分析）〉，《歷史學月

刊》,（1994 年 2 月），頁 34～42。

31：王學典,〈歷史研究的致用寓于求真之中〉,《歷史學月刊》,（1994 年 3 月），頁
13～18。

32：杜文玉、羅勇,〈《新五代史》與歐陽修的史學思想〉,《歷史學月刊》,（1994 年
3 月），頁 51～57。

33：趙後,〈《梁書》、《陳書》的編纂得失〉,《歷史學月刊》,（1994 年 6 月），頁 41
～48。

34：龐天佑,〈論中國傳統考據學的歷史發展〉,《歷史學月刊》,（1994 年 6 月），頁
31～40。

35：陳桐生,〈重評司馬遷的通古今之變〉,《歷史學月刊》,（1994 年 10 月），頁 37
～43。